Polen

von Pommern bis zu den Karpaten

© KOMET Verlag GmbH, Köln
Autorin: Julia Zogel
Bildredaktion: Hans-Joachim Schneider
Gesamtproducing: Hans-Joachim Schneider
Gesamtherstellung: KOMET Verlag GmbH, Köln
Alle Rechte vorbehalten
ISBN 978-3-89836-813-1
www.komet-verlag.de

Julia Zogel

Polen

von Pommern bis
zu den Karpaten

INHALT

Übersichtskarte Polen

POLEN
EINE EINFÜHRUNG

Geografische Daten

Polen ist 312679 qkm groß. Von den 3071 Kilometern Landesgrenze entfallen 467 auf die deutsch-polnische Grenze. Seine Grenze zum russischen Kaliningrader Gebiet ist 210 km lang, die zu Litauen 104 Kilometer, die zu Weißrussland 418 Kilometer, die zur Ukraine 535 Kilometer, die zur Slowakei 541 Kilometer und die zu Tschechien 796 Kilometer. Von Norden nach Süden beträgt die größte Ausdehnung 790 Kilometer, von Osten nach Westen 680 Kilometer.

71 Prozent der Fläche Polens liegen unter 200 Meter über dem Meeresspiegel, sind also Tiefland. Der nördliche Teil davon erstreckt sich entlang der 528 Kilometer langen Ostseeküste, die abgesehen vom Frischen und dem Stettiner Haff und der Halbinsel Hel meist geradlinig verläuft.

Das Weichseldelta und das Mündungsgebiet der Oder sind Schwemmebenen. Das Stettiner Haff, in das die Oder mündet, wird zur Ostsee durch die Inseln Usedom und Wollin begrenzt. Die Dünenlandschaften weisen häufig Binnenseen

Unten: Gesperrter Übergang an der polnisch-weißrussischen Grenze in den Urwäldern von Bialowieza. Nach dem Beitritt Polens zur EU verläuft hier die neue Ost-Grenze der Europäischen Gemeinschaft.

auf. Weiter südlich erstreckt sich die eiszeitlich geprägte Moränen-Landschaft des Baltischen Landrückens. Westlich der Weichsel liegt der Pommersche Höhenrücken mit der Kaschubischen und Pommerschen Seenplatte, östlich der Masurische Höhenrücken mit der Masurischen Seenplatte. Zu dieser gehören mit dem Śniardwy und dem Mamry, die 114 und 105 qkm messen, die größten Seen des Landes. Südlich des Tieflandes schließt sich die durch die Urstromtäler der großen Flüsse geprägte Niederung an.

Hierzu gehören Großpolen, Niederschlesien, Masowien und Podlachien. Der Süden ist von Mittelgebirgen eingefasst. In der Tatra befindet sich der mit 2499 Metern höchste Berg Polens, der Rysy. Die Beskiden sind die zweithöchste Gebirgskette, ihre größte Erhebung ist die 1725 Meter hohe Babia Góra. Kleinere Mittelgebirge sind die Sudeten und der Krakauer Jura.

Die Weichsel ist mit 1047 Kilometern der längste Fluss des Landes. Sie fließt zunächst im Bogen von Süden nach Nordosten durch die Städte Krakau und Warschau. Dann ändert sich die Flussrichtung nach Nordwesten bis Bydgoszcz und verläuft bis zur Mündung bei Danzig wieder nordöstlich. Die 854 Kilometer lange Oder markiert im Norden die Grenze zu Deutschland und durchfließt weiter südöstlich Schlesien.

Ihr wichtigster Zufluss ist die 808 Kilometer lange Warthe, die unterhalb von Küstrin einmündet. An der polnischen Ostgrenze, von Krylow bis nördlich von Brest, verläuft der 772 lange Bug. Ganzjährig schiffbar sind nur die Unterläufe der Oder und Weichsel. Rund 40 Prozent der Fläche Polens sind Ackerland, nur noch 28 Prozent sind Wälder. Am dichtesten besiedelt ist die Umgebung von Łódź, Warschau und Kattowitz, am schwächsten der Nordosten um Suwałki.

Rechts: Die Kaschubische Schweiz befindet sich westlich von Danzig und umfasst sowohl einen Abschnitt an der Küste als auch zahlreiche Seen im Landesinneren.
Unten: Die westliche Karpaten sind eine raue und karge Region im Südosten Polens.

Oben: Der Ort Karpacz (Krummhübel) in Niederschlesien befindet sich in der Nähe des Riesengebirges (Karkonosze).
Vorhergehende Doppelseite: Durch den Kanal Czerniakowski in der Nähe von Warschau fließt die Weichsel.

In Polen herrscht weitgehend gemäßigtes Klima. Die Winter sind kalt mit häufigen Niederschlägen, die auch die milden Sommer kennzeichnen. Die Mitteltemperaturen liegen im Sommer zwischen 16 und 19 Grad Celsius, im Winter bei 0 Grad Celsius im Nordwesten und bis zu -5 Grad Celsius im Südosten, wo ein kontinentales Klima mit weniger Niederschlägen dominiert.

Vor allem der Süden Polens ist reich an Bodenschätzen. Steinkohle wird in Oberschlesien abgebaut, hauptsächlich in Rybnik, und in der Wojewodschaft Lublin, Braunkohle im Zittauer Becken. Erdöl gibt es im Karpatenvorland, Erdgas in Zentral-, West- und Nordwestpolen. Riesige Schwefelvorkommen befinden sich südöstlich von Kielce. Daneben existieren große Lagerstätten für Kupfer- und Blei-Zinkerze sowie

Arsen. Kupfererze mit Silber- und anderen Beimischungen gibt es bei Bunzlau, Liegnitz und Glogau. Steinsalzlager finden sich im Karpatenvorland und bei Posen.

Die Umweltverschmutzung hat seit dem Niedergang veralteter Schwerindustrien Ende der 1980er Jahre ein wenig nachgelassen. Auch das Bewusstsein für die Problematik ist gestiegen. Dennoch stellt die Luftverschmutzung durch kohlebefeuerte Kraftwerke ein ernstes Problem dar, da sie sauren Regen verursacht. Auch die Wasserverschmutzung durch industrielle und städtische Abwässer ist kritisch.

Im Rahmen der europäischen Integration sollen die gültigen Grenzwerte erreicht werden, was Industriebetriebe und Regierung mitunter vor anspruchsvolle Modernisierungsaufgaben stellt.

Das Unternehmen URSUS stellt in Warschau Traktoren und Schlepper her und wurde bereits im 19. Jahrhundert gegründet.

Wirtschaft

Die Wirtschaft Polens entwickelt sich dynamisch. Die Umstellung von Plan- auf freie Marktwirtschaft sorgte Ende der 1980er und Anfang der 1990er Jahre zunächst für einen Einbruch, seit 1992 ist jedoch ein stetiges Wirtschaftswachstum verzeichnen. Die Europäische Union stellte im Rahmen des PHARE-Programms Geldmittel zur Verfügung, um Polen für den Beitritt im Jahre 2004 unter anderem in den Bereichen Infrastruktur, Umwelt und Landwirtschaft vorzubereiten. Inflation und Staatsverschuldung gingen zurück, der Export wuchs. Das Wirtschaftswachstum stieg von 5,3 Prozent im Jahr 2004 auf 6,6 Prozent im Jahr 2007. Im Jahr 2008 soll es laut einer Prognose wieder auf rund 5 Prozent abfallen. Das Bruttoinlandsprodukt stieg stark an und erreichte im Jahr 2006

1060 Milliarden, 2007 1162,9 Milliarden Złoty. In 2007 lag die jahresdurchschnittliche Inflationsrate bei 2,3 Prozent.

Die Arbeitslosigkeit war mit 11,4 Prozent in 2007 noch hoch, ist aber im Vergleich zu den 15,1 Prozent im Jahr 2000 gesunken. Die Verschuldung des Staates betrug 2007 etwa 46 Prozent des Bruttoinlandsprodukts. Damit hat Polen erstmals die Maastrichter Kriterien zur Einführung des Euros eingehalten, nach denen der öffentliche Schuldenstand nicht mehr als 60 Prozent des Bruttoinlandsprodukts ausmachen darf. Wichtige Branchen sind Automobilindustrie, Lebensmittelindustrie, Energieversorgung sowie Bergbau und Hüttenindustrie. Auch Maschinenbau, Elektrotechnik und Elektronik, Fahrzeugbau, Holzverarbeitung und Textil- und Bekleidungsindustrie sind bedeutend. Im Aufwind begriffen sind Computerindustrie und Dienstleistungssektor. Die ursprünglich agrarische Prägung des Landes ist seit dem Zweiten Weltkrieg stark zurückgegangen. 1980 lag sie bei rund 30 Prozent und ist in etwa auf diesem Niveau geblieben. Viele Bauernhöfe sind klein und daher nicht sehr ertragreich. Hauptanbauprodukte sind Roggen, Weizen, Gerste, Hafer und Kartoffeln.

Temporäres Arbeiten im Ausland gehörte ab Ende der 1980er Jahre zum Wirtschaftsgeschehen Polens. Das Phänomen existiert noch heute und wird nun von den Billigfluglinien gefördert, die Polen mit Deutschland, Irland und anderen europäischen Ländern verbinden. 2006 wurden laut Schätzungen der Weltbank und der Deutschen Bundesbank 2,8 Milliarden Euro des polnischen Bruttoinlandsprodukts im Ausland erwirtschaftet, 102 Millionen Euro davon in Deutschland. Die Anzahl der permanent in Deutschland lebenden Polen ist mit rund 300 000 seit Mitte der 1990er Jahre stabil geblieben – was so manche Prognose, die vor Polens EU-Beitritt eine Massenimmigration an die Wand malte, Lügen straft.

Bevölkerung, Minderheiten, Sprache

Polen hat rund 38 500 700 Einwohner. Davon sind etwa 15 Prozent unter 14 Jahre alt und 71

Vornehme Filiale der polnischen PEKAO Bank in der Ulica Czackiego in Warschau.

Prozent zwischen 15 und 64 Jahren. Die Gruppe der über 65-Jährigen stellt rund 13 Prozent der Bevölkerung. Das für ganz Europa charakteristische Einbrechen der Geburtenrate wird in Polen voraussichtlich weniger schnell eintreten. 2008 lag das geschätzte Bevölkerungswachstum bei 0,045 Prozent, die Lebenserwartung betrug durchschnittlich 75,41 Jahre, für Männer 71,42 und für Frauen 79,65.

Als Folge des Zweiten Weltkrieges, nach dem die meisten Deutschen vertrieben und viele Polen aus den ehemaligen polnischen Ostgebieten in der neugegründeten Volksrepublik Polen angesiedelt wurden, ist Polen heute ein weitgehend ethnisch homogener Staat. Nach einer Volkszählung aus dem Jahr 2002 sind 96,7 Prozent der Bevölkerung Polen, 0,4 Prozent Deutsche, 0,13 Prozent Weißrussen und 0,08 Prozent Ukrainer. Nach der minderheitenfeindlichen Politik in der Volksrepublik Polen wurde den nationalen Minderheiten im Zuge der politischen Wende von 1989/90 das Recht eingeräumt, ihre Sprache, Kultur und Tradition zu pflegen und sich nach eigenen Wünschen in Vereinigungen zu organisieren. Dies wurde in der Verfassung von 1997 bestätigt.

Das 2005 verabschiedete »Gesetz über die nationalen und ethnischen Minderheiten und über die regionale Sprache« erkannte Weißrussen, Tschechen, Litauer, Deutsche, Armenier, Russen, Slowaken, Ukrainer und Juden rechtlich als

Beim EU-Erweiterungsfest im Dreiländereck bei Zittau (Deutschland-Polen-Tschechien) hat das kleine polnisches Mädchen eine EU-Fahne auf der Wange.

Minderheiten an. Unter bestimmten Voraussetzungen können nun Minderheitsprachen als Zweitsprache auf lokaler Verwaltungsebene eingeführt werden sowie eine zweisprachige Ortsbeschilderung. Außerdem ist der Staat nun verpflichtet, Mittel für die Bewahrung und Entwicklung der kulturellen Identität der Minderheiten zu gewähren.

2002 bekannten sich 89,8 Prozent zum katholischen Glauben, 1,3 Prozent zur Orthodoxie, 1,3 Prozent zum Protestantismus und 0,2 Prozent waren unierte Christen. Daneben gibt es kleine Gruppen von Moslems, Juden und weitere christlichen Konfessionen wie der armenischen und der evangelisch-reformierten Kirche. Landessprache ist Polnisch, das nach Angaben aus dem Jahr 2002 von 97,8 Prozent der Bevölkerung gesprochen wird.

Polnisch gehört zu den westslawischen Sprachen. Es ist mit dem Niedersorbischen, das in der Region Cottbus verbreitet ist, und entfernter mit dem Tschechischen verwandt. Das Polnische verfügt über sieben Fälle und Verbalaspekte. Eine Herausforderung für Nichtmuttersprachler ist die Aussprache, die durch Nasale und diverse Zischlaute gekennzeichnet ist.

Von der Freitreppe aus sieht man den Großen Markt der Renaissancestadt Zamosc, die zum UNESCO-Kulturerbe gehört; im Haus Nr. 37 erblickte Rosa Luxemburg das Licht der Welt!

Die Stadt Racibórz in Oberschlesien besitzt einen pittoresken Marktplatz.

Politik und Verwaltung

Die Rzeczpospolita Polska – zu Deutsch: Republik Polen – ist eine parlamentarische Demokratie. Die Legislative wird durch den 460 Abgeordnete zählenden Sejm und den aus 100 Senatoren bestehenden Senat, die gemeinsam das Parlament bilden, ausgeübt. Die Exekutive besteht aus dem Ministerpräsidenten, auch Premier genannt, und dem Ministerrat. Dieser wird durch den Staatspräsidenten ernannt, aber erst durch die Zustimmung des Premiers bestätigt. Der Präsident wird vom Volk auf fünf Jahre gewählt und kann einmal wiedergewählt werden. Gegen neue Gesetze kann er ein Veto einlegen, das allerdings durch eine Drei-Fünftel-Mehrheit des Sejm überstimmt werden kann. Höchstes Justizorgan ist das Oberste Gericht.

Nationalfeiertage sind der 11. November, an dem das Land im Jahre 1918 wieder unabhängig wurde, und der 3. Mai zum Gedenken an die Verfassung von 1791. Die Hauptstadt des Landes ist Warschau.

1999 trat eine Gebietsreform in Kraft, die Polen in 16 Wojewodschaften unterteilt: Dolnośląskie (Niederschlesien), Kujawsko-Pomorskie (Kujawien-Pommern), Lubelskie (Lublin), Lubuskie (Lebus), Łódzkie (Lodz), Małopolskie (Kleinpolen), Mazowieckie (Masowien), Opolskie (Oppeln), Podkarpackie (Vorkarpaten), Podlaskie (Podlachien), Pomorskie (Pommern), Śląskie (Schlesien), Świętokrzyskie (Heiligkreuz), Warmińsko-Mazurskie (Ermland-Masuren), Wielkopolskie (Großpolen) und Zachodnio-Pomorskie (Westpommern).

GESCHICHTE

Anfänge und Christianisierung

Schon im 6. und 7. Jahrhundert wanderten ins heutige Gebiet Polens slawische Stämme ein. Erstmals in Quellen erwähnt werden sie um 845–860 vom sogenannten Bayrischen Geographen in Regensburg. Schon in der vorchristlichen Ära gab es offenbar eine Adelsverfassung: Die Menschen lebten in Stammesverbänden zusammen, denen ein Fürst vorstand.

Im 9. und 10. Jahrhundert bildeten sich mit Krakau und vor allem mit Gnesen politische Zentren heraus. Nachbar im Westen war das Heilige Römische Reich mit dem sich südwestlich anschließenden Böhmen. Im Norden siedelten sich die Pommeranen und andere slawische Stämme der Ostseeküste an, im Nordosten die Pruzzen sowie weitere baltische Stämme. Im Osten lag die ostslawische Kiever Rus, im Südosten das Königreich Ungarn.

Im Jahre 960 wurde Mieszko I. aus dem Geschlecht der Piasten Fürst der Polanen. Die 965 erfolgte Heirat mit der christlichen böhmischen Fürstentochter Dubrava markierte einen wichti-

Links: Blick auf die Pfarrkirche und Ordensburg von Reszel (Rössel) in der Wojewodschaft Ermland-Masuren.
Unten: Dunkle Wolken über den Beskiden.

gen Schritt in der Entwicklung des Landes, denn Mieszko I. ließ sich und das gesamte Volk ein Jahr später taufen. Anfangs herrschte starker Einfluss des böhmischen Klerus.

Die Christianisierung machte das Fürstentum zu ebenbürtigen Partnern der anderen Adelsgeschlechter, wie sich in darauffolgenden Heiraten mit Prinzessinnen aus sächsischen, ungarischen und brandenburgischen Herrscherhäusern zeigte. Die mit Unterstützung aus dem Reich in Angriff genommene Heidenbekehrung half, die Grenzen in Richtung Ostsee auszudehnen. Zwischen Elbe und Oder missionierte allerdings auch der sächsische Hochadel, was neben gemeinsamen Feldzügen zu feudalen Streitigkeiten führte. Bolesław Chrobry, der Sohn Mieszkos I.,

erweiterte das Territorium im Süden um Schlesien und Sandomierz.

Kaiser Otto III. richtete mit dem Akt von Gnesen eine selbständige Kirchenprovinz für das Fürstentum ein. Bolesław Chrobry, den mit Kaiser Otto III. eine persönliche Freundschaft verband, galt nun als der Herr der christlichen Slawen im Reich und wurde von der Tributpflicht gegenüber dem Kaiser befreit. Weitere Bistümer wurden in Krakau, Breslau, Kolberg und später in Posen eingerichtet. Streitigkeiten mit Kaiser Heinrich II. um die Markgrafschaft Meißen konnte Bolesław für sich entscheiden: Er behielt die Lausitz- und Miltzengebiete und auch jene am oberen Bug und San, die vom Kiever Großfürsten beansprucht wurden.

Rechts: Eine der vielen kleinen Brücken in Danzig.
Folgende Doppelseite: Eine alte Mühle steht scheinbar verloren im Wald.
Unten: Das berühmte Wawel-Schloss in Krakau gehört inzwischen zum Weltkulturerbe der UNESCO.

Die kleine Stadt Ogrodzieniec in Schlesien ist vor allem wegen ihrer Schlossruine bekannt.

1025 wurde Bolesław zum König gekrönt, starb aber noch im selben Jahr.

Zerfall und Konsolidierung vom 11. bis 13. Jahrhundert

Bolesławs Sohn Mieszko II. konnte die eroberten Gebiete nicht halten und musste auf Drängen Kaisers Konrad II. auch auf die Königswürde verzichten. Nach seinem Tod im Jahr 1034 sorgten Stammesgegensätze und Selbstständigkeitsbestrebungen in den Randgebieten für weiteren Bedeutungsverlust und Verfall der Piastenherrschaft. Auch heidnische Aufstände regten sich, da es an einer wirksamen Zentralgewalt fehlte. Der Böhmenherzog Brzetysław fiel in Krakau und Gnesen ein und zerstört beide Städte. In der Folge versuchten die Piasten immer wieder, ihre Herrschaft zu festigen und eine stabile Ordnung zu errichten. Zum Teil gelang dies Bolesław III. Krzywousty, dessen Beiname „Schiefmund" bedeutet. Er beseitigte mit dem Verzicht auf Schlesien einen beständigen Krisenherd und

konnte 1119 Pommerellen und 1122 Pommern erobern. Der politischen Krise versuchte er durch die Neuregelung der Thronfolge mit dem Senioratsstatut zu begegnen. Sie sollte seinem ältesten Sohn von Krakau aus die Vorherrschaft über die an die anderen Söhne verteilten Territorien sichern. Dennoch kam es zu Streitigkeiten, und nach dem Tod Bolesławs III. 1138 war der Zerfall in selbständige Teilfürstentümer nicht mehr aufzuhalten.

Auch die außenpolitischen Bedrohungen wuchsen. Im Norden traten die Brandenburger auf den Plan, in der Schlacht bei Liegnitz 1241 kämpfte Polen gegen die Mongolen, Feinde im Nordosten waren die Pruzzen und Litauer. Zur Abwehr und Christianisierung der Pruzzen bat Konrad von Masowien 1226 den Deutschen Orden um Hilfe, der als Lohn das Kulmer Land erhalten sollte. Tatsächlich nahmen Züge deutscher, böhmischer und polnischer Ritter bis 1283 das Pruzzenland ein. Parallel dazu errichteten die Kreuzritter des Deutschen Ordens in der Ostseeregion ein eigenes theokratisches Staatswesen, fassten 1231 in

Das Paulinerkloster auf dem Hügel Jasna Góra (Heller Berg) in Częstochowa (Tschenstochau) ist ein berühmter Wallfahrtsort und beherbergt unter anderem ein Bild der „Schwarzen Madonna".

Kulm (Chełmno), 1233 in Thorn Fuß und bauten im Pruzzenland zahlreiche Burgen. Der Orden kurbelte die Entwicklung der Städte an, indem er ihnen das Magdeburger Stadtrecht verlieh, für die Einbeziehung in die Hanse sorgte und deutsche Kaufleute und Handwerker ansiedelte. 1309 zeigte sich jedoch die Kehrseite seiner Berufung.

Als die Stadt Danzig von den Brandenburgern belagert wurde, leistete der Orden dem polnischen Teilfürst von Kujawien, Władysław I. Łokietek, zwar erfolgreich militärischen Beistand, setzte sich aber anschließend selbst in der Stadt fest und eroberte auch Pommerellen und Kujawien. Polen strengte einen lang währenden Rechtsstreit dagegen an, der sogar auf Kirchenkonzilen ausgefochten wurde – ohne Erfolg. Polen war nun von der Ostsee abgeschnitten, die vom Orden beherrschten Gebiete wurden rücksichtslos germanisiert. Auch Schlesien ging verloren – es wurde 1327 böhmisches Lehnsgebiet. Allerdings konnten 1341 im Südosten Galizien und Teile Wolhyniens am Fluss San hinzugewonnen werden.

In einer Zeit wechselhafter außenpolitischer Ereignisse arbeitete Władysław I. Łokietek auf die politische Einigung Polens hin. Kazimierz III., der von 1333–1370 regierte, setzte seine Bemühungen fort. In seinen Statuten von Wiślica, die als erstes polnisches Gesetzbuch gelten, schuf er 1364 weitgehend einheitliche Regelungen für die verschiedenen Gebiete Polens. Der Adel erlangte besondere Bedeutung, musste wegen seines Landbesitzes aber auch Kriegsdienst leisten. Den Bauern gab Kazimierz III. größere Rechtssicherheit – sie konnten unter bestimmten Bedingungen den Herrn wechseln. Bestätigt wurden die Rechte der Juden. Zugestanden wurde Ihnen freie und rechtlich abgesicherte Entfaltung ihrer geschäftlichen Tätigkeit – bis zum 14. Jahrhundert war dies vor allem der Geldverleih, später auch städtischer Handel und Gewerbe – und eigene Gerichtsbarkeit. Kazimierz III. griff dabei auf das Statut von Kalisch von 1264 zurück, mit dem Bolesław V. den Zuzug von Juden gefördert hatte. Diese konnten im Landesausbau, der im 13. und 14. Jahrhundert auf Hochtouren lief, wichtige Kenntnisse beisteuern. Jüdische Fernkaufleute mit Fremdsprachenkenntnissen und organisatorischen Fähigkeiten wurden als „Lokatoren" von Fürsten, hohen Adligen und Klöstern berufen. Die Lokatoren stellten funktionierende Handelsstrukturen her und halfen so beim Aufbau der Städte. Dies war eine wichtige Aufgabe im noch dünn besiedelten Polen, wo noch bis ins 16. Jahrhundert zahlreiche Städte und Dörfer nach deutschem Recht gegründet wurden. Kazimierz III. förderte auch die Bildung: 1364 begründete er mit einem päpstlichen Privileg die Universität Krakau, an der in erster Linie Juristen für den Staatsdienst ausgebildet wurden. Das geistliche Leben wurde von den Klöstern getragen, die im 13. Jahrhundert ihre Blüte erlebten. Die Arbeit der Johanniter, Tempelherren, Dominikaner und Franziskaner genoss viel Sympathie im Volk, da diese auch soziale Aufgaben wahrnahmen.

Polen unter den Jagiellonen (1386–1572)

Ende des 14. Jahrhunderts war Polen mit zwei außenpolitischen Bedrohungen konfrontiert. In der Ostseeregion entfaltete der Deutsche Orden seine mit Christianisierungsbemühungen verbundene Machtpolitik; im Osten war mit dem Großfürstentum Litauen ein gefährlicher Gegner erwachsen. Durch einen strategischen Schritt konnte Polen das Kräfteverhältnis zu seinen Gunsten verändern. Die Heirat der Thronerbin Jadwiga mit dem über zwanzig Jahre älteren litauischen Großfürsten Jagiełło im Jahr 1386 stellte eine Personalunion der beiden Länder her.

Das neue Polen-Litauen kooperierte von nun an auf vielen Gebieten, militärisch wurde es mit einem Schlag zu einer osteuropäischen Groß-

Franziskanerkloster am Fluss Bug.

macht. Die Christianisierung der heidnischen Litauer ermöglichte die Verbreitung der polnischen Kultur und Sprache bis in den tiefen Osten Europas. Im Gegenzug wurden litauische Adlige 1413 auf dem Adelstreffen in Horodło in die polnischen Wappenverbände aufgenommen.

Die Union hatte sich bereits bewährt: 1410 hatte Polen-Litauen den Deutschen Orden in der Schlacht bei Tannenberg (Grunwald) entscheidend geschlagen. In der Folge musste der Orden in den Thorner Friedensschlüssen von 1411 und 1466 die westlichen Teile des damaligen Preußens an Polen abtreten, die nun Königliches Preußen genannt wurden. Hierzu gehörten das Kulmer Land, Pommerellen, das Ermland und die Städte Danzig, Thorn und Elbing. Diesen wurde weitgehende politische, wirtschaftliche und kulturelle Autonomie gewährt, die aber nur für Danzig auf Dauer erhalten blieb. Der östliche Teil Preußens mit der Stadt Königsberg verblieb im Besitz des Ordens. 1471 konnte die böhmische, 1490 auch die ungarische Krone für Polen gewonnen werden, sodass Polen in dieser Ära von der Ostsee bis zum Schwarzen Meer reichte. 1526 fielen Böhmen und Ungarn allerdings an Habsburg, das ebenfalls Großmachtstellung erlangt hatte. Das verbliebene Ordensland wurde 1525 von seinem letzten Hochmeister Albrecht von Brandenburg in ein protestantisches, weltliches Herzogtum umgewandelt und als Lehen Polen unterstellt – daher rührt die Bezeichnung „Herzogliches Preußen". Die brandenburgischen Hohenzollern wurden später in der Erbfolge mitberücksichtigt. Ebenfalls als polnisches Lehen wurde 1561 das baltische Herzogtum Kurland an den Landmeister Gotthard Kettler gegeben.

Der Götterbote Hermes und der Meeresgott Poseidon krönen die beiden Brunnen auf dem Langen Markt von Danzig. Der Platz wird von prächtigen Patrizierhäusern aus der Barock- und Renaissancezeit gesäumt.

Seit dem 15. Jahrhundert schaffte es der polnische Adel, seine Rechte kontinuierlich zu erweitern. Dem wohlhabenden und einflussreichen Teil des polnischen Adels, den Magnaten, stand eine große Anzahl Kleinadliger gegenüber. Aber auch in einfachsten Verhältnissen lebende Edelleute konnten auf den Bezirks- und Landtagen ihre politischen Rechte wahrnehmen.

Schon 1430 ließ der Adel sich von König Jagiełło das Königswahlrecht und mit der Habeas-Corpus-Akte die Unverletzlichkeit der Persönlichkeitsrechte sichern. 1493 wurde in Piotrków (Petrikau) mit dem Sejm (Reichstag) ein Verfahren festgelegt, das das politische Geschehen Polens lange prägen sollte. Lokal gewählte Adlige kamen hierfür nun in der Landbotenkammer zusammen, um über die Belange des ganzen Landes abzustimmen, im Senat sammelten sich die Amtsträger des Königs und die Bischöfe. Daher wird die politische Organisationsform des damaligen Polens als „Adelsdemokratie" bezeichnet, Schlagworte waren „równość" (Gleichheit), „złota wolność" (Goldene Freiheit) und „braterstwo" (Adelsbruderschaft).

1496 sicherte sich der Adel in Piotrków zudem das Vorrecht auf Landbesitz, die darauf lebenden Bauern wurden an den Grundherrn gebunden. Durch die Bestimmung „nihil novi" durfte der König ab 1505 keine politischen Neuerungen mehr ohne Zustimmung des Adels einführen, was als Vollendung der polnischen Adelsdemokratie gilt.

Die nun folgende Regierungszeit der letzten beiden Jagiellonenkönige Zygmunt I. Stary (zu Deutsch: „der Alte"; 1506–1548) und Zygmunt II. August (1548–1572) wird häufig als „Goldenes Zeitalter" Polens bezeichnet. Die Gewährung politischer Freiheiten für den Adel war mit einer kontinuierlichen kulturellen Entwicklung

Rechts: Ein altes Haus mit hölzernen Wänden und Strohdach auf dem Land.
Unten: Kontrastierend zum ländlichen Leben präsentiert sich der Wilanów-Palast, einstige Residenz des Königs Jan III. Sobieski.

des Landes einhergegangen. Humanismus und Renaissance hatten polnische Literatur, Kunst und Architektur zur Blüte gebracht.

Auch die verschiedenen Religionen wurden respektiert, neben Katholiken gab es Protestanten, Orthodoxe, Unierte – die 1595 entstandene Konfession verband orthodoxen Ritus mit der Oberhoheit des Papstes – , Armenier und Muslime im polnisch-litauischen Großreich. Trotz der Vielzahl der Konfessionen gab es keine Religionskriege. Im 16. Jahrhundert hatte ein nicht unerheblicher Teil des Kleinadels den Protestantismus unterstützt. Der litauische Adel wurde allmählich in die Vorrechte einbezogen und so zu einem Unterstützer der Vereinigung beider Landesteile. Diese wurde 1569 mit der Realunion von Lublin beschlossen.

Die neugeschaffene „unteilbare und gemeinsame Republik" hatte einen gemeinsamen König, der in Krakau gekrönt wurde, einen gemeinsamen Reichstag und verfolgte eine einheitliche Außenpolitik. Recht und Verwaltung sowie das Heereswesen bestimmte jeder Landesteil nach wie vor selbst. Die südlichen, weißrussisch besiedelten Gebiete Litauens und die Ukraine wurden Polen angegliedert, was langfristig zu deren Polonisierung führte.

Vom Wahlkönigtum bis zu den Teilungen (1572–1795)

Nach dem Tod des letzten Jagiellonenkönigs Zygmunt II. August wurde 1572 das Wahlkönigtum eingeführt. Vorher war das adelige Recht der Königswahl unterlaufen worden. Jeder ge-

Hallenkirche St. Jakobus in Nysa (Neisse) mit ihren achteckigen Strebepfeilern aus Backstein.

wählte König musste fortan mit den Articuli Henriciani einen Katalog adliger Rechte anerkennen, die Adelsdemokratie war zur Adelsrepublik geworden. Die Entfaltung dieser frühen Form der Demokratie brachte dem Land aber auch Nachteile. Der Adel stellte Mitte des 16. Jahrhunderts etwa 8 Prozent der rund acht Millionen Menschen zählenden Bevölkerung dar, übte die politischen Rechte aber ganz alleine aus.

Die umfassenden Vorrechte des Standes bremsten die städtische und gesellschaftliche Entwicklung. Adlige profitierten vom steigenden Getreidebedarf durch Ausfuhr-, Weg- und Zollfreiheit, einheimische Kaufleute hingegen durften keine Landesprodukte exportieren. Städter durften keinen Grundbesitz erwerben, Bauern durften nicht in die Stadt ziehen. Adligen wiederum wurde es untersagt, in bürgerliche Berufe über-

zutreten. Stadtrechtreformen wurden zwar in Angriff genommen, aber nicht durchgesetzt. Der Anschluss der Wojewodschaften Podlachien, Wolhynien und Kiew im Osten brachte im 16. Jahrhundert weitere Vorteile für den polnischen Adel, der dort riesige Latifundien gewinnbringend bewirtschaften ließ.

Allerdings stieß die Ausdehnung des Großreiches Polen-Litauen im 17. Jahrhundert endgültig an ihre Grenzen. 1610 versuchte König Zygmunt III. Wasa, in Russland seinen Sohn Władysław IV. Wasa als Zaren einzusetzen, blieb dabei jedoch erfolglos, obwohl das Machtvakuum nach dem Tod des letzten Zaren der Rjurikiden-Linie dazu einlud.

Der polnische König Jan II. Kazimierz Wasa wurde bei seinem Regierungsantritt 1648 durch

Beskiden (westliche Karpaten): Die raue, karge und bevölkerungsarme Region im Südosten Polens gilt als das „polnische Sibirien".

Malerische Altstadt von Przemyśl, Grenzstadt zur Ukraine am Ufer des San.

den Kosaken-Aufstand des Bohdan Chmielnicky überrascht, der gegen den wachsenden polnischen Einfluss in der Ukraine aufbegehrte. Die Kosaken verübten ungeheure Grausamkeiten an der Landbevölkerung und an den Juden, die häufig die Güter der polnischen Adligen verwalteten und deren Bevölkerungszahl um mehr als die Hälfte schrumpfte. 1654 kündigten die Kosaken mit dem Vertrag von Perejaslav dem polnischen König die Gefolgschaft auf und unterstellten sich dem Zaren – ein paar Monate später begann der Krieg Polens mit Russland.

Das Eingreifen der Schweden im Jahre 1655 verschlimmerte die Lage noch, deren König Karl X. konnte fast ganz Polen erobern. Mit den „Sintflutkriegen" schuf der Romancier Henryk Sienkiewicz im 19. Jahrhundert den bis heute

gängigen Begriff für die damalige Katastrophe. Sie bescherte Polen schwerste Verwüstungen und leitete einen wirtschaftlichen und kulturellen Niedergang ein. Obwohl sich Polen mit militärischen Erfolgen territorial wieder stabilisieren konnte, war nach Kriegsende der Status als Großmacht dahin. Im Frieden von Andrusowo wurde Russland 1667 die Ukraine östlich des Dnjepr und Kiew zugesprochen – durch die Einverleibung der Kosakengebiete dehnte sich Russland nun immer weiter in die Steppe nördlich des Schwarzen Meeres aus. Außerdem verlor Polen 1657 die Oberhoheit über das Herzogtum Preußen an Brandenburg.

Ab dem 17. Jahrhundert war die Rekatholisierung auf dem Vormarsch. Zygmunt III. Wasa erwies sich als entschiedener Vertreter der

Das Salzbergwerk der Stadt Wieliczka bei Krakau wurde zum Weltkulturerbe erklärt.

Gegenreformation, protestantische Adlige wurden bei der Vergabe von Ämtern benachteiligt. Nach 1668 wurde der Abfall vom Katholizismus mit Landesverweisung bestraft. Der Versuch, mit der Einführung fester Steuern und einem stehenden Heer einige der Freiheiten des Adels zu beschneiden, scheiterte indes: 1607 erhob sich der „Rokosz", eine Adelskonföderation, gegen die vermeintlich angestrebte absolute Herrschaft des Königs. Mit dem „Liberum Veto" entstand 1652 ein weiteres, zur Destabilisierung beitragendes Recht des Adels. Es ermöglichte, durch den Ausspruch „nie pozwalam", was soviel wie „Ich erlaube es nicht" heißt, Beschlüsse des Landtages zu Fall zu bringen. Dass mittellose Adlige mitunter ihre Stimme verkauften, öffnete der Einflussnahme durch Adelsgruppierungen oder von außen Tür und Tor. Auch die Königs-

wahlen fanden unter ausländischem Druck statt. Russland und Österreich förderten nach Kräften die Wahl August II. des Starken, der von 1697 bis 1706 und von 1709 bis 1733 regierte. Der 1704–1709 und 1733–1736 amtierende Stanisław Leszczyński wurde von Frankreich und Schweden protegiert.

Die Teilungen von 1772, 1793 und 1795

Mitte des 18. Jahrhunderts bemühte sich der Kreis um Fürst Czartoryski erneut um Reformen. König Stanisław Poniatowski leitete in seiner von 1764–1795 während Regierungszeit eine Runderneuerung der Bildungsinstitutionen ein und förderte als Mäzen die Aufklärung ideell und finan-

Oben: In der kleinen Stadt Kadyny ließ Kaiser Wilhelm II. im Jahre 1899 seinen Sommersitz errichten.
Links: Alte Kanone aus den Napoleonischen Kriegen, von denen auch Polen nicht verschont blieb.

ziell. Der Arm Russlands reichte indes schon bis Bar, wo die Truppen Katharinas II. 1768 eine mit österreichischer und französischer Hilfe gebildete Konföderation zerschlugen, die sich gegen Russland, aber auch gegen den polnischen König und seine Reformideen positionierte.

Preußen, das nach der Krönung Friedrichs I. zum preußischen König schon an Teilungsplänen gestrickt hatte und mit Russland jegliche Reform Polens hintertreiben wollte, sicherte sich 1772 mit der ersten Teilung Westpreußen (ohne Danzig und Thorn), das Ermland und Pommerellen. Die Landverbindung zwischen Pommern und Ostpreußen war nun hergestellt. An Österreich gingen Galizien, der Süden der Wojewodschaften Krakau und Sandomierz sowie die Wojewodschaft Reussen mit Lemberg. Zu Russland kamen die östlichen Provinzen Polens.

Der Sejm musste der Teilung unter militärischem Druck zustimmen.

Im verbliebenen Polen wurden nun die Reformbemühungen forciert. Das Regierungskollegium wurde nach Ressorts gegliedert, Steuerrecht und Heer neu geordnet sowie 1773 eine Edukationskommission für Erziehung gegründet. Nach dem vierjährigen, der Staatsreform gewidmeten Sejm wurde die Maiverfassung von 1791 verabschiedet. Sie war die modernste Verfassung Europas, beruhte auf Rousseaus Idee der Volkssouveränität und sah Gewaltenteilung, ein dem Parlament verantwortliches Ministerium und einen Rechtsschutz für Bauern vor. Um die Umsetzung der Pläne zu verhindern, unterstützte Katharina II. 1792 die reformfeindliche Magnatenkonföderation von Targowica militärisch, und 1793 wurde Polen zum zweiten Mal geteilt. Preußen bekam Großpolen und Danzig, Russland die Gebiete östlich der Stadt Pińsk. Diesmal wagten die Polen unter Tadeusz Kościuszko allerdings Widerstand. Der Aufstand wurde niedergeschlagen und die verbliebenen Gebiete Polens wurden von den drei Teilungsmächten einverleibt.

Die Herrschaft der Teilungsmächte (1795–1918)

Vor allem die polnischen Emigranten in Frankreich setzten ihre Hoffnung auf die Französische Revolution und Napoleon, um Polen als Staat wiederherzustellen. Polnische Legionen kämpften dafür in der französischen Armee – dazu gehörten jene, die sich in Italien um Jan Henryk Dąbrowski geschart hatten. Ein Teilerfolg war die Einrichtung des Herzogtums Warschau, die Napoleon 1807 von Preußen und Österreich erzwang. Auf dem Wiener Kongress wurde 1815 das Königreich Polen, auch „Kongresspolen" genannt, eingerichtet und in Personalunion mit Russland vereint, was auch als vierte Teilung Polens bezeichnet wird.

Die nach 1772 zu Russland gekommenen Gebiete wurden als die Generalgouvernements Litauen, Weißrussland und Ukraine Bestandteil der russischen Administration. Vor allem seit der

Der Kazimierzowski-Palast im Warschau wird heute als Gebäude der 1816 gegründeten Warschauer Universität genutzt.

Regierungszeit des Zaren Pauls I. (1796–1801) bezog die russische Regierung loyale polnische Adlige in die lokalen Verwaltungsaufgaben ein. Grundbesitz wurde dem Adel bestätigt. Der niedere Adel konnte seinen Status hingegen oftmals nicht retten und verbauerte. Die Juden mussten zu Beginn des 19. Jahrhunderts Massenumsiedlungen hinnehmen und durften nur noch in den sogenannten Ansiedlungsrayons wohnen – eine Maßnahme, die ihre traditionelle Mittlerfunktion als Pächter, Verwalter und Schankwirte auf dem Lande untergrub. In der Bildungspolitik konnte der polnische Fürst Adam Jerzy Czartoryski, der die Achtung des Zaren Alexanders I. genoss, als Kurator der Universität Wilna aller-

dings viel für sein Volk erreichen. Die polnische Prägung der russisch gewordenen Gebiete konnte so bis 1830 weitgehend erhalten bleiben. Kongresspolen erhielt eine Verfassung, die bürgerliche Grundrechte garantierte, und war damit Russland voraus. Das Entgegenkommen sollte helfen, die demokratischen Traditionen Polens für die Reformierung Russlands zu nutzen. Dennoch regte sich Unzufriedenheit, und 1830 initiierten junge Offiziere den Warschauer Aufstand. Harte Strafen, darunter Verbannung, waren die Folge, polnische Institution wurden aufgelöst, die Universitäten geschlossen. Kongresspolen verlor seinen Sonderstatus und wurde ins Russische Reich eingegliedert. Ein großer

Folgende Seite: Hausfassade in der Altstadt von Warschau.
Unten: Der Marktplatz der Hafenstadt Puck an der Danziger Bucht.

Teil der Elite wanderte aus – um Czartoryski bildete sich in Paris der Zirkel „Hotel Lambert". Bis 1830 wurde auch im preußischen Landesteil eine weitgehende Selbstverwaltung zugelassen. Im österreichischen Landesteil führte ein österreichischer Beamtenapparat die Regie. Die Freiheiten des Adels blieben gewahrt, der Landtag bot sehr eingeschränkte politische Möglichkeiten. Ein großes Problem stellte die Armut des unterentwickelten Gebietes dar, gegen die die neuen Herrscher nichts unternahmen. Einen Sonderstatus genoss die Universitätsstadt Krakau, die 1815 zur Republik erklärt worden war. Eine Verfassung mit Zensuswahlrecht bot immerhin eine begrenzte politische Mitbestimmung. Nach dem Aufstand von 1830 wurden die Freiheiten eingeschränkt, 1846 der Sonderstatus Krakaus ganz aufgehoben, nachdem ein geplanter Aufstand aufgedeckt worden war.

Im russischen und preußischen Landesteil brachten die beiden Teilungsmächte nach 1831 Russifizierungs- und Germanisierungsprozesse in Gang. Die Polen reagierten auf den Druck mit einem gewachsenen Selbstbewusstsein, das auf preußischer Seite in Vereinen und Zusammenschlüssen hochgehalten wurde, die sich gegen ihren deutschen Widerpart positionierten. Auf russischer Seite artikulierten Parteien wie die „Demokraten" und die „Roten" politische Forderungen, die sich gegen den moderaten, auf Autonomie abzielenden Kurs von Aleksander Wielopolski richteten. Der Aufstand von 1863 beseitigte mit drakonischen Strafen die verbliebenen Rechte des Adels. In der Folge erstarkte das Bürgertum. Der Schulunterricht wurde von nun an auf Russisch abgehalten, die katholische Kirche empfindlich eingeschränkt. Trotz allem entwickelten sich Städte und Industrie im preußischen und russischen Teil stetig.

Der Germanisierungsdruck der Bismarck-Ära schweißte die Polen erst recht zusammen und machte den Katholizismus zum Identifikationsmodell. Die bürgerliche Gesellschaft entfaltete sich in der „organischen Arbeit", die auf Entwicklung im Innern statt auf gewaltsame Umwälzung abzielte.

Gläubige Pilger beim Gebet in der Klosterkirche auf dem Heiligen Berg von Grabarka (russisch-orthodoxe Verklärung-Christi-Kirche auf dem Święta Góra Grabarka).

Immer wichtiger wurden politische Parteien: „Proletariat" entstand 1882, die „Polnische Sozialistische Partei", in der sich Piłsudski betätigte, kam 1892 hinzu. Für das bürgerliche Lager stand die „Nationalliga" (Liga Narodowa) Roman Dmowskis, die eine großpolnische, antisemitische und gegen Deutschland gerichtete Position einnahm und 1893 in die Gründung der Nationaldemokratischen Partei mündete.

Im österreichischen Landesteil wurde auf die Polen weniger Assimilationsdruck ausgeübt. Allerdings sah sich das Polentum hier einem wachsenden ukrainischem Nationalismus gegenüber. All dies erschwerte es, gemeinsam für die Wiedererlangung der Unabhängigkeit zu kämpfen.

Erst der Beginn des Ersten Weltkrieges brachte Polen der Eigenstaatlichkeit näher. Zunächst machten die Teilungsmächte nur vage Zusagen, die von der militärischen Lage abhingen und die eigene Position stützen sollten. Deutlicher wurden Deutschland und Österreich im November 1916 mit der Zusage zur Wiedervereinigung des Königreiches Polen. Das öffentliche Leben wurde noch durch eine deutsche Militärbehörde in Warschau unter General von Beseler geregelt. 1917 erlaubte diese den Regentschaftsrat, der einen gleitenden Übergang bis zur Staatsgründung schaffen sollte. Diese forderte auch der amerikanische Präsident Wilson, und er ergänzte 1918, dass dieses geeinte, unabhängige und autonome Polen über einen gesicherten Zugang zum Meer verfügen sollte. Ermöglicht wurde dies erst durch die Niederlage der Mittelmächte.

Polen in der Zwischenkriegszeit (1918–1939)

Der Regentschaftsrat, dem nach Abzug der Deutschen alle Befugnisse übertragen worden waren, proklamierte am 7. Oktober 1918 ein unabhängiges Polen. Wichtigster Mann im Staate

Gut bepackt geht es auf eine Fahrradreise an der Oder.

war Józef Piłsudski, der als vorläufiger Staatschef alle Vollmachten erhielt und auch zum Oberbefehlshaber der Armee ernannt wurde. Durchsetzungskraft gaben ihm seine militärischen Einheiten, die er schon im Kampf auf der Seite der österreichischen Armee gebildet hatte.

Die wichtigste Frage war nun die der Grenzziehung. Piłsudskis Konzept wird auch jagiellonisches Prinzip genannt. Es berief sich auf das alte multiethnische Polen-Litauen tief im Osten Europas, dessen Geschichte und Wertvorstellungen für Zusammenhalt sorgen sollten. Dmowskis Ansatz sah die verschiedenen Nationen im Konkurrenzkampf miteinander und machte auch vor antisemitischen Thesen nicht halt. Im wiedererlangten Staat sollten nun Polen über die ethnischen Minderheiten im Staate dominieren. Das piastische Prinzip sah eine Ausdehnung Polens bis zur Oder vor – ein Rückgriff auf mittelalterliche Siedlungsverhältnisse, der Feindschaft zu Deutschland bedeutet hätte.

Die neue Grenzziehung berücksichtigte beide Ansätze. Der Zugang zur Ostsee war geschaffen, und das nun sowjetische Russland konnte der starken Ostausrichtung Polens wenig entgegensetzen. 1920 trotzte Piłsudski dem ebenfalls neu konstituierten Litauen weitere Gebiete ab, seine riskanten militärischen Aktionen in der Ukraine forderten Russland heraus und die polnischen Aufstände sowie die Aktionen deutscher Freikorps nach der Teilung Schlesiens belasteten das Verhältnis zu Deutschland.

Am 17. März 1921 wurde die sogenannte Große Verfassung verabschiedet. Die Exekutive wurde durch das Parlament eingeschränkt. Dieses wählte den Staatspräsidenten, dessen Befugnisse hauptsächlich repräsentativ waren. Die politische Lage der Anfangsjahre war überaus angespannt und zeigte, dass die parlamentarischen Vorgänge noch nicht eingespielt waren. Neben der Agrarreform waren Minderheitenproblematik und Grenzziehung die Themen der Stunde. Polen zeigte sich

Alter jüdischer Friedhof in Lesk.

hier als Nationalitätenstaat, dessen Elite mit durchaus nationalstaatlichen Ansprüchen auftrat.

Der erste gewählte Präsident Gabriel Narutowicz, der mit Hilfe der Stimmen nationaler Minderheiten gewählt wurde, fiel 1922 dem Attentat eines rechtskonservativen Politikers zum Opfer. Mit den Sozialisten, den Nationaldemokraten, der Bauernpartei und den christlichen Demokraten gab es vier Grundrichtungen, die von einer äußerst zersplitterten Parteienlandschaft abgedeckt wurden. Anfangs dominierten eher rechte Parteien und Bauernparteien. Die Regierungen wechselten ständig, auch Minister waren oft nur wenige Monate im Amt. Politische Willensbildung war so kaum zu gewährleisten. Zudem war die Arbeitslosigkeit hoch und die sozialen Gegensätze auf dem Lande mit seinen armen Bauern und reichen Großgrundbesitzern waren enorm. Des Weiteren erwies es sich als schwierig, Verwaltung und Wirtschaftskreislauf

zu vereinheitlichen, stammten die Strukturen doch aus den drei völlig unterschiedlich organisierten ehemaligen Teilungsmächten.

Die Sanierung des Systems („Sanacja") war die Parole des Staatsstreiches, den Piłsudski 1926 durchführte. Er hatte sich 1923 aus der Politik zurückgezogen und hielt das Parlament für eine „Schwatzbude". Auch wenn er keine formale Diktatur errichtete, steuerte er das politische Geschehen durch Mittelsmänner. Er kreierte kein ideologisches Programm, das dem Volk aufgezwungen wurde, schuf aber den „Parteilosen Block der Zusammenarbeit mit der Regierung", der öffentliche Unterstützung sichern sollte. Die Opposition wurde durch Polizeischikane eingeschüchtert, 1928 setzten Parteiverbote und 1930 direkte Angriffe auf oppositionelle Parteien ein.

Parteiverbote und polnisch-katholischer Assimilierungsdruck hatten ab dem Ende der 1920er

Ein ehemaliger Lagerinsasse im Vernichtungslager Auschwitz trägt einen Teil der Gefangenenkleidung anlässlich einer Gedenkveransaltung.

Jahre weißrussische und ukrainische Aktivisten in den Untergrund getrieben, von wo aus die Organisation Ukrainischer Nationalisten (OUN) ab 1931 Terrorakte verübte. Mit dem Ermächtigungsgesetz von 1933 konnte der Präsident Dekrete mit Gesetzeskraft erlassen. Das Obristenregime, das 1935 nach Piłsudskis Tod in dessen Fußstapfen trat, war überfordert. Die Spannungen mit den Minderheiten spitzten sich 1936 gefährlich zu, hinzu kamen diskriminierende Bestimmungen gegenüber Juden. Außenpolitisch wähnte man sich durch den 1934 geschlossenen Nichtangriffspakt mit Deutschland sicher. Da an Verbündeten Mangel herrschte, war dies eine besonders fatale Fehleinschätzung.

Der Zweite Weltkrieg

Als Deutschland Polen am 1. September 1939 überfiel, waren die späteren Einflusssphären der Sowjetunion und Deutschlands im Zusatzprotokoll des Hitler-Stalin-Paktes bereits festgelegt. Durch die technische Überlegenheit der Wehrmacht war Polen schnell geschlagen. Am 17. September rückte die Rote Armee im Osten des Landes ein. Die polnische Regierung floh nach Rumänien und wurde interniert. In Frankreich bildete sich eine Exilregierung unter General Władysław Sikorski, die mit dem Aufbau einer neuen polnischen Armee begann. In Polen selbst sollte die Armia Krajowa, die Heimatarmee, dem militärischen Widerstand aufhelfen. Posen und das Wartheland im Westen wurden direkt ins Deutsche Reich eingegliedert und das Zentrum zum Generalgouvernement erklärt, dem Reichsminister Hans Frank vorstand. Mit dem Angriff auf die Sowjetunion kamen auch jene Gebiete unter deutsche Herrschaft, die nach den manipulierten Nationalversammlungen 1939 der Sowjetunion einverleibt worden waren. Die NS-Politik zielte auf die Auslöschung der polnischen

Elite ab, arbeitete mit gezielten Vertreibungen und versklavte Polen in die Zwangsarbeit, wo sie für die vermeintlich überlegene germanische Rasse ausgebeutet wurden. Am vollständigsten umgesetzt wurde die – euphemistisch „Endlösung" genannte – Auslöschung der Juden.

In Ghettos und in den Vernichtungslagern Auschwitz, Maidanek, Treblinka und Sobibór wurden mehr als zwei Millionen polnische Juden umgebracht und ein Großteil des gesamten europäischen Judentums vernichtet. Zwischen 1939 und 1945 kosteten der Krieg und der sowjetische Terror rund sechs Millionen Menschen das Leben. Die Westmächte erklärten sich auf den Konferenzen von Jalta und Teheran trotz des Protests der polnischen Exilregierung mit der Abtretung Ostpolens an die Sowjetunion einverstanden. Als Kompensation wurden Polen die deutschen Gebiete bis zur Oder-Neiße-Linie zugeschlagen.

Die Volksrepublik Polen

Provisorische und Exilregierung bildeten 1945 die „Regierung der nationalen Einheit", in der Kommunisten die wichtigsten Positionen besetzten. Nach sowjetischem Muster wurden in der Folge die Opposition beseitigt, die Industrie verstaatlicht, die Zwangskollektivierung der Landwirtschaft begonnen und das Kulturleben

Im ehemaligen Konzentrationslager Treblinka wurde eine Mahn- und Gedenkstätte errichtet: 17 000 Steine erinnern an die Opfer des NS-Regimes.

Oben: Das Solidarność-Denkmal vor der ehemaligen Lenin-Werft in Danzig.
Nachfolgende Doppelseite rechts: Kriegerdenkmal in Warschau.

reglementiert. Nach Arbeiterunruhen im Jahr 1956 wurde der Kommunist Władysław Gomułka, der als „Nationalkommunist" zunächst kaltgestellt worden war, wieder in seine Parteiämter eingesetzt. Er setzte Liberalisierungen durch und machte die Kollektivierung rückgängig. Dennoch setzten sich in den 1960er Jahren Verkrustungen fest und es kam zu neuen Beschränkungen im Kulturbereich.

Auf Unzufriedenheit über die Lebensmittelknappheit reagierten Gomułka und General Moczar 1967 mit antisemitischen Parolen, die die Bevölkerung gegen Intellektuelle aufbringen sollten. Ein außenpolitischer Erfolg war hingegen der 1970 geschlossene „Warschauer Ver-

trag". Er erklärte die Grenzziehung zwischen Polen und der Bundesrepublik Deutschland für rechtsgültig und eröffnete somit neue Perspektiven für die Beziehungen der Länder. Im Dezember des gleichen Jahres ließ Gomułka die aus Wut über Preiserhöhungen von bis zu 36,8 Prozent ausgebrochenen Streiks an der Danziger Werft niederschlagen. Bei den Unruhen kamen 45 Menschen zu Tode. Gomułka wurde aus dem Politbüro abgewählt und zur Unperson erklärt. Seine Nachfolge als Parteisekretär trat Edward Gierek an.

Auslandskredite und Reiseerleichterungen sollten wirtschaftliche Entwicklung und Arbeitsmoral nun ankurbeln. Preiserhöhungen führten

1976 erneut zu Streiks, in deren Folge sich das „Komitee zur Verteidigung der Arbeiter" (KOR) und die unabhängige Gewerkschaft Solidarność (Solidarität) unter der Führung von Lech Wałęsa bildeten. Rückenwind kam von der Kirche, die Wahl des Krakauer Kardinals Karol Wojtyła zum Papst beflügelte die gesamte Nation.

Durch Streiks und Massenproteste erzwang Solidarność schließlich die Anerkennung als Gewerkschaft. Auf weiter gehende Forderungen reagierte Ministerpräsident und Parteichef General Jaruzelski im Dezember 1981 mit der Verhängung des Kriegsrechtes und der Bildung des „Militärkomitees der nationalen Rettung", einem nicht durch die Verfassung legitimierten Gremium. Solidarność wurde verboten, Nachrichtensperre und Zensur wurden verhängt. Der Konflikt zwischen Obrigkeit und Bevölkerung wurde indes nicht befriedet, sondern nur eingefroren. Auch die wirtschaftlichen Schwierigkeiten blieben bestehen.

1988 wurde der als liberal geltende Mieczysław Rakowski Ministerpräsident. Solidarność wurde wieder zugelassen. In den „Gesprächen am runden Tisch" verhandelten Regierung und Opposition die Befugnisse von Parlament und Präsident neu, vereinbarten Glaubens- und Gewissensfreiheit sowie die Abschaffung der Zensur und ebneten den Weg zur Abhaltung der ersten freien Wahlen seit dem Zweiten Weltkrieg. Diese garantierten sozialistischen Parteien noch 65 Prozent der Sitze – ein Anteil, der in der Folge immer weiter abgebaut wurde.

Die Auflösung der Kommunistischen Partei erfolgte 1990, ihre bis dato staatstragende Rolle wurde in der Novelle der Verfassung getilgt und Polen wurde zur demokratischen Republik. 1990 wurde Lech Wałęsa Staatspräsident. 1991 wurde mit Deutschland, das die Oder-Neiße-Linie im Einigungsprozess als Westgrenze Polens anerkannt hat, ein Freundschaftsvertrag geschlossen. Probleme bereitete die Transformation nach dem Zusammenbruch des Wirtschaftssystems Ende der 1980er Jahre. Die „Schocktherapie" des Finanzministers Leszek Balcerowicz gab 1989

auf einen Schlag die Preise frei. Dies legte bislang verdeckte Arbeitslosigkeit offen und brachte Teile der Bevölkerung sozial in Not.

Von der Wende bis zur Gegenwart

Die ersten freien Parlamentswahlen in der neuen Republik Polen offenbarten eine starke Zersplitterung der bürgerlichen Parteien. Regierungen waren so schwierig zu bilden und überstanden oft nur wenige Monate. 1993 ließ Präsident Wałęsa Neuwahlen abhalten, die eine Mehrheit aus postkommunistischen Linksbündnis und Bauernpartei erbrachte. Ein Kandidat aus dem postkommunistischem Lager war auch der 1995 gewählte Präsident Alexander Kwaśniewski. In der Folge sollten sich Präsidenten aus dem linken und bürgerlichen Lager bei jeder Wahl abwechseln. Die Wirtschaft hatte inzwischen die Talsohle durchschritten.

Das Parteienspektrum reicht seitdem bis zu radikalen Gruppierungen wie der „Samoobrona" (Selbstverteidigung) von Andrzej Lepper und der katholisch-nationalistisch ausgerichteten „Liga der polnischen Familien". Außenpolitisch ist eine enge Anbindung an Westeuropa und die USA erreicht worden. Am 12. März 1999 erfolgte der Beitritt zur Nato, am 1. Mai 2004 zur Europäischen Union.

Die Beziehung zu Russland birgt immer noch Spannungen, wie die Streitigkeiten um die Einfuhr von Fleisch aus Polen nach Russland und um die geplante Stationierung von US-amerikanischen Raketen in Polen zeigen. Polen und Deutschland wachsen mehr und mehr in eine reguläre Nachbarschaft hinein.

Auch bei erheblichen Meinungsverschiedenheiten zeigte sich, dass trotz schriller Töne in den Medien weder die Diskussionen um die Errichtung eines „Zentrums gegen Vertreibungen" noch der „Kartoffel-Krieg" um die Brüder Kaczyński das deutsch-polnische Verhältnis ernsthaft aus den Angeln heben konn-

LITERATUR UND GEISTESGESCHICHTE

Anfänge des Schrifttums im Mittelalter

Die Annahme des Christentums im Jahr 966 bescherte Polen eine neue kulturelle Entfaltungsmöglichkeit: die Schriftlichkeit. Psalmen, Lieder und Gebete konnten nun aufgeschrieben werden – allerdings zunächst noch in Latein. Dasselbe gilt für die ersten historiografischen Werke, die sich mit Polen befassen. Der Benediktinermönch Gallus Anonymus preist Polen und vor allem seinen ersten König, Bolesław Chrobry, in seiner Chronik, die von 1113–1116 am Hofe von Bolesław III., „Schiefmund", entstand.

Bolesław Chrobry ist dem Idealbild des Christen, Herrschers und Ritters nachempfunden – mehr als nur ein stilistischer Kunstgriff, denn die Chronik sollte helfen, das kriselnde Königtum unter Bolesław III. wieder herzustellen. Die Chronik des Meisters

Rechts: Werk des polnischen Malers Stanisław Ignacy Witkiewicz-Witkacy.
Unten: Historisches Brevier (15. Jahrhundert) aus dem Klosterarchiv von Jasna Góra in Tschenstochau. Die Malerei auf dieser Seite zeigt die Passion Christi.

Der Altar von Veit Stoß in der Krakówer Marienkirche ist ein Zeugnis blühender Religiosität.

Wincenty (ca. 1150–1223) behandelt die Geschichte des Landes weitgehend in Dialogform. Der moralisierende Text sollte einen „Spiegel von Vorbildern" für die Zeitgenossen des Autors abgeben.

Das 13. Jahrhundert wird auch „Jahrhundert der Heiligen" genannt. Zwei der bekanntesten Viten sind Bischof Stanisław gewidmet, der 1079 durch eine Auseinandersetzung mit König Bolesław Śmały starb. Der Dominikaner Wincenty aus Kielcza (ca. 1200 bis 1261) beschrieb Leben und Martyrium des Stanisław. In den Erzählungen von den Wundern nach dessen Tod wird Wincentys Wunsch deutlich, dass Teile des zerfallenden Polenstaates wieder eins werden mögen – wie die abgehackten Gliedmaßen des Märtyrers. Stanisław wurde nicht in allen Regionen Polens verehrt, sondern nur in Kleinpolen. In Großpolen genoss der Heilige Adalbert Verehrung, in Schlesien die Heilige Jadwiga.

Erste polnische Zeugnisse

Für das 13. Jahrhundert wird die Einführung von Predigten, Gebeten und Liedern zur Seelsorge in polnischer Sprache angenommen, die zunächst allerdings nur mündlich weitergegeben wurden. Zu dieser Zeit entstanden auch die Heiligkreuzer Predigten. Parallel dazu wird vor allem in den Städten Schlesiens und Kleinpolens Deutsch zur Sprache des Patriziats. Das 14. Jahrhundert brachte die erste schriftliche Überlieferung polnischer geistlicher Lieder. Am bekanntesten ist „Bogurodzica", das Lied von der Gottesmutter. Es ist als Kopie aus dem Jahr 1407 überliefert und stammt aus dem frühen 13. Jahrhundert. Gesungen wurde es in entscheidenden Momenten wie etwa vor der Schlacht gegen den Deutschen Orden in Tannenberg 1410, wie der mittelalterliche Historiker Jan Długosz schrieb. Dessen 1455–1480 entstandene Chronik zur Geschichte Polens fasste das ge-

Die Grunwald-Schlacht ist in der deutschen Geschichtsschreibung unter dem Namen Tannenbergschlacht bekannt. Sie bildet ein zentrales Moment polnischer Identitätsbildung.

schichtliche Wissen des Mittelalters zusammen und stützte sich bereits auf die moderne Nutzung von Geschichtsquellen. Gefördert wurde das Polnische auch durch Übersetzungen aus dem Lateinischen. Als besonders gelungen gilt der „Psałterz floriański", der für Königin Jadwiga in den Sprachen Latein, Deutsch und Polnisch geschaffen wurde. Auch Bibeln und juristische Traktate ließ sie ins Polnische übersetzen. Ihre 1386 eingegangene Vernunftehe mit Jagiełło, die das Reich der Polen mit dem der heidnischen Litauer vereinte, stellte Polen vor eine gigantische Missionsaufgabe. Aus diesem Grund wurde 1397 die Krakauer Universität um eine theologische Fakultät erweitert – ein Schritt, der auch aus dem Nachlass der 1399 verstorbenen Jadwiga finanziert wurde. Im auslaufenden Mittelalter kamen auch weltliche Satiren auf, wie etwa das „Gedicht über den Brottisch" von Przecław Słota. Die Belehrungen zur Tischetikette werden durch das Benehmen eines unverbesserlichen Saufboldes illustriert. Religiöse Stoffe wurden nun mit realistischen Details angereichert, wie „Die Betrachtungen über das Leben des Herrn Jesu", das mit Beschreibungen des Aussehens und der Kindheit Jesu überraschte. Schließlich brachte das späte Mittelalter aber auch Auseinandersetzungen mit der Kirche, wie das um 1449 entstandene Wycliff-Lied von Jędrzej Gałka aus Dobczyn zeigt. Der Krakauer Universitätsprofessor und Anhänger von Jan Hus richtete seinen wütenden Angriff auf Papsttum und katholische Kirche an ein internationales Publikum, vor allem aber an Polen und Deutsche.

Die polnische Renaissance

Ganz im Zeichen des internationalen wissenschaftlichen Austausches stand schließlich die Renaissance, die für Polen ab der zweiten Hälfte des

Im Wawelschloss in Kraków residierte auch König Kazimierz IV., der den Gelehrten Buonaccorsi an seinen Hof kommen ließ.

15. Jahrhunderts angesetzt wird. Der italienische Gelehrte Filippo Buonaccorsi wirkte am Hof des Lemberger Erzbischofs Grzegorz von Sanok, dessen Vita er verfasste, und am Königshof Kazimierz' IV. Jagiellończyk in Krakau. Polnische Studenten gingen an Universitäten in Italien und Deutschland, es bestanden Kontakte zu Humanisten wie Erasmus von Rotterdam. Wissen über die Antike stand hoch im Kurs. Mit der Verbreitung reformatorischer Ideen geriet die Kirche immer wieder unter Beschuss, an Autorität gewann indes die heilige Schrift. 1473 druckte der bayerische Wandertypograf Kasper Straube zum ersten Mal in Polen ein Buch, in Krakau entstanden daraufhin zahlreiche Druckereien – der Grundstein für die massenhafte Verbreitung von Literatur und Wissen war gelegt. Parallel dazu traten Autoren auf den Plan, die nur noch auf Polnisch schrieben. Zu ihnen gehörte Mikołaj Rej, ein damals bekannter Adliger, Publizist und religiöser Propagandist. In „Kurze Unterredung zwischen drei Personen, dem Herrn, dem Vogt und

dem Pfarrer" liefert er ein facettenreiches Bild seiner Zeit und ihrer Missstände. In „Der Spiegel" porträtiert Rej den idealen polnischen Adligen.

Der Dramatiker und Lyriker Jan Kochanowski war ein Humanist und Kenner der Antike, der sich sein Wissen beim Studium in Padua angeeignet hatte. Mit genauen psychologischen Beobachtungen gestaltete er im Poem „Susanna" ein Thema der biblischen Apokryphen. Kritisches Potenzial entfaltete er 1564 im Poem „Der Satyr oder der Wilde Mann". Dem Adel hält er darin Geldgier und den Verfall der ritterlichen Ideale vor, dazu leichtfertiges Spiel mit neuen religiösen Tendenzen statt konsensorientierten Reformen innerhalb von Staat und katholischer Kirche. Die Positionierung gegen reformatorische Inhalte – mit denen er früher sympathisiert haben soll – wird mit Kochanowskis Tätigkeit als Sekretär am Hofe des Königs Sigismund II. August erklärt. Dort hatte sich dieser Kurs vor allem um Kanzler Piotr Myszkowski und Filip Padniewski durchgesetzt und markierte dort die Wende zur Gegenreformation. Die Publizistik entwickelte sich unter Andrzej Frycz Modrzewski weiter. Seine Schrift „Über die Staatsreform" befasst sich in lateinischer Sprache mit der Rolle von Staat, Kirche, Bildung und Justiz – das 1551 entstandene Werk wandte sich grenzübergreifend an die Gelehrten Europas.

Barock – das Zeitalter der Gegensätze

Die Epoche des Barock läutete Sebastian Grabowiecki 1590 mit seinen „100 geistlichen Gedichten" ein. Höllische Sündenbilder kontrastieren hier mit metaphysischer Sehnsucht – eine Polarität, die typisch für das Empfinden in dieser Zeit war. Auch Piotr Kochanowski, ein Neffe des großen Renaissancedichters, nahm sich eines christlichen

Themas an. 1618 übersetzte er das italienische Versepos „Gerusalemme Liberata" von Torquato Tasso, ein Werk, das den Kampf zwischen Christen und Muslimen im Kreuzzug thematisiert. Es war im Geist der Gegenreformation entstanden und fand großen Widerhall bei den slawischen Völkern Europas. Spannungsreiche Bilder schufen auch die Dichter Mikołaj Sęp Szarzyński und Jan Andrzej Morsztyn in ihren Werken. Letzterer hatte den Einfall der Schweden (1655–1660), der unter dem Begriff „Sintflutkriege" in die Geschichte eingehen sollte, selbst miterlebt. Er pflegte einen Stil, der reich an bizarren Formen war, der nach dem italienischen Vorbild Giambattista Marino „Marinismus" genannt wurde.

Im westlichen Europa entfaltete sich der barocke Stil an den Königshöfen und im intellektuellen Bürgertum. In Polen hingegen wurde die Szlachta,

In der Ordenskirche von Górowo Iławeckie befindet sich das größte barocke Deckengemälde von Masuren und Ermland.

Oben: Das Schloss Wilanów in Kraków wurde von A. W. Locci für König Jan III. Sobieski erbaut und ist im besten Barockstil durchkomponiert.
Rechts: Detailansicht einer Fassade des Schlosses Wilanów.

wie die breite Masse des Kleinadels hieß, Träger einer spezifischen, vom Barock inspirierten Lebenswelt. Ausnahmen bildeten die Stadt Danzig und Schlesien, das mit dem Barockliteraten Opitz und der Schlesischen Schule die deutsche Barockdichtung mitprägte. Die im Humanismus übliche Rückbesinnung auf die Antike hatte dem polnischen Kleinadel, der seit Ende des 16. Jahrhunderts seine Eigeninteressen immer stärker wahrnahm, ein besonderes Identifikationsmodell beschert. „Sarmatismus" nannte sich dieses neue Selbstverständnis, das im antiken Reitervolk der Sarmaten die Vorfahren sah. Diese geistige, nicht aber genetische Verbundenheit wurde in ritterlichen Idealen kultiviert, türkische Einflüsse setzten Akzente in Mode und Bewaffnung. Gegen die im sonstigen Europa gefeierte absolutistische Zentralgewalt des Königs wurde vehement Stellung bezogen. Die damals für den Adel günstigen politischen Spielregeln wurden als „aurea libertas" – zu Deutsch: goldene Freiheit – bezeichnet und häufig mit den politischen Rechten im republikanischen Rom gleichgesetzt. Dieser Kult wurde so weit getrieben, dass Sarmatismus später zu einem Synonym für geistigen Rückzug und Hinterwäldlertum wurde.

Das Zeitalter des Barock bedeutete indessen mehr als nur eine Stilepoche. Die Gegenreformation brachte in einer groß angelegten Bildungsoffensive Wissen und Kultur in breite Bevölkerungsschichten, vor allem im litauischen Landesteil. 1564 holte Kardinal Stanisław Hosius dafür den Orden der Jesuiten ins Land. Dieser gründete 1578 die Akademie von Wilna und reformierte 1632 die Akademie von Kiew.

Die polnische Aufklärung

Durch die Teilungen von 1772, 1793 und 1795 wurde in Etappen ein vorläufiger Schlusspunkt unter die Geschichte der polnischen Adelsrepublik

gesetzt. Über die Ursachen der Staatskrise hatten Literaten und Intellektuelle allerdings schon lange vorher nachgedacht, und auch nach den Teilungen waren sie nicht bereit, ihre Erneuerungsbemühungen einfach einzumotten. Die polnische Aufklärung zeigte sich vor allem als ständeübergreifendes Engagement zur Rettung des eigenen Staates. Schon ab 1740 wurde die Reformierung des Bildungswesens in Angriff genommen. Einen wichtigen Beitrag leistete hier die Buchhändler- und Leserbewegung, die der Geistliche Stanisław Konarski und der Bibliotheksgründer Andrzej Załuski initiierten. Das von Konarski 1741 in Warschau begründete Collegium Nobilium setzte als Eliteanstalt neue erzieherische Maßstäbe. Nicht Auswendiglernen, sondern Verstehen war das Ziel des Unterrichts, der nach den Prinzipien der auf-

klärerischen Enzyklopädisten gestaltet wurde. Die Initiative legte den Grundstein für weitere fortschrittliche Bildungsprojekte wie das Warschauer Kadettenkorps als erste nichtgeistliche Lehranstalt Polens und den landesweiten Aufbau von staatlichen Mittelschulen. Als Publizist gab Konarski wichtige Denkanstöße für eine überfällige Parlamentsreform. Sein 1760–1763 entstandenes Traktat „Von wirksamer Beratung" führt alle polnischen Landtage auf, die durch mangelnde Kooperationsbereitschaft des Adels vereitelt worden waren.

Die Modernisierung der politischen und sozialen Verhältnisse stand auch beim letzten polnischen König, Stanisław Poniatowski, hoch im Kurs, der ab 1764 regierte. Als Mäzen versammelte er in seinen „Donnerstagsgesprächen" neben Autoren wie

Bildung ist der Grundpfeiler jeglicher Aufklärung; die Jagiellonen-Universität besteht schon seit dem Mittelalter.

Stanisław Staszic und Hugo Kołłątaj, die für radikale Reformen eintraten, auch Wissenschaftler. Auch Ignacy Krasicki, dessen Werk „Die Begebenheiten des Mikołaj Doświadczyński" als erster neuzeitlicher Roman gilt, war hier Dauergast. Die rastlose Sinnsuche seines modernen Helden ist in Tagebuchform mit satirischem Einschlag erzählt. Wie Krasicki nutzten auch andere aufklärerisch gesinnte Literaten die Zeitschrift „Angenehmer und nützlicher Zeitvertreib" als Sprachrohr. Zu ihnen gehörten Stanisław Trembecki, Franciszek Karpiński, Dionisy Kniaźnin, Franciszek Zabłocki und Julian Ursyn Niemcewicz. Niemcewicz war Mitglied der Reformpartei und hatte die brenzlige Lage des polnischen Staatswesens in der politischen Komödie „Die Heimkehr des Landboten" aufgegriffen. Die Premiere während des großen Reichstags 1791 löste einen Skandal aus, da Niemcewicz den traditionsbewussten Adel aufs Korn genommen hatte – allerdings wurde so auch die Bewegung für eine neue Staatsverfassung angekurbelt. Das 1765 auf Initiative des Königs gegründete Nationaltheater in Warschau hatte sich bereits als Katalysator der Reformbewegung etabliert. Zu erzieherischen Zwecken agierten auf Polens erster öffentlicher Bühne Figuren wie reaktionäre, kauzige Landadlige, aufgeblasene Salonlöwen und Reformanhänger.

Heldentum und Kulturerhalt – Konzepte im frühen 19. Jahrhundert

Nach der Zerschlagung des polnischen Staates kämpften polnische Legionen im Jahre 1809 auf

Vom Treppengeländer erblickt man das Foyer des edlen Juliusz Słowacki Theaters in Krakau.

Oben: Geburtshaus Fryderyk Chopins in Żelazowa Wola, Zentralpolen.
Rechts: Denkmal für Józef Wybicki auf dem Marktplatz von Kościerzyna/Berent in der Kaschubei.

Seiten Napoleons gegen Russland und Österreich. Das Ergebnis brachte die polnische Staatlichkeit nicht zurück, es wurde lediglich das Großherzogtum Warschau geschaffen. Dennoch inspirierten die Legionen, die sich in Italien um Jan Henryk Dąbrowski gesammelt hatten, die gesamte Nation. „Noch ist Polen nicht verloren" verkündete Józef Wybicki im „Lied der polnischen Legionen in Italien", das der Melodie wegen Dąbrowskis Mazurka genannt wurde und die Beharrlichkeit der gesamten Nation verkörperte. Offizielle Nationalhymne wurde es erst 1927. Der Zusatz „solange wir leben" verhallte nicht ungehört, denn das Streben nach Unabhängigkeit wurde von nun an auf breiter Basis intellektuell fortgeführt. Die kultische Verehrung von Persönlichkeiten, die aktiv gegen die Teilungsmächte gekämpft hatten, gehörte zum polnischen Konzept der Romantik. Zu Helden wurden so Tadeusz Kościuszko, der in einem erfolglosen Aufstand nach der Teilung von 1795 gegen Russland rebelliert hatte, und Fürst Józef Poniatowski, der 1813 in der Völkerschlacht bei Leipzig gefallen war. Auch Napoleon wurde verehrt.

Da die politische Zukunft des Landes ungewiss war, wurden die Intellektuellen des Landes vor eine neue Aufgabe gestellt: Wenigstens Kultur und Sprache sollten so gut es ging erhalten bleiben. Vor allem im russisch verwalteten Teil wurden ehrgeizige Bildungsprojekte umgesetzt. Adam Jerzy Czartoryski leistete hierzu als Kurator der

Literatur und Geistesgeschichte

Denkmal in Kraków für Adam Mickiewicz.

Universität Wilna einen bedeutenden Beitrag. In Wolhynien baute Tadeusz Czacki das Lyzeum von Krzemieniec auf, das zu einer wichtigen Lehrstätte wurde. Im unter österreichischer Herrschaft stehenden Lemberg gründete Józef Maksymilian Ossoliński 1817 ein „Ossolineum" genanntes Institut, das wertvolle polnische Bibliotheks- und Archivbestände verwahrte. Die Idee des Kulturerhalts stand auch hinter Polens erstem Museum. Izabela Czartoryska gründete es Ende des 18. Jahrhunderts auf ihrem Landsitz in Puławy. Ausgestellt wurden polnische Kunstwerke, aber auch Militaria und Fundstücke aus der polnischen Geschichte, die frei assoziativ auf den Betrachter wirken sollten. „Vergangenheit der Zukunft" lautete die Inschrift auf dem Sibyllentempel, einem der Ausstellungsgebäude – eine Botschaft, die Puławy von nun an zum Ziel patriotischer Wallfahrten machte.

Der Durchbruch der Romantik in Polen wird oft mit dem Erscheinen von Adam Mickiewicz' ersten Gedichtbänden in den Jahren 1822 und 1823 gleichgesetzt. Der Student der Universität von Wilna revolutionierte – vor allem mit den darin enthaltenen Balladen – die polnische Dichtkunst. In seinem romantischen Drama „Die Totenfeier" belehren die Seelen Verstorbener die Menschen über Leid und Pflichten des Lebens. Das Werk überraschte durch einen neuartigen, einer ethischen Ordnung entlehnten Aufbau und die tiefe Stimmung. Mickiewicz war selbst von den schärfer werdenden Bedingungen im russisch verwalteten Teil Polens betroffen. Als Mitglied einer studentischen Vereinigung wurde er nach Russland verbannt, wo er Kontakt mit Puschkin und anderen fortschrittlich gesinnten Literaten hatte. Nach dem Novemberaufstand 1831/32 schuf er im Pariser Exil weitere Teile des Dramas, in denen er das

Schicksal Polens bis ins Messianische steigerte und für eine ethisch fundierte Politik plädierte.

In der Dichtung „Pan Tadeusz" von 1834 verarbeitet Mickiewicz schließlich den polnischen Beitrag zu den Napoleonischen Kriegen. Es ist eines der wichtigsten Werke der polnischen Literatur und beschwört die in den Teilungen untergegangene Welt des polnisch-litauischen Adels wieder herauf. Der Konflikte romantischer Helden nahmen sich auch Autoren wie Juliusz Słowacki in „Kordian" und Zygmunt Krasiński in „Die ungöttliche Komödie" an.

Die neue Nüchternheit – der polnische Positivismus

Der gescheiterte Aufstand im Jahr 1863 gilt als Zäsur in der polnischen Geschichte und Geistesgeschichte. Dem Messianismus der Romantik erteilte man nun eine entschiedene Absage. Ökonomische und kulturelle Arbeit galten jetzt als die besten Werkzeuge, um das Polentum unter den Teilungsmächten zu erhalten. Der neue, als Positivismus bezeichnete Geist war realistisch, nicht metaphysisch. Man dachte fortschrittlich und utilitaristisch. Dementsprechend wurde das literarische Schaffen als Bürgerpflicht aufgefasst, das Bild des einsamen, romantischen und egozentrischen Helden und Dichters hatte ausgedient. Initiatoren der Bewegung waren Studenten der Warschauer Hochschule wie etwa Henryk Sienkiewicz, Bolesław Prus und Aleksander Świętochowski, die das literarische und publizistische Geschehen maßgeblich prägten. Pressekampagnen machten Front gegen feudalistische Denke, Intoleranz und Xenophobie und popularisierten die Bewegung.

So redigierte Świętochowski die seit 1881 erscheinende Zeitschrift „Prawda" („Wahrheit") und forderte in seinem Artikel „Wir und ihr" die alte Elite auf, die gesellschaftlichen Führungspositionen zu räumen. Schon der Werdegang vieler realistischer Autoren macht den nüchternen Ansatz verständlich. Bolesław Prus studierte an der mathematisch-physikalischen Fakultät der Warschauer Hochschule und war als Nachhilfelehrer und Arbeiter

tätig, bevor er für die lokale Presse wissenschaftliche Artikel schrieb. Sein Roman „Die Puppe" spielt in den Jahren 1878–1879 und erzählt die unglückliche Liebe eines Kaufmanns zu einer armen Adligen. Prus nutzte Wendungen aus der Alltagssprache, um die unterschiedlichen Milieus treffend zu charakterisieren.

Der bekannteste Autor der positivistischen Phase ist Henryk Sienkiewicz, der 1905 den Nobelpreis erhielt. Er schaffte es mit dem 1888 vollendeten historischen Roman „Trylogia", Polen aller sozialen Schichten für diese Gattung zu begeistern und dabei den Sinn für ihre eigene Kultur zu schärfen. Wegen der Zensur im preußischen und russischen Teil Polens arbeiteten Autoren oft mit Symbolen, die den Lesern Assoziationen mit der konkreten Lebenssituation im geteilten Polen ermöglichten, was als „äsopische" Sprache bezeichnet wurde. So enthält auch Sienkiewicz' 1896 entstandener Roman „Quo Vadis", der vom Märtyrertum der Christen im antiken Rom handelt, ein hoffungsvolles Bild: In der Schlussszene besiegt der slawische Gladiator Ursus einen teutonischen Auerochsen. Allerdings positionierte sich Sienkiewicz auch öffentlich gegen Missstände, was seine moralische Autorität weiter festigte. 1904 forderte er zum Beispiel, Polnisch im Bildungswesen des russischen Teilgebietes wieder anzuerkennen.

Das „Junge Polen" im frühen 20. Jahrhundert

Die Ära von 1890 bis zum Wiedererstehen des polnischen Staates im Jahre 1918 wird oft als das „Junge Polen" zusammengefasst. Hinter dem Begriff stecken so vielfältige Stile wie Symbolismus, Impressionismus und Expressionismus. Als einer der Initiatoren der Bewegung gilt Stanisław Przybyszewski, ein deutsch schreibender Bohemien, der im kulturellen Grenzraum zwischen Deutschland und Polen agierte und Akzente in der deutschen Moderne setzte.

In Krakau hielt er mit seiner gleichgesinnten Entourage das Bürgertum durch erotische und alkoholische Exzesse in Atem und redigierte ab

Der polnische Schriftsteller Stanisław Lem (li), bekannt für seine Science-Fiction-Romane (u.a. Solaris, Transfer), wurde am 14. April 1986 in Wien mit dem Österreichischen Staatspreis für Europäische Literatur ausgezeichnet.

1898 die Zeitschrift „Życie" („Leben"). Auch der Dramatiker Stanisław Wyspiański publizierte hier, bis die wegen ihrer Freizügigkeit skandalgeschüttelte Publikation im Jahr 1900 Konkurs anmeldete. Wyspiański gilt als Erneuerer des polnischen Theaters und bearbeitete Stoffe häufig so, dass Mehrdeutigkeiten in Zeit, Raum, Ereignissen und Charakteren entstanden. Das Stück „Die Hochzeit" handelt – nach einer wahren Begebenheit – von der Hochzeit des Dichters Lucjan Rydel und einem Bauernmädchen. Wyspiański mischte realistische und symbolistische Theater-Konventionen, indem er Elemente aus Märchen, Legenden und Historie sowie Versatzstücke aus der bildenden Kunst auf die Bühne brachte. Dies sollte ein Charakteristikum seiner Arbeit bleiben.

Ein wichtiger Lyriker des Jungen Polen war Kazimierz Przerwa-Tetmajer. Die Landschaft der Tatra half ihm, symbolische Bilder für geistige Zustände zu finden. Mit ihnen konnte er in seiner dekadenten Periode Finsternis und Unendlichkeit ausdrücken und in „Nachtnebelmelodie" Farbenpracht und akustische Eindrücke der Bergwelt beschreiben.

Literatur in der neuen Republik

Ende des Jahres 1918 eroberten völlig neue Tendenzen die literarische Szene. Die Gruppe „Skamander" ernannte sich in Aushängen, die sie an Warschauer Häuser klebten, zum „Gewissen des jungen künstlerischen Warschaus". Skamander wollte die Schrecken des Krieges und die moralischen und patriotischen Verpflichtungen aus der langen Knechtschaft Polens abstreifen und stürzte sich ins Hier und Jetzt. Spontanität, religiöse Tabubrüche und eine Begeisterung für Technik und das Alltagsleben gingen mit stilistischer Schlichtheit einher. „Die Menge rühmt man heute rühmt den Tumult und die Stadt" schrieb Julian Tuwim bereits 1915 im Gedicht „Frühling" – ein

Oben: Der polnische Schriftsteller Marek Hłasko (re) wird am 24.01.1957 mit dem Preis der polnischen Verleger ausgezeichnet. Hłasko wurde am 14.01.1934 in Warschau geboren und starb am 14.06.1969 in Wiesbaden an einer Überdosis Schlaftabletten.
Nachfolgende Doppelseite: Im Tal der Issa (Pseudonym für den Fluss Nevezis bei Krekenava) beschreibt der polnische Nobelpreisträger Czesław Miłosz seine Kindheit.

Bekenntnis zum urbanen Leben. Der deutschstämmige Kazimierz Wierzyński verfasste ekstatische Poesie in polnischer Sprache. Zu Beginn operierte die Gruppe Skamander in der Nähe der radikalen Futuristen, stufte diese aber bald als formalistisch ein und ging letztendlich wegen der Dauerskandale um die Futuristen wieder eigene Wege.

Die polnischen Futuristen nutzten mit Blasphemie und Pornografie jeden Tabubruch, um die Schranken der alten Gesellschaft niederzureißen. Sie produzierten eine Fülle von radikalen künstlerischen Manifesten und priesen Maschinenzeitalter, Massengesellschaft und Triviales.

Nicht selten wurden Leseveranstaltungen durch die Polizei beendet. Allerdings legte die formale und kompositorische Geschlossenheit der Gedichte und ihre an atonale Musik erinnernde Rhythmik den Grundstein für moderne polnische Poetik. Ein bedeutender Vertreter war Aleksander Wat.

Bei allem Modernismus war das Metaphysische und Mythische in der Dichtung nicht ausgestorben. In seinem Gedichtband „Der Stein" von 1927 sieht Józef Czechowicz den Menschen nicht mehr in seiner biologischen, sondern in seiner geschichtlich geformten Dimension. Im Gegensatz zur futuristischen Dichtung wurden verschiedene emotionale Tonlagen artikuliert. Schüler von Czechowicz riefen Anfang der 1930er Jahre schließlich in Wilna die Gruppe „Fackeln" ins Leben. Ihr bekanntester Vertreter war Czesław Miłosz, sein Gedichtband „Drei Winter" gilt als herausragend für die neue Tendenz. Die Ausrichtung wird mit dem Stichwort „Katastrophismus" bezeichnet, das auf die ernste gesellschaftliche und politische Situation Polens zwischen Wirtschaftskrise und dem Aufkommen des Faschismus Bezug nimmt.

Wichtige literarische Zeugnisse der Zwischenkriegszeit steuerte auch Zofia Nałkowska bei. Durch treffende psychisch-soziale und politische

Literatur und Geistesgeschichte

Beobachtungen schuf sie ein dichtes Bild der damaligen Intelligenz und der Verflechtung von öffentlichem und privatem Leben. In ihrem Roman „Das Verhältnis der Therese Hennert" entlarvt sie die Regierungselite und ihre Machtkämpfe. Zu ihrem Freundeskreis gehörte der aus dem ostpolnischen Drohobycz stammende Bruno Schulz. Das Thema seines Erzählbandes „Die Zimtläden" ist jüdisches Leben in der Provinz. Schulz wurde ein Opfer des Holocaust.

Nach dem Zweiten Weltkrieg

Der Zweite Weltkrieg forderte von den polnischen Kunstschaffenden einen hohen Blutzoll. Das Ende des Krieges brachte keine echte Befreiung, vielmehr wurde die faschistische Besatzung durch die sowjetische abgelöst und eine kommunistische Regierung installiert. Funktionäre mischten sich auch in die Tätigkeit von Künstlern und Schriftstellern ein. Allerdings unternahmen viele Autoren ohne kommunistische Deutungshilfen den Versuch, das Grauen des Vernichtungskrieges zu verarbeiten. „Ich bin 24 Jahre alt und bin der Hinrichtung entgangen" – das Dokument flächendeckender Verwüstung lieferte Tadeusz Różewicz 1947 mit dem Gedicht „Unruhe".

Vom Leben im Konzentrationslager berichten Tadeusz Borowskis „Abschied von Maria" von 1948 und „Bei uns in Auschwitz". 1953 geschrieben, aber erst im Polen der 1990er Jahre veröffentlicht wurde „Welt ohne Erbarmen" des Exil-Journalisten und Autors Gustaw Herling-Grudziński. Der Roman rechnet mit dem Sowjetterror ab. Ein positiveres Bild der kommunistischen Kräfte zeichnet Jerzy Andrzejewski 1948 in „Asche und Diamant". Der Roman handelt vom Kampf der Armia Krajowa (Heimatarmee), die im Polen der Kriegs- und Nachkriegszeit im Untergrund kämpfte.

1949 wurde auf einer Literatentagung in Stettin mit dem Sozialen Realismus ein verbindlicher Formenkanon für die Literatur festgelegt. Nur wenige Autoren widersetzten sich dem neuen Kurs wie etwa Stefan Kisielewski oder der zum

Klassizismus tendierende Zbigniew Herbert. Die neugegründete Zeitschrift Tygodnik Powszechny war ein Sammelbecken für katholisch orientierte Autoren wie Hanna Malewska und Antoni Gołubiew. Sie musste 1956 allerdings ihr Erscheinen einstellen – man hatte sich geweigert, eine Todesanzeige Stalins zu publizieren. Derlei Repressalien trieben bedeutende Autoren ins Exil, wo freiere Arbeitsbedingungen herrschten. Witold Gombrowicz veröffentlichte den Roman „Transatlantik", Czesław Miłosz blieb 1951 im Westen und publizierte 1953 den Gedichtband „Tageslicht", in dem er die Frage nach moralischer Verantwortung im Polen der Nachkriegszeit stellt.

Der „Polnische Oktober" leitete 1956 die Loslösung vom Stalinismus ein und bescherte den Künstlern neue Freiheiten. Zbigniew Herbert konnte im gleichen Jahr sein lyrisches Werk „Lichtsaite" veröffentlichen. 1974 lieferte Herbert den Nonkonformisten des Landes mit „Pan Cogito" Munition gegen die sozialistische Bürokratie. Experimentierfreudig zeigte sich Miron Białoszewski mit seinem 1956 entstandenen Lyrikband „Kreislauf der Dinge", der ohne Versmaß und Reime auskommt.

Mit den 1970 erschienenen „Erinnerungen an den Warschauer Aufstand" lieferte Białoszewski einen wichtigen Prosabeitrag zur Aufarbeitung des Themas. Der Lyriker Stanisław Grochowiak war Schöpfer der Strömung des Turpismus. Seine Werke „Ritterballade" und „Entkleiden zum Schlaf", die 1956 und 1958 entstanden, feiern das Hässliche und den Zerfall, statt sich der üblichen Diktion des Ästhetischen zu beugen. Dem Nihilismus zugerechnet wird Marek Hłasko. Seine Geschichten spielen oft im rauen Vorstadtmilieu, handeln mitunter von desillusionierten Außenseitern. Seine Erzählungen „Der erste Schritt in den Wolken" erschienen 1956, 1958 emigrierte er in den Westen.

Eine andere Welt erkundete auch Stanisław Lem, der mit seinen Science-Fiction-Romanen wohl zum bekanntesten polnischen Autor wurde. Romane wie „Solaris" (1961; 1972 von Andrej Tarkovskij und 2003 von Steven Soderbergh ver-

Oben: Adam Zagajewski, einer der wichtigsten Vertreter der polnischen „Generation '68", liest aus „Die Wiesen von Burgund",
in Leipzig im Haus des Buches.
Folgende Doppelseite: Andrzej Stasiuk bei einer Lesung in Leipzig im Haus des Buches.

filmt) sind allerdings keine Verherrlichungen des technischen Fortschritts. Lem interessierte sich vielmehr für die Folgen, die der Menschlichkeit aus dem Gebrauch von Technik erwachsen. Für Dynamik im Drama sorgten die Wegbereiter des absurden Theaters. Tadeusz Różewicz schrieb 1960 „Die Kartothek", worin er vor dem Verfall der menschlichen Persönlichkeit warnt, Sławomir Mrożek bekanntestes Stück „Tango" (1964) stellt Jugend- und Fortschrittswahn in Frage.

Von der Neuen Welle bis zur Nach-Wende

Nach 1968 trat eine literarische Gruppierung auf den Plan, die sich „Neue Welle" nannte. Sie zeichnete sich durch Sprachskepsis aus, die Autoren zweifelten daran, dass die Wirklichkeit überhaupt mit Sprache zu vermitteln sei. Vor allem das Idiom der staatlichen Propaganda wurde kritisiert. Dazu gehörten Adam Zagajewski und Julian Kornhauser in Krakau sowie Ryszard Krynicki und Stanisław Barańczak in Posen. Letzterer veröffentlichte 1968 den Gedichtband „Gesichtskorrektur", 1970 folgte „In einem Atemzug". Großen Auftrieb erfuhr die Poesie der Neuen Welle in den späten 1970er Jahren durch das Entstehen gewerkschaftlicher Protestbewegungen im Ostseeraum. Obwohl die Autoren offiziell nirgendwo mehr publizieren durften, konnten sie das Verbot durch die Gründung unabhängiger Zeitschriften wie „Zapis" („Notiz") umgehen.

Auf die Solidarność-Proteste der frühen 1980er Jahre reagierte das kriselnde kommunistische System mit der Verhängung des Kriegsrechts. Ein lebhaftes Porträt dieser Jahre lieferte Zbigniew Herbert 1984 mit seinem „Report aus einer belagerten Stadt". Hier spiegeln sich historische Déjà-vu-Gefühle, Hoffnungslosigkeit, aber auch Beharrlichkeit wieder. Politische Themen griff auch die Lyrikerin Wisława Szymborska in „Menschen auf der Brücke" (1986) auf – sie wurde 1996 mit dem Nobelpreis ausgezeichnet. Rund um das Jahr 1989 dichteten Marcin Świetlicki und Jacek Podsiadło in individualistischer, mitunter sogar anarchistischer Manier – was zum Niedergang des Systems passte. Bekannt wurde vor allem Świetlickis „Kalte Länder". An neueren Publikationen herrschte dank Autoren wie Andrzej Stasiuk („Die Mauern von Hebron", „Die weiße Krähe") kein Mangel. Paweł Huelle schuf den Roman „Weiser Dawidek", Olga Tokarczuk „Die Reise der Buchmenschen". Beide Autoren sind dem polnisch-deutschen kulturellen Grenzraum verhaftet, Huelle der Stadt Danzig, Tokarczuk der Vielfalt Niederschlesiens. Mit jovialen Alltagsgeschichten erfolgreich ist Katarzyna Grochola, die 2001 mit „Die himmelblaue Stunde" einen Bestseller landete.

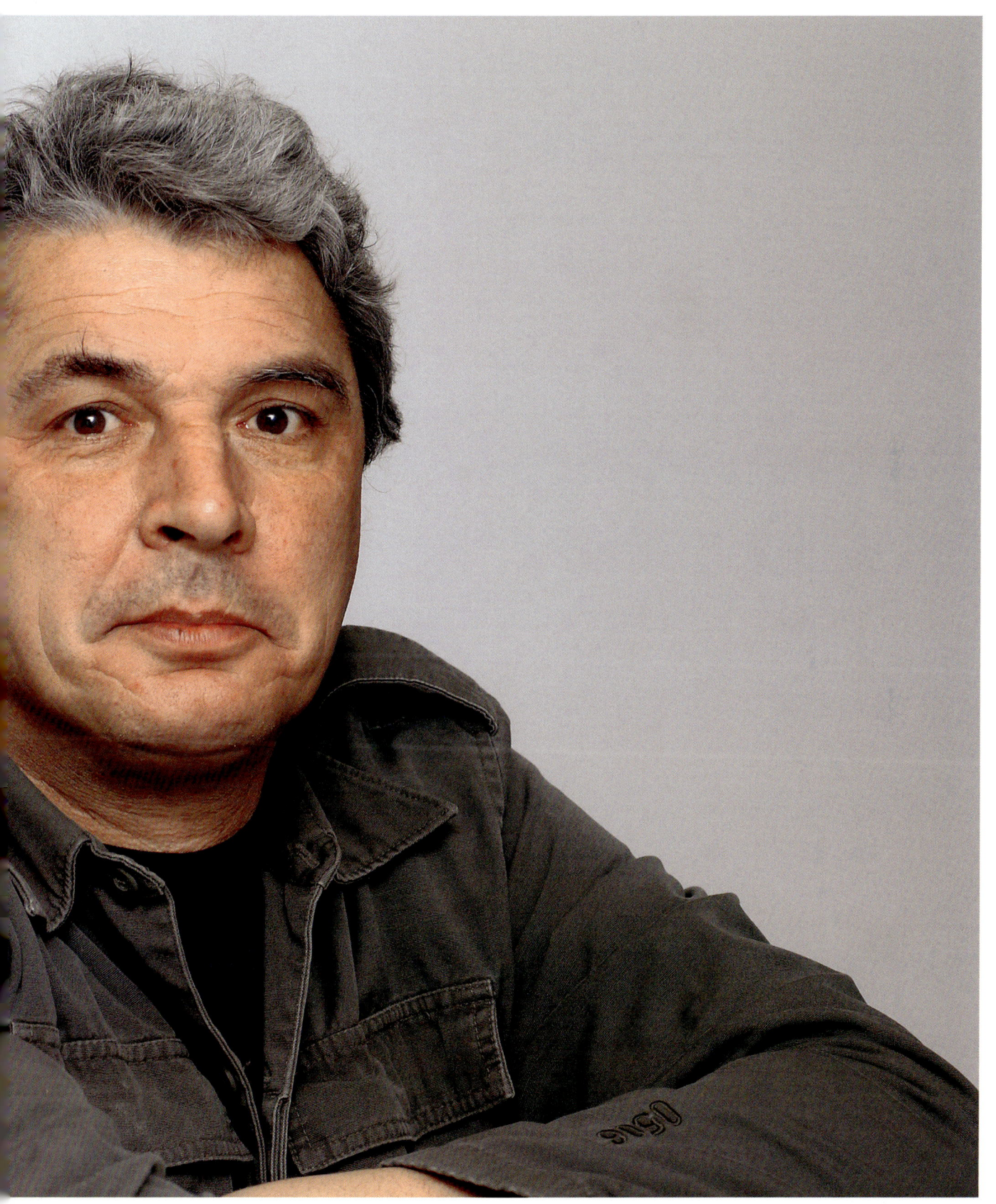

Die Regionen Polens

Pommern

Fakten zur Region

Der historische Begriff Pommern lebt in drei polnischen Verwaltungsbezirken weiter, die die polnische Ostseeküste und ihr Hinterland umfassen. Dazu gehören die im äußersten Nordwesten Polens gelegene Wojewodschaft Zachodniopomorskie (Westpommern), die Wojewodschaft Pomorskie (Pommern) um Danzig im Norden und die südlich daran angrenzende Wojewodschaft Kujawsko-Pomorskie (Kujawien-Pommern).

Die Wojewodschaft Zachodniopomorskie (Westpommern) hat eine Fläche von 22 900 qkm und 1 693 533 Einwohner. Sie grenzt im Westen an die deutschen Bundesländer Brandenburg und Mecklenburg-Vorpommern und über die Ostsee an Dänemark, Schweden und Norwegen. Die Küstenlinie reicht von Świnoujście auf der Insel Usedom bis rund 20 Kilometer östlich von Darłowo, wo die Wojewodschaft Pomorskie beginnt. Wichtigster Fluss ist die Oder, die im Süden den Grenzverlauf zwischen Polen und

Rechts: Bei Łeba, im Nationalpark Słowiński Park Narodowy, befindet sich die sogenannte Pommersche Sahara.
Unten: Ein von Pestiziden verschontes Getreidefeld, auf dem der Mohn blüht.

Oben: Die Hakenterrasse (Wały Chrobrego) in Stettin am Oderufer, die eine wunderbare Aussicht auf den Hafen gewährt.
Vorhergehende Seite: Die Mole von Sopot ragt über 500 m weit in die Ostsee.

Deutschland markiert. Kleinere Flüsse sind Rega und Parsęta, die beide in die Ostsee fließen. Die größten Städte neben der Wojewodschaftshauptstadt Stettin (411 000 Einwohner) sind Koszalin und Stargard Szczeciński mit rund 108 000 bzw. 70 500 Einwohnern. Ökonomisch dominierend sind Seewirtschaft, Außenhandel, Landwirtschaft und der sich entwickelnde Tourismus. Dazu kommen chemische Industrie, Elektromaschinenbau, Energieerzeugung, Lebensmittel- und Getränkeindustrie sowie die Holzverarbeitungs- und Papierindustrie. 2008 waren 12,9 Prozent der Bevölkerung arbeitslos.

Die 18 293 qkm große Wojewodschaft Pomorskie (Pommern) endet östlich der Weichsel vor Elbląg, umfasst aber noch rund die Hälfte der Weichselnehrung, wo sie an das zu Russland gehörende Kaliningrader Gebiet grenzt. Sie hat rund 2 180 000 Einwohner. Die größten Städte neben

dem rund 750 000 Einwohner starken Großraum Gdańsk sind Gdynia und Słupsk mit rund 254 000 bzw. 100 000 Einwohnern. Wichtigste Flüsse neben der Weichsel sind deren Zuflüsse Wda, Wierzyca und Radunia sowie Łeba, Łupawa und Słupia, die in die Ostsee fließen. Besonders der Westen und der Süden sind von ausgedehnten Wäldern bedeckt. Größte Seen sind der Łebsko, der Gardno und der Wdzydze. Dank der Seehäfen von Gdańsk und Gdynia sind Schiffbau und -reparatur, Fischerei und Fischverarbeitung bedeutende Wirtschaftssektoren. Daneben bestehen petrochemische und Bauindustrie, Energieerzeugung sowie die Herstellung von Elektrogeräten. Stark im Kommen ist der Tourismus – hier gibt es drei mal so viele Übernachtungsmöglichkeiten wie im übrigen Polen. 2008 waren 8,6 Prozent der Bevölkerung arbeitslos.

Die Küstengebiete dieser beiden Wojewodschaften sind flach. Parallel zur Küste gibt es vor allem im

Landleben in Pommern.

Nationalpark Słowiński bei Łeba etliche Küsten-
seen. In 20 bis 50 Kilometern Entfernung zum
Meer setzen dann die bis zu 329 Meter hohen
Erhebungen der Pommerschen Seenplatte ein.
Auch die westlich der Weichsel endende Kaschubische Seenplatte ist dazuzurechnen. Die durch-
schnittlichen Temperaturen im Juli schwanken
zwischen 18 und 21 Grad Celsius, im Februar liegen sie durchschnittlich bei -3 bis -1 Grad Celsius
– durch die Meeresnähe liegen die Winter-
Temperaturen hier höher als im übrigen Polen. Die
jährlichen Niederschläge liegen bei 529,4 Milli-
metern im Norden von Gdańsk und bei 979 Milli-
metern in der Gegend von Lębork.

An der Küste herrschen neben Dünenvegetation
Buchen- und Kiefern-Buchen-Wälder vor. Auf den
salzigen Laken der Swine wachsen halophile
Pflanzen, die salzige Lebensräume bevorzugen.
Das Weichseltal wird teilweise von Auenwäldern

gesäumt. Einzigartig ist die Fauna der
Küstenregion. Im Nationalpark Wollin werden
Wisente gehalten, die als Europäische Bisons
bekannt sind. Neben zahlreichen Wasservögeln
finden sich auch Seeadler.

Die 17 969 qkm große Wojewodschaft Kujawsko-
Pomorskie (Kujawien-Pommern) grenzt südlich
an Pommern an und hat rund 2 066 000 Einwohner.
Die größte Stadt ist mit 365 000 Einwohnern
Bydgoszcz, hier sitzt auch der Wojewode, der Re-
präsentant der Zentralregierung in der Woje-
wodschaft. Weitere große Städte sind Toruń und
Włocławek mit 207 000 bzw. 120 000 Einwohnern.

Größter Fluss ist die Weichsel, die am
Weichselknie in der Nähe von Toruń und
Bydgoszcz ihre Flussrichtung von Nordwest nach
Nordost ändert. Ebenfalls wichtig ist die bei Toruń
in die Weichsel mündende Drwęca und der

Warthezufluss Noteć. Von diesem verläuft der Bydgoszczer Kanal bei Nakło bis zur Brda und stellt somit eine wichtige Ost-West-Verbindung für die Schifffahrt dar. Innerhalb des Weichselknies und östlich davon beherrscht mittelpolnischer Eichenwald die Vegetation.

An der Grenze zur Wojewodschaft Pomorskie und zur Kaschubischen Schweiz liegt der Nationalpark Bory Tucholskie – ein großes, seenreiches Waldgebiet auf sandiger Ebene, das auch Moore mit Sumpfpflanzen beherbergt. Es ist reich an Rotwild, Wildschweinen, Füchsen, Mardern, und Fischottern. Auch Elche, Biber, Fledermäuse, Kraniche, Uhus, Schellenten, Eisvögel und Auerhähne gibt es in diesem Gebiet. In den Seen leben Forellen, Maränen, Aale, Barsche, Schleien, Brassen, Bitterlinge und Schmerlen.

Wichtige Lebensgrundlage für die Wojewodschaft Kujawsko-Pomorskie ist die Landwirtschaft. Die Lebensmittel verarbeitende Industrie macht hier 30 Prozent der Industrieproduktion aus. Polens größter Zuckerproduzent, Krajowa Spółka Cukrowa oder Polish Sugar, hat seinen Sitz in Toruń. Vertreten sind auch die Branchen Chemie und Maschinenbau sowie die Verpackungsindustrie, die Firma Can-Pack stellt in Bydgoszcz Getränkedosen her. Vor allem Unterhaltungselektronik wird innerhalb der Pommerschen Sonderwirtschaftszone PSSE produziert.

Hier befindet sich eine Niederlassung des japanischen Sharp-Konzerns in Łysomice nördlich von Toruń, der hier Module für LCD-Bildschirme herstellt, sowie weitere Firmen des Segments wie ORION Electric und Tenscho Electric Industries. In Kijewo Królewski zwischen Toruń und Grudziądz hat Adriana, Polens führender Hersteller von Polstermöbeln, seinen Sitz. 2008 hatten ca. 13 Prozent der Bewohner keine Arbeit.

Der Habichtsberg (Jastrzębia Góra) ist eines der beliebtesten Badeorte an der polnischen Ostsee.

Geschichte

Die heutigen Wojewodschaften Pommern, West- und Kujawien-Pommern gehen grob vereinfacht auf die historischen Provinzen Hinterpommern, Pomerellen und Kujawien (auch: Preußen Königlichen Anteils oder Westpreußen) zurück. Das Mit- und Gegeneinander von lokalen Herrschergeschlechtern, der polnischen Krone, dem Deutschen Orden und dem Heiligen Römischen Reich hat die Region tief geprägt, wirkte sich aber von Ort zu Ort sehr unterschiedlich aus.

Zum Ende des 1. Jahrtausends trat in der Ostseeregion neben lokalen Herrschergeschlechtern der junge polnische Staat auf den Plan. Der polnische König Bolesław III. Krzywousty eroberte Pommern 1121 und christianisierte es mit Hilfe des Heiligen Römischen Reiches durch Otto, den Bischof von Bamberg. Um diese Zeit wurde das

Bistum Wollin gegründet und 1176 nach Cammin verlegt. Die pommerschen Herzöge des slawischen Greifengeschlechts konnten sich als lokale Herrscher in Stettin etablieren, erkannten 1128 aber die Lehnshoheit des deutschen Kaisers an.

Zur Christianisierung Pomerellens hatte der polnische König Bolesław Chrobry um die Jahrtausendwende den Bischof Adalbert berufen. Er soll die Bewohner des frühmittelalterlichen Danzigs getauft haben – ein Handelsplatz an der Ostsee, der das Zentrum des lokalen slawischen Herzogtums Pomerellen war. Der Bischof kam später bei dem Versuch zu Tode, die Pruzzen zu bekehren, einen baltischen Stamm, der vor allem östlich der Weichsel lebte.

Der polnische Herzog Konrad von Masowien holte sich daraufhin die Unterstützung des Deutschen Ordens und übereignete ihm 1231 im Gegenzug das

1274 wurde diese Burganlage von den deutschen Ordensrittern am Nogat-Ufer gegründet.

Oben: Die Marienburg südöstlich von Danzig war lange Zeit Sitz des mächtigen Deutschen Ordens.
Rechts: Der Neptunbrunnen am Langen Markt in Danzig strahlt mit seinen goldenen Farben in die Nacht.
Nachfolgende Doppelseite links: In der hübschen Stadt Danzig ragt der Turm des Rechtsstädtischen Rathauses in die Höhe.

an der Weichsel gelegene Kulmer Land. Von hier aus gründete der Orden Städte und siedelte deutsche Bürger und Handwerker an. Wie andere Gebiete an der Ostsee wurde die Gegend zum Bestandteil eines von Deutschen Ordensrittern beherrschten theokratischen Staatsgebildes, das sich nach dem Scheitern des Kreuzzugs in Palästina nun hier etablieren sollte. Allerdings blieb es nicht beim Landesausbau. Die Christianisierung der Pruzzen endete mit deren nahezu völliger Ausrottung und der Germanisierung des Landstrichs. Streitigkeiten um die Herrschaft in Pomerellen machte sich der Orden zunutze, als sich das lokale Geschlecht der Swenzonen gegen die Oberherrschaft Polens auflehnte und sich Unterstützung durch das Geschlecht der Brandenburger holte. 1308 beendete der Orden die Belagerung Danzigs durch die Brandenburger, gab die Stadt aber anschließend

nicht heraus und brachte zudem 1309 Pomerellen und 1332 das vor allem südlich des Weichselknies gelegene Kujawien in seinen Besitz. Die Marienburg wurde zum Sitz des Ordens.

Polen hatte nun keinen Zugang zur Ostsee mehr und versuchte sich per Rechtsstreit zu wehren. Erfolg brachte erst die gemeinsam mit den Litauern gegen den Orden geschlagene Schlacht von Tannenberg von 1410. Danach fiel mit dem Frieden von Thorn 1466 ganz Pomerellen mit Danzig, das Kulmer Land, die Marienburg und Elbing an Polen. Das Gebiet wurde später Preußen königlichen Anteils oder auch Westpreußen genannt. Hilfe beim Kampf gegen den Orden bekam Polen auch aus deutschen Reihen. Die Bürger der Städte Pomerellens wollten die Ordensherrschaft abschütteln und schlossen sich dem Preußischen

Bund an. Nach mehreren Aufständen boten sie 1454 dem polnischen König Kazimierz IV. die Herrschaft an und sicherten sich ihre Unabhängigkeit – die sich auf Dauer allerdings nur Danzig erhielt. Danzig, Elbing und Thorn wurden vom 16. bis ins 17. Jahrhundert zu Transmissionsriemen des Humanismus und der Reformation, was sich in einem großem Bildungsengagement der Bürger niederschlug. In Pommern machte der Greifenherzog Barnim IX. von Stettin aus die Verbreitung der Reformation regelrecht zur Chefsache.

Das 17. Jahrhundert gilt als Epoche, die den Niedergang der ganzen Region einläutete. Die Bedeutung des Ostseehandels hatte durch die Entdeckung der neuen Seewege abgenommen, die Schwedenkriege trugen zur wirtschaftlichen Ausblutung des Landstrichs bei. Festsetzen konnten sich die Schweden allerdings nur in Pommern. Sie blieben 90 Jahre und verkauften die Provinz anschließend an Preußen, das sich von nun an immer mehr Gebiete der Region einverleiben sollte. Durch die erste Teilung Polens kam fast das gesamte Preußen königlichen Anteils hinzu, in der zweiten die Städte

Vorhergehende Seite: Die Nikolaikirche mit ihrem 96 m hohen Glockenturm steht in Elbing.
Unten: Das Seebad Zoppot an der Danziger Bucht ist im Sommer ein sehr beliebtes Ausflugsziel.

Thorn und Danzig. Der gesamte Ostseeraum bis Ostpreußen gehörte nun zum preußischen Staat, später dann zum Deutschen Reich. Nach dem Ersten Weltkrieg wendete sich das Blatt. Dem neukonstituierten Polen wurde gemäß dem Versailler Vertrag der sogenannte „Korridor" zugestanden, der den größten Teil Westpreußens bis zur Ostsee umfasste. Danzig kam unter die Verwaltung des Völkerbundes. Von der Ostseemetropole aus begann das nationalsozialistische Deutschland am 1. September 1939 den Zweiten Weltkrieg.

In der gesamten Region wurde Polen zu Zwangsarbeit rekrutiert, die Intelligenz wurde verhaftet und zum Teil in Konzentrationslager wie Stutthof deportiert. Städte wie Danzig und Stettin wurden gegen Ende des Krieges erbittert von den Deutschen verteidigt und durch intensives Bombardement buchstäblich dem Erdboden gleichgemacht. Die deutsche Bevölkerung wurde nach dem Krieg weitgehend vertrieben. Die polnischen Behörden beschlossen, die Städte originalgetreu wieder aufzubauen.

Malerische Weichselmündung in Pommern.

Stettin

Fakten zur Stadt

Stettin (polnisch: Szczecin) ist mit 411 000 Einwohnern die zweitgrößte Stadt Nordpolens. Von Warschau trennen sie 560 Kilometer, von Berlin nur 130. Die Stadt liegt rund 65 Kilometer von der Ostsee entfernt an der Odermündung am westlichen Ufer des Stettiner Haffs. Die in zahl- reiche Flussarme geteilte Oder mit ebenso vielen Flussinseln reicht bis in das Stadtgebiet. Vor allem im Norden der Stadt befinden sich große Wald- gebiete. Szczecin ist die Hauptstadt der Woje- wodschaft Zachodniopomorskie (Westpom- mern), seine 19 Universitäten mit 75 000 Studen- ten machen es zudem zu einer bedeutenden Uni- versitätsstadt. Hier sind die Technische Universi- tät zu Szczecin, die Pommersche Akademie für Medizin und eine Fachhochschule für Europäi-

Links: Seitenblick auf das Schloss der Herzöge von Pommern.
Unten: Das imposante Schloss in Stettin wurde im 14. Jahrhundert errichtet und immer wieder erweitert und umgebaut.

Im Hafen von Stettin bewundern Besucher ein altes Segelschiff.

sche Integration zu Hause. Veranstaltungen wie das Theaterfest und das Internationale Chorfestival machen Szczecin auch kulturell zu einem interessanten Standort.

Die Bedeutung des 35 Kilometer nordöstlich der Stadt gelegenen Flughafens in Goleniów wächst, mit unter 200 000 abgefertigten Passagieren in 2006 ist er allerdings bedeutend kleiner als der von Danzig. Neben Warschau werden England und Irland angeflogen. Die wichtigsten Eisenbahnstrecken führen entlang der Oder in südlicher Richtung nach Gryfino, Küstrin, Zielona Góra und Breslau, in östlicher Richtung nach Stargard Szczeciński, Posen und Warschau.

Per Bahn ist auch die Ostseeküste über Kołobrzeg und Koszalin bis Danzig bereisbar. Über die Autobahn A6 sind die Städte bereits verbunden. Die Nationalstraße 10 führt über Bydgoszcz nach Warschau, die Nationalstraße 6 in Küstennähe nach Gdynia und Danzig. Von herausragender Bedeutung für die Stadt ist der Seehafen Szczecin-Świnoujście. Er ist Polens drittbedeutendster Hafen nach Gdańsk und Gdynia.

Wirtschaft

Der Seehafen Szczecin-Świnoujście dient als Umschlagplatz für Kohle und Stahlerzeugnisse aus dem oberschlesischen Industrierevier. Umgekehrt wird Oberschlesien von hier aus mit Eisenerz für seine Produktion beliefert. Der Containerumschlag hat sich zum Jahr 2007 von 42 200 auf 56 300 Stück erhöht – das entspricht einer Steigerung von weit über 30 Prozent. Geplant ist die Errichtung eines Flüssiggas-Terminals, des „Gazoport". Im Hafen beheimatet sind große Schifffahrtsgesellschaften wie die Polska Żegluga Morska und die Euroafrica Linie Żeglugowe. Auch die Reparaturwerften Gryfia und Parnica haben hier ihren Sitz. Zu den führenden Branchen in Szczecin gehören neben Lebensmittel-, Textil- und Papierindustrie auch Maschinenbau und chemische Industrie. Ebenso wichtig sind das Transportwesen, das Baugewerbe und die Telekommunikation. Auf dem Vormarsch ist der Dienstleistungs- und der Handelssektor, der schon mit etlichen Ketten in Stadt und Umgebung präsent ist. Die Arbeitslosigkeit betrug im Jahr 2007 9,5 Prozent, fiel

Morgenstimmung mit strahlend blauem Himmel breitet sich über der Stettiner Altstadt aus.

aber 2008 auf 4,4 Prozent. Innovationen und regionale Firmen fördern soll der Stettiner Wissenschafts- und Technologiepark. Auch die 1995 in Szczecin gegründete Euroregion Pomerania, die aus den Ostseeanrainerstaaten Deutschland, Polen und Schweden gebildet wurde, hat die wirtschaftliche Entwicklung der Region zum Ziel. Daneben sollen gemeinsame Projekte der beteiligten Länder die Annäherung der Bewohner voranbringen.

Geschichte

Schon vor dem 10. Jahrhundert existierte hier ein slawisch besiedelter Handelsplatz. 1121 konnte der polnische König Bolesław III. Krzywousty den Ort erobern und mit Hilfe des Bamberger Bischofs Otto I. auf Dauer christianisieren. Ab 1121 herrschte das Geschlecht der Gryfici (Greifen) in Pommern, das Stettin zu seiner Hauptstadt machte. Der Greifenherzog Barnim I. verlieh Stettin 1243 das Stadtrecht, 1272 schloss sich die Stadt der Hanse an. Ein starker Zustrom deutscher Handwerker und Kaufleute

setzte ein. Politisch versuchten sich die Herzöge von Pommern zwischen zwei Einflüssen zu behaupten: dem der Brandenburger, der im 13. Jahrhundert immer stärker wurde, und dem Polens, an das sich Pommern bis zur Reformation anlehnte. Stimulierend auf die Wirtschaft der Stadt wirkten auch die Handelsprivilegien, die Polen und Pommern der Stadt gewährten, um der vom Orden beherrschten Handelsmetropole Danzig den Rang ablaufen zu können.

1128 erkannte Pommern die Lehnshoheit des deutschen Kaisers an. Der Pommernherzog Barnim IX. war bei der Einführung der Reformation in Pommern federführend. Er gründete 1543 das Pädagogium, die erste weltliche Hochschule in Stettin. 1637 erlosch die Greifendynastie mit dem kinderlosen Versterben Bogusławs des VI. Schon 1630 konnten die Schweden Stettin im Dreißigjährigen Krieg in ihren Besitz bringen, was einen langsamen Niedergang der Stadt einläutete. 1720 verkauften die Schweden das Gebiet an Preußen, unter deren Herrschaft es bis 1945 blieb.

Durch den 1740 begonnenen Ausbau des Flusses Swine entwickelte sich Stettin zum Ende des 18. Jahrhunderts zum wichtigsten Hafen Preußens. Günstig wirkte sich die 1843 geschaffene direkte Zuganbindung an dessen Hauptstadt Berlin aus, die über keinen Seehafen verfügte. Nahtlosen Schiffsverkehr zwischen den beiden Städten ermöglichte die Havel-Oder-Wasserstraße ab dem Beginn des 20. Jahrhunderts.

Handel und Industrie entwickelten sich dynamisch. Bis zum Zweiten Weltkrieg war die Stadtbevölkerung auf 300 000 Menschen angewachsen. Im März 1945 nahm die Rote Armee die Stadt ein, 60 Prozent der Bebauung wurden dabei zerstört, vor allem die Altstadt. Verwüstet waren auch 80 Prozent des Hafens und 90

Prozent der Industrieanlagen. Nur 6 000 Menschen blieben in der Stadt zurück, der Rest war geflohen, die deutsche Bevölkerung wurde vertrieben. Im Juli 1945 wurde die Stadt polnischer Verwaltung übergeben. Angesiedelt wurden vorwiegend Menschen, die ihrerseits aus den nun sowjetischen, ehemals polnischen Gebieten kamen.

Rundgang durch die Stadt

Die Altstadt liegt am linken Ufer der Westoder. Das Schloss der Herzöge von Pommern (Zamek Książat Pomorskich) liegt an ihrem höchsten Punkt und wurde von 1346 bis 1347 auf Anregung des Herzogs Barnim III. erbaut. Es

Links: Das Alte Rathaus wurde während des Zweiten Weltkrieges völlig zerstört und in den 1970er Jahren wieder restauriert.
Unten: Einen Blick über die Stadt erhält man vom Königlichen Schloss.

Ein buntes Bild bieten die vielen Segelschiffe am Hafen.

ersetzte eine alte Wehranlage aus dem 10. Jahrhundert, die die Siedlung, die sich darunter in Richtung Fluss ausbreitete, und den Hafen schützte. Für das heutige Aussehen des Schlosses sorgte vor allem der italienische Architekt Guglielmo di Zaccaria, der den gotischen Bau im Renaissancestil umgestaltete. Der Museums- oder Münzflügel wurde 1616–19 geschaffen.

Zu Füßen des Schlosses im alten Siedlungskern liegt das Rathaus. Sein Baumeister Hinrich Brunsberg gilt als Begründer des Malerischen oder Schönen Stils in Pommern und Brandenburg. Nach dem Zweiten Weltkrieg nutzte man die Chance, das Gebäude wieder in den Urzustand zu versetzen.

Am Südrand des Schlosses befindet sich die in leuchtendem ziegelrot gehaltene Kamenica

Loitza. Das bedeutende Bürgerhaus entstand 1547 und zeigt noch Spuren der Gotik, ist ansonsten aber im Stil der Frührenaissance gehalten. Als Bankiers der polnischen Königsdynastie der Jagiellonen agierte die Familie Loitz äußerst erfolgreich. Der letzte Jagiellone Zygmunt II. August hinterließ nach seinem Tod allerdings einen Schuldenberg. Dies riss nicht nur die Bank der Loitz in die Pleite, sondern fügte auch der Wirtschaft der Stadt schweren Schaden zu.

Weiter in südwestlicher Richtung liegt der Dom Sankt Jakob, die größte und älteste Kirche der Stadt. Im Jahr 1180 von einem reichen Bamberger Bürger gestiftet, rührt ihr Bau noch von der Christianisierungsoffensive des polnischen Königs Bolesław Krzywousty und des Bischofs Otto von Bamberg her. Ausgeführt wurde er von Baumeistern, die dem Umfeld

Oben: Der Słowiński-Nationalpark zieht viele Besucher auf Grund seiner wüstenhaften Landschaft an.
Folgende Doppelseite: Beim Tall Ship's Races 2007 konnten in Stettin über 100 Segelschiffe bewundert werden.

Hinrich Brunsbergs zugeordnet werden. Die Kapelle der Muttergottes von Tschenstochau im Innern hat ein schönes Kreuzgewölbe, das mit modernen Fenstern kontrastiert.

Auf besondere Weise verewigt wurde hier der Organist Carl Löwe, der von 1820 bis 1864 als Organist, Kantor, Gymnasiallehrer und ab 1821 als Städtischer Musikdirektor in Stettin tätig war und für seine romantischen Balladen auch als „Franz Schubert des Nordens" gerühmt wurde. Nach seinem Tod wurde sein Herz in eine Säule der Kapelle eingemauert.

Carl Löwe schuf „Die Polnischen Balladen" zu Texten des polnischen Nationaldichters Adam Mickiewicz, die damals neu auf Deutsch erschienen waren und durch die das Streben der Polen nach Eigenstaatlichkeit viel Sympathie erntete.

Woliński- und Słowiński-Nationalpark

Folgt man dem Stettiner Haff Richtung Ostsee, stößt man auf die Insel Wollin. Sie ist bekannt für den Woliński Park Narodowy, den Wolliner Nationalpark. Im wahrsten Sinn des Wortes herausragend ist die rund elf Kilometer lange Sandklippe, die durch eine Endmoräne und die Erosion durch das Meer entstand. Sie ist an manchen Stellen bis zu 100 Meter hoch, an anderen fällt die Küste flach ins Meer ab. So ergeben sich immer wieder reizvolle Ausblicke, wie etwa auf dem 61 Meter hohen „Berg" Kawcza Góra. Zum Park gehört auch der Türkise See sowie der hufeisenförmige Czajcze-See. In einem Gehege können Wisente beobachtet werden, die hier gezüchtet werden. Auf der Insel nisten außerdem mehrere Seeadlerpaare.

Zwischen Łeba und dem Ferienort Rowy befindet sich der Nationalpark Słowiński Park Narodowy. Seinen Namen bekam er durch den westkaschubischen Stamm der Slowinzen.

Hauptattraktion sind die bis zu 42 Meter hohen Wanderdünen, die jährlich zwischen zwei und zehn Metern zurücklegen. Sie gehören zu den sogenannten weißen Dünen, die im Gegensatz zu den grauen Dünen nicht von Pflanzen bewachsen sind. Das Szenario wird auch als „polnische Sahara" bezeichnet und diente tatsächlich als Wüstensimulation, als das Afrika-Corps der Wehrmacht hier Manöver abhielt. Seit 2007 gehört der Park zur UNESCO-Liste der Biosphären-Reservate.

Links: Hinter dem gut besuchten Strand von Leba erhebt sich im Hintergrund das Schlosshotel Neptun.
Unten: In der pommerschen Sahara befinden sich die letzten, bis zu 50 Meter hohen, Wanderdünen Europas.

Kaschubische Schweiz

Mit der 329 Meter hohen Wieżyca als höchster Erhebung kann sich die Kaschubische Schweiz nicht unbedingt mit den Alpen messen. Dennoch gehört sie zu den reizvollsten Landschaften Nordpolens. Sie reicht im Westen bis Bytów, im Südosten bis Starogard Gdańskie, die Küstenlinie führt von Gdynia im Osten bis nach Karwia im Norden. Vor allem zwischen Danzig und Bytów sowie südlich von Kościerzyna liegen viele Seen zwischen den Erhebungen – die Kaschubische Seenplatte. Tiefe Buchen- und Kiefernwälder werden von sandigem Heideland durchbrochen, von Birken gesäumte Lichtungen grenzen an wilde Wiesen, in denen tiefroter Klatschmohn leuchtet.

Die Kaschuben sind eine rund 200 000 Personen zählende slawische Minderheit in Polen. In der Vergangenheit waren sie Germanisierungs- und Polonisierungstendenzen ausgesetzt. Erst seit den 90er Jahren findet die Eigenständigkeit ihrer Sprache und Kultur langsam Anerkennung.

1991 wurden kaschubische Lehrbücher an polnischen Schulen zugelassen, an der Universität Danzig wurde ein Lehramts-Aufbaustudium Kaschubisch eingerichtet. Seit 1996 gibt es in Danzig das Kaschubische Institut (Instytut Kaszubski). 2005 wurde die Sprache der Kaschuben von der Polnischen Regierung auch im rechtlichen Sinne anerkannt. Im rund 40 Kilometer nordwestlich von Danzig gelegenen Wejherowo widmet sich das Muzeum Pismiennictwa

Links: Hölzerne Mühle bei Wejherowo.
Unten: Nachtansicht auf Wdzydze Kiszewskie.

der kaschubischen Literatur und Musik und veranstaltet Abende für Interessierte. Auch im rund 20 Kilometer westlich von Danzig gelegenen Żukowo kann man im Restaurant „Chet Kaszubska" kaschubische Abende mit Musik und Tanz erleben.

Kartuzy (Karthaus) gilt als Zentrum der Kaschubei. Der Ortsname entwickelte sich aus dem Kartäuserkloster, das von 1341 bis 1403 im Ort errichtet wurde. Die Mönche waren Ende des 14. Jahrhunderts aus Prag berufen worden. Das noch erhaltene Mönchshaus stammt aus der glei-

chen Zeit, ebenso die gotische Klosterkirche mit dem an einen Sargdeckel erinnernden Dach. Ihr Sterngewölbe wurde später, im 16. Jahrhundert, geschaffen. Die Stadt Karthaus entwickelte sich erst im 19. Jahrhundert rund um das Kloster.

Das Kaschubische Museum informiert über die Lebenswelt und das Brauchtum des Landstriches. Dokumentiert werden Fischfang, Land- und Hauswirtschaft – man erfährt unter anderem, warum die Pferde auf den sumpfigen Feldern „Schuhe" trugen! – und die Keramikherstellung von Kartuzy. Eine berühmte Werkstatt im Ort

In der Nordkaschubei (Gniewino) rund um den Zarnowiekie-See scheint die Zeit während der harten Wintermonate stehen geblieben zu sein.

wurde von der Familie Meissner begründet. Bekannt wurde sie durch ihre Ofenkacheln und die einzigartige „schwarze Keramik".

Kartuzy liegt an der Kaschubischen Straße (Droga Kaszubska), die reizvoll über Erhebungen und an Seen entlangführt. Eine weitere Station ist das in südwestlicher Richtung liegende Brodnica Górna. Außerhalb des Dorfes befindet sich der Aussichtspunkt Złota Góra (Goldberg), der einen phantastischen Ausblick auf den Brodno Wielkie-See und aufs Umland bietet. Die vielen Seen der Kaschubischen Schweiz sind Hinterlassenschaften aus der Eiszeit. Häufig zu sehen sind längliche „Rinnenseen", die oft versetzt nebeneinander auftreten. Oft haben sie eine Nord-Süd-Ausrichtung und zeichnen so die Bewegungsrichtung der Eisplatten nach, die die Landschaft vor Tausenden von Jahren tief ausfurchten. Die Ringe der Steine, oder auf Polnisch „Kręgi Kamienne", die die Menschen der Frühgeschichte hier schufen, bestehen aus den riesigen Gesteinsbrocken, die die Gletscherbewegungen zurückließen. Zwischen Sulęczyno und Klukowa Huta sind die eindrucksvollen Zeugnisse dieser Kultur noch zu sehen.

Westlich von Danzig zwischen den Moränenhügeln findet man zahlreiche Seen, wie hier bei Borzestowo.

Danzig

Fakten zur Stadt

Danzig ist die Hauptstadt der Wojewodschaft Pomorskie (Pommern) und mit 456 700 Einwohnern die größte Stadt Nordpolens. Sie liegt im Westen der Danziger Bucht (Zatoka Gdańska) an der Ostsee, an der Mündung der Mottlau (Motława) in die Tote Weichsel (Martwa Wisła). 30 Kilometer westlich des Stadtgebietes erheben sich die Hügel der Kaschubischen Schweiz. Oft wird Danzig als „Dreistadt" bezeichnet – die Hafenstadt Gdynia und das Seebad Sopot werden dann hinzugezählt. Dieser Ballungsraum hat rund 750 000 Einwohner.

Danzig ist ein wichtiger Verkehrsknotenpunkt. Der 15 Kilometer westlich gelegene Lech-Wałęsa-Flughafen für Personen- und Fracht-

verkehr fliegt nationale und internationale Ziele an. Der Hauptbahnhof westlich der Innenstadt bietet täglich nicht nur 22 Verbindungen nach Warschau und Schnellverbindungen nach Wrocław und Poznań, sondern auch Züge zu näher gelegenen Fahrzielen wie Toruń oder Malbork sowie Nahverkehrszüge nach Sopot und Gdynia.

Die Bundesstraße Nr. 6 verbindet Danzig mit Słupsk, Stettin und Berlin, die Bundesstraße 7 führt über Elbing nach Warschau und Krakau zur tschechischen und slowakischen Grenze. Die Bundesstraße 1 verläuft südlich über Toruń, Łódź, Katowice und Breslau bis zur tschechisch-deutschen Grenze. Parallel zu dieser Strecke verläuft auch eine kostenpflichtige Autobahn.

Danzig ist ein bedeutender Anlaufpunkt für den Seeverkehr, der die Stadt mit den Ostseehäfen

Links: Aufwändig gestaltet sind die sogenannten »Beischläge« (Treppengeländer) am Długi Targ, dem langen Markt in Danzig.
Unten: Blick in die Ulica Piwna (Brauereigasse), an deren Ende die Marienkirche zu sehen ist.

Oben: Die Mottlau mündet in Danzig in die Weichsel, wo sich Hafen und Speicherstadt befinden.
Rechts: Blick auf die Werftanlagen in Danzig

und Westeuropa verbindet. Neben großen Fähren verkehren auch kleinere Ausflugsboote zwischen der Anlegestelle unweit dem Grünen Tor und Zielen wie Westerplatte, Sopot, Gdynia und Hel.

Wirtschaft

Durch seine verkehrsgünstige Lage an der Bernsteinstraße profitierte Danzig schon früh vom Ostseehandel. Der Danziger Hafen ist auf Kohlehandel spezialisiert, dessen Bedeutung allerdings abgenommen hat. Doch dank des neuen Deepsea Container Terminals (DCT) gab es in 2007 bei der Container-Abwicklung einen Zuwachs um 23,6 Prozent im Vergleich zum Vorjahr. Mit einem Umschlagvolumen von rund 600 000 Containern jährlich muss sich der Hafen von Danzig nur mit dem von Gdynia messen, der

es auf eine Million Container bringt. Schiffbau und Hafennähe spielen wirtschaftlich auch heute noch eine große Rolle. Die Rafineria Gdańska ist Danzigs größtes Unternehmen, die Werft Stocznia Remontowa S.A. liegt auf Platz vier.

Weitere Wirtschaftszweige sind pharmazeutische Industrie, Banken, Informationstechnologie, Erdölförderung, Stahl- und Bauindustrie. Letztere wird durch den Bau der Baltic Arena für die Fußball-Europameisterschaft 2012 und weitere Projekte an Fahrt gewinnen.

Eine wachsende Rolle spielt der Fremdenverkehr. Im Zuge des europäischen Einigungsprozesses wird der gesamten Region Danzig ein enormes Wachstum prognostiziert. Die zurückgehende Arbeitslosigkeit stützt diese Annahme. In Danzig sank sie von 12,8 Prozent im Jahr 2002 auf 2,4 Prozent in 2008. In Gdynia waren im

Oben: Vom Dach des goldenen Tores aus schaut die steinerne Figur in die Langgasse.
Vorhergehende Seite: Nahaufnahme von Bernsteinschmuck, einem der Wahrzeichen Danzigs.

gleichen Jahr nur 1,8 und in Sopot nur 1,5 Prozent der Bewohner ohne Arbeit.

Geschichte

Schon im 9. Jahrhundert befand sich an der Stelle des heutigen Gdańsk ein Fischerort. Im Zuge der Christianisierung der Ostseeregion Ende des 10. Jahrhunderts wurde er erstmalig als "urbs Gyddanyzc" erwähnt. Der vom polnischen König Bolesław Chrobry herbeigerufene böhmische Bischof Adalbert, der später bei der Bekehrung der Pruzzen starb, soll die Bewohner des Ortes getauft haben.

Dieser war damals Zentrum des slawischen Herzogtums Pomerellen und verfügte bereits im 11. Jahrhundert über eine Burg und einen Hafen. Neben der lokalen slawischen Bevölkerung siedelten sich im 13. Jahrhundert viele deutsche Kaufleute an, die vor allem aus Lübeck stamm-

ten. 1224 wurde der deutschen Kaufmannssiedlung, die in der Gegend des Langen Marktes (Długi Targ) entstanden war, das Lübecker Stadtrecht verliehen. Um 1295 verlieh der polnische König Przemysław II. ihr das Magdeburger Recht.

Um dieselbe Zeit trat der Deutsche Orden in Danzig auf den Plan, der vom nahen Kulm aus seit 1231 im Auftrag Konrad von Masowiens erfolgreich das östlich gelegene Pruzzenland unterworfen und christianisiert hatte. In Danzig unterstützte der Orden im Jahr 1308 den polnischen Teilfürst von Kujawien, Władysław I. Łokietek, um die Belagerung durch die Brandenburger zu beenden.

Diese waren vom dort ansässigen pomerellischen Geschlecht der Swenzonen in die Stadt geholt worden, das sich gegen die Oberhoheit Polens wehren wollte. 1308 konnte der Orden Danzig erobern, pomerellische Ritter und etliche

Der Neptunbrunnen vor dem Arthushof am Długi Targ (Langen Markt) ist stets gut besucht.

Stadtbewohner wurden dabei getötet. Der Orden dachte nicht daran, die prosperierende Stadt nach der Militäraktion wieder herauszugeben und besetzte 1309 auch Pomerellen. Die Folgen waren ein langer Rechtsstreit und eine Serie militärischer Auseinandersetzungen mit Polen.

Unter der Herrschaft des Ordens wurde die Stadt weiter ausgebaut. Auch der Handel entwickelte sich, 1361 trat Danzig der Hanse bei.

Mit dem Frieden von Toruń fiel 1466 der ganze Unterlauf der Weichsel – inklusive Danzig – an Polen. Aber schon davor hatten sich Danzigs Bürger vom Ordensstaat emanzipiert, der diese Bestrebungen unterdrücken wollte. 1454 boten die Bürger dem polnischen König Kazimierz die Herrschaft an und erreichten die Bestätigung ihrer bisherigen Rechte. Diese konnten sie auch später gegen König Stefan Báthory wahren, der die Stadt 1577 durch eine Belagerung zum

Gehorsam zwingen wollte, was jedoch erfolglos blieb. Im 16. Jahrhundert war Danzig zu einem bedeutenden Standort der Reformation und des Humanismus geworden. 1580 wurde in der Alten Vorstadt im ehemaligen Franziskaner-Kloster eine protestantische Schule gegründet, die als Gymnasium Academicum berühmt wurde.

Zu dieser Zeit lebten und arbeiteten auch die Dichter Jan Dantyszek und Martin Opitz in Danzig, das im 16. und 17. Jahrhundert die mächtigste Stadt der Ostsee wurde. Um 1600 zählten neben Deutschen auch Holländer, Schotten, Juden und Polen zu ihrer 50 000-köpfigen Einwohnerschaft. Mit dieser Größe übertraf Danzig alle Städte Polens.

Die zweite Teilung Polens im Jahr 1793 bedeutete das Ende der städtischen Unabhängigkeit. Danzig wurde Preußen einverleibt, ab 1871 gehörte es zum Deutschen Reich. Im 19. Jahrhundert blühten Wirtschaft und Industrie auf. Die Bevölkerung war im Jahr 1900 auf 140 000 angewachsen. Der polnische Anteil war allerdings während des gesamten Jahrhunderts Germanisierungsbestrebungen ausgesetzt.

Nach dem Ersten Weltkrieg wurde Danzig zur Freistadt erklärt und unter die Verwaltung des Völkerbundes gestellt. Ein polnischer Militärposten auf der Westerplatte und deutsch-polnisch besetzte Gremien wie Senat, Volksrat und ein Rat der Häfen und Wasserwege wurden eingerichtet.

Die Zusammenarbeit verlief wenig konstruktiv. Deutschnationale Stimmen aus dem Reich und der Stadt machten Stimmung gegen das Reglement und Albert Forster, ein Emissär

Hitlers, agitierte 1930 erfolgreich für die NSDAP. 1938 forderte Hitler die Eingliederung Danzigs ins Deutsche Reich.

Am 1. September 1939 begann der Zweite Weltkrieg mit dem Beschuss der Westerplatte durch das deutsche Schiff „Schleswig-Holstein". Am gleichen Tag wurde Danzig ans Reichsgebiet angeschlossen und rund 1500 Personen wurden festgenommen. Es handelte sich vor allem um Polen, die im Gesellschafts- und Wirtschaftsleben oder in polnischen Organisationen engagiert waren. 150 von ihnen wurden ins Konzentrationslager Stutthof deportiert.

Während des Krieges mussten viele Polen Zwangsarbeit in den Werften leisten. Teile der deutschen Bevölkerung wurden evakuiert. Im

Vom Turm der Marienkirche hat man eine schöne Stadtübersicht. In der Bildmitte erblickt man die Johanniskirche, rechts davon die Mottlau.

März 1945 zerstörten die Bombardements der Alliierten 90 Prozent des historischen Danzigs. Nach Kriegsende wurden die verbliebenen Deutschen vertrieben. 1948 wurde die Entscheidung zur Rekonstruktion der historischen Bausubstanz getroffen.

Anfang der 80er Jahre wurde Gdańsk zum Zentrum des Widerstands gegen das kommunistische Regime. Schon 1970 waren bei einem Streik 44 Werftarbeiter getötet worden. Die 1980 vom Elektriker Lech Wałęsa mitbegründete Gewerkschaft Solidarność ließ sich auch durch die Gewalt von Polizei und Geheimdienst nicht mehr einschüchtern und trug wesentlich zum Niedergang des Kommunismus in Polen und ganz Osteuropa bei. Nach dessen Zusammenbruch wurde Lech Wałęsa in den ersten freien Wahlen im Jahre 1990 zum Präsidenten Polens gewählt.

Rundgang durch die Stadt

Das historische Danzig besteht aus drei Teilen. Der bedeutendste ist die 1343 gegründete Rechtstadt (Glówne Miasto). Nordwestlich schließt sich daran die Altstadt (Stare Miasto) an, im Süden die Alte Vorstadt (Stare Przedmieście).

Das Hohe Tor (Brama Wyżynna), das Vortor (Przedbramie) und das Goldene Tor (Złota Brama) stimmen auf das Flanieren in der Rechtstadt ein. Das Hohe Tor war ursprünglich

Im Städtekomplex Gydnia-Sopot-Gdansk verkauft eine Dame Eis.

nicht für Spaziergänger, sondern für den polnischen König gedacht, der von hier aus in die Stadt einzog. Dessen Allianz mit Danzig geht auf das Jahr 1454 zurück, nachdem sich beide gegen den damals die Stadt beherrschenden Deutschen Orden verbündeten. Das Schmuckfries des von 1574 bis 1576 erbauten Tores zeigt daher das Wappen der polnischen Krone, das des zu Polen gehörenden königlichen Preußen und das der Stadt Danzig.

Das im manieristischen Stil gehaltene, einem römischen Triumphbogen nachempfundene Goldene Tor wurde 1612–1614 von Abraham van den Blocke erbaut. Dieser stammte aus einer niederländischen Familie, die mehrere in Danzig wirkende Künstler hervorbrachte, so auch den

Maler Isaak und den Architekten und Bildhauer Willem van den Blocke.

Der alte Königsweg führt auf die Lange Gasse (Ulica Długa), die in den Langen Markt (Długi Targ) mündet. Seinen Abschluss bildet das Grüne Tor (Zielona Brama). Die kunstvoll gestalteten Danziger Giebelhäuser vermitteln einen Eindruck vom Städtebau des Lübecker Typs – und vom Stolz und Reichtum einer über 1000 Jahre alten unabhängigen Hansestadt.

Die Reihung der liebevoll restaurierten Fassaden bildet einen harmonischen Raum – und dennoch hat jede einzelne davon ihre Eigenart. Dicke barocke Voluten und Rundfenster zieren Renaissancegiebel, blasses Grün kontrastiert mit Ta-

Rechts: Abends leuchtet der goldene Neptunbrunnen besonders prächtig.
Unten: Sorgfältig sind die Details am Goldenen Tor angefertigt worden.

Der Rote Saal im Rathaus besticht durch prächtige Wand- und Deckenmalereien.

bakbraun oder Altrosa. Besonders markante Beispiele sind das aus dem 14. Jahrhundert stammende Uphagen-Haus (Kamienica Uphagena), das Ferberhaus (Dom Ferberów) und das Rechtstädtische Rathaus (Ratusz Głównego Miasta). Der 1379–1492 entstandene gotische Backsteinbau beherbergt heute das Historische Museum.

Das durchkomponierte Raumkonzept herrscht auch in den Parallelstraßen. Die Ulica Chlebnicka wird zur Mottlau hin vom Brotbänketor (Brama Chlebnicka) begrenzt. Gen Westen rahmt sie das zu Beginn des 17. Jahrhundert entstandene Große Zeughaus (Wielka Zbrojownia) ein, was die Straße mitunter wie einen Platz wirken lässt. Auch die Ulica Mariacka ist alles andere als eine Durchgangsstraße.

Die „Beischläge" genannten Treppenaufgänge werden von aufwändig gestalteten Geländern begrenzt. Kunstvolle Eisengitter sind ebenso zu

sehen wie riesige steinerne Kugeln. Hier ist das Terrain der Bernsteinschmuck-Verkäufer. Von der Halskette im Hippiestil bis zum Briefbeschwerer mit Einschluss findet sich alles, wovon Souvenirjäger träumen.

Wie in der Mitte eines Nests liegt die bedeutendste Kirche Danzigs, die Marienkirche (Kościół Mariacki), im Geflecht der Straßen. Alles an dem wuchtig wirkenden, 1343 bis 1502 entstandenen Backsteinbau scheint nach oben zu streben. Um den 78 Meter hohen Turm zu besteigen, sollte man etwas Kondition mitbringen, der phantastische Ausblick über die gesamte Stadt und die Danziger Bucht lohnt sich aber allemal.

Das Innere der Hallenkirche wurde nach der Reformation weiß gekalkt, es wirkt hell und luftig. Die steinernen Bodenplatten dokumentieren die Geschichte jahrhundertealter Danziger Familien, die an diesem privilegierten Ort ihre Grabplatten anbringen ließen. „Der gerechten Seelen sind in Gottes Hand und keine Quaalen rühret sie an" ist über einem barocken Emblem zu lesen, das einen sich aufbäumenden Löwen zeigt. Am Fuß der Platte ist ein Totenkopf über zwei gekreuzten Knochen eingemeißelt. „Christus ist mein Leben" wird auf der 1754 entstandenen Grabplatte mit der Nummer 259 postuliert. Das Wappen der dort beerdigten Familie zeigt eine gehörnte Wikinger-krone auf einem geflügelten Fisch.

Wer der Ulica Mariacka Richtung Osten folgt, kommt durch das Marientor auf die Uferprome-nade. Im Krantor wurden bereits im Mittelalter schwere Lasten gestemmt, das zentrale Meeres-museum am anderen Ufer der Motława bietet Wissenswertes rund um die Seefahrt.

An der Promenade findet man Außengastrono-mie in allen Preisklassen. Vom Meer kommt eine

frische Brise, die auch an heißen Tagen für Kühlung sorgt. Weiter nördlich, am Targ Rybny, finden sich auch baufällige Häuser mit alten Fensterrahmen und bröckligen Mauern. Auch hohe metallene Bauzäune mit der Aufschrift „Achtung, tiefe Grube!" sind keine Seltenheit im Stadtbild. Dies zeigt, dass die 1948 beschlossene Rekonstruktion der Stadt ein Prozess ist, der immer noch fortdauert. Erfrischend unfrisierte Ecken finden sich auch um die Ulica Straganiarska.

Der hohe Anteil an Grünflächen, die manchmal munter vor sich hinwuchern, sticht ins Auge. Sie sind die Folge der Bombardierung von 1945, als 90 Prozent der Häuser in der Innenstadt zerstört wurden. Fotografien dieses Szenarios sind im Historischen Museum der Stadt zu sehen. Es ist kaum vorstellbar, wie die Stadt aus einem Ort nahezu flächendeckender Verwüstung neu ent-

Stadtansicht von Danzig mit Mottlau-Ufer und Marienkirche.

Die Marienburg befindet sich in Malbork und wurde im 13. Jahrhundert vom Deutschen Orden erbaut.

stehen konnte. Die herausragende Leistung der Restauratoren wird beim Anblick der kahleren Stellen im Stadtbild umso deutlicher.

Die Johanneskirche wird gerade restauriert. Die dunkel gewordene Backsteinfassade wird durch ein Band glasierter Ziegel verschönert, an anderen Stellen wachsen junge Bäumchen aus dem Mauerwerk. Daneben lagern Bruchstücke, die offenbar bei den Arbeiten eingesetzt werden. Im Innern werden die Bodenplatten wieder instand gesetzt, mehrere Säulen wurden mit einem Korsett aus Beton verstärkt. Das Innere wird für moderne Kunstausstellungen und Konzerte genutzt. Vor dem massiven Barockaltar ist eine Bühne aufgebaut. Weiter nördlich von der Johanneskirche liegt die Ulica Obronców Poczty Polskiej.

Inmitten von Wohnblöcken, die sich mit ihren Backsteinfassaden recht gut ins Bild der Stadt fügen, erhebt sich ein Denkmal für die Vertei-

diger der Polnischen Post in Danzig. Zu Beginn des Zweiten Weltkriegs trotzten 150 Angestellte den Angriffen der Wehrmacht und wurden anschließend dafür hingerichtet. Der Bildhauer Wincent Kućma schuf die expressive Metallformation 1985 zum vierzigsten Jahrestag des Kriegsbeginns. Ebenfalls dem Widerstand gewidmet, aber diesmal dem gegen den Sozialismus, ist die im Jahr 2000 entstandene Ausstellung „Roads to Freedom".

Das Projekt der Stadt Gdańsk und der Stiftung Centrum Solidarności befindet sich unweit des Hauptbahnhofs in der Ulica Wały Piastowskie. In den Kellerräumen ist die Lebenswelt Polens Anfang der 80er Jahre buchstäblich wiederauferstanden. Der Besucher erlebt leere Geschäfte, Ausweiskontrollen und die Ausrufung des Kriegsrechts. Originalaufnahmen dokumentieren den Protest von Solidarność und das brutale Vorgehen der Sicherheitskräfte gegen Demonstranten.

Sehenswertes um Danzig

Malbork

Malbork ist rund 50 Kilometer südöstlich von Danzig gelegen und bequem in einer 45-minütigen Zugfahrt zu erreichen. Hier steht die mächtigste mittelalterliche Burg Europas, die Marienburg. 1309 verlegte Hochmeister Siegfried von Feuchtwangen den Sitz des Deutschen Ordens von Venedig hierher. Die Marienburg sollte 150 Jahre lang das Zentrum des Ordensstaates bleiben.

Der Bau erfolgte in mehreren Etappen: 1276 entstand das als Kloster dienende Hochschloss mit dem Mittelturm, 1309 wurde das Mittelschloss seitlich angesetzt, ebenso das Vorschloss. Der Komplex wurde von drei Festungsmauern eingerahmt. Im 13-jährigen Krieg, bei dem Polen mit den im Preußischen Bund vereinten Städten gegen den Orden kämpfte, wurde die Burg 1456 von

Söldnern des Ordensheeres an die Krone Polens verkauft. Von nun an diente sie Kasimir IV. und weiteren polnischen Königen als Residenz. Nach den Schwedenkriegen im 17. Jahrhundert begann der Verfall, dem die Preußen nach der ersten Teilung Polens kräftig nachhalfen.

Sie funktionierten Teile der Anlage zur Kaserne um, andere wurden ganz abgetragen. Im 19. Jahrhundert wurde mit der Restauration begonnen. Im Zweiten Weltkrieg wurde der östliche Teil der Festung zerstört und die Burg anschließend wieder aufgebaut. Heute ist die gesamte Anlage als Schlossmuseum mit Ausstellungen über ihre Geschichte und Archäologie zu besichtigen. Spektakulär sind der 450 Quadratmeter große Rittersaal mit seinem einzigartigen Deckengewölbe, der Hochmeisterpalast mit seinen Speisesälen und der kunstvoll gestalteten, quer zum Fluss Nogat verlaufenden Fassade sowie das zur Schlosskapelle führende Goldene Tor.

Thorn

Fakten zur Stadt

Thorn (polnisch: Toruń) liegt etwa 180 Kilometer südlich von Danzig idyllisch im Weichseltal auf der nördlichen Flussseite. Es hat 207 000 Einwohner. Das Parlament der Wojewodschaft Kujawsko-Pomorskie (Kujawien-Pommern) hat hier ebenso seinen Sitz wie die größte Hochschule Nordpolens. An der 1945 gegründeten Nikolaus-Kopernikus-Universität (UMK) sind rund 41 000 Studenten immatriku-liert. Die Stadt ist ein Eisenbahnknotenpunkt mit einem bedeutenden Rangierbahnhof. Die Bundesstraße 1 verläuft in nördlicher Richtung nach Gdańsk und in südlicher Richtung nach Łódź und Katowice bis zur tschechischen Grenze. Parallel zu dieser Strecke verläuft auch eine kostenpflichtige Autobahn.

Auf der Bundesstraße 10 gelangt man im Westen bis nach Szczecin, im Osten über Warschau bis zur weißrussischen Grenze. Polens größter Zuckerproduzent, Krajowa Spółka Cukrowa oder Polish Sugar, hat hier seinen Sitz. Sharp

Links: Gotische Kirche in der mittelalterlichen Altstadt von Thorn.
Unten: Einen guten Überblick über die Stadt genießt man vom Rathausturm: die Altstadt mit spätbarocker Heiliggeistkirche, im Hintergrund die Weichsel.

Vom linken Weichselufer präsentiert sich Thorn mit seiner alten Stadtmauer.

Manufacturing Poland, eine Niederlassung des japanischen Elektronikkonzerns, stellt hier unter anderem LCD-Module her. 2008 waren 5,9 Prozent der Stadtbewohner arbeitslos.

Geschichte

Bereits im 11. Jahrhundert war das Stadtgebiet slawisch besiedelt. Nachdem der Deutsche Orden 1231 in Kulm (Chełmno) Fuß gefasst hatte, machten die Ordensritter den Ort Thorn 1233 zu einem wichtigen Vorposten. Sie verliehen ihm Stadtrechte und errichteten die Burg und Stadtmauern. 1280 trat die Stadt der Hanse bei. Die wirtschaftliche Blüte zeigte sich in einer regen Bautätigkeit und der Ansiedlung von Hand-

werkern und Händlern in der Neustadt. 1454 trat Thorn, wie andere florierende Städte auch, dem Preußischen Bund bei und versuchte, die Ordensherrschaft abzuschütteln. Die Burg wurde dabei zerstört. Thorn unterstellte sich der polnischen Krone. Allerdings konnte sich die Stadt nicht wie Danzig ihre Unabhängigkeit bewahren.

So sorgten Polonisierung und Gegenreformation für blutige Auseinandersetzungen zwischen den Konfessionen der Stadt. 1724 wurden beim „Thorner Blutgericht" der Bürgermeister Roesner und neun Patrizier hingerichtet, weil sie Ausschreitungen aus den Reihen evangelischer Gymnasiasten gegen das katholische Jesuitenkolleg nicht verhindert hatten. Die Schwedenkriege im 17. Jahrhundert beendeten die einstmalige Blüte

Oben: Die Altstadt Thorns gehört zum UNESCO-Welterbe. Hier kam auch der große Astronom Nikolaus Kopernikus zur Welt.
Folgende Seite rechts: Als Andenken an Kopernikus schuf C. F. Tieck ein Denkmal, das in Thorn aufgestellt wurde.

der Stadt dann endgültig. 1793 kam Thorn durch die zweite Teilung Polens zu Preußen und wurde im 19. Jahrhundert zu einer Provinzstadt. Es gab keinen industriellen Aufschwung wie in den Ballungsgebieten, allerdings konnte Thorn so sein Stadtbild bewahren. Dazu trug auch bei, dass es den Ersten Weltkrieg, nach dem es wieder zu Polen kam, und den Zweiten Weltkrieg relativ unbeschadet überstand.

Rundgang durch die Stadt

Das historische Toruń besteht aus einer Alt- und einer Neustadt, die fürs Auge nicht mehr voneinander zu unterscheiden sind. Die kleinräumige Innenstadt gehört zum Weltkulturerbe der

UNESCO und wird zur Weichsel hin noch von Resten der Stadtmauer und ihren Türmen eingefasst. Tore erlauben hier einen reizvollen Blick auf den Fluss und die Wälder am anderen Ufer. Von der ehemaligen Ordensburg stehen nur noch Ruinen.

Sie wurde 1454 von der Stadtbevölkerung zerstört, als diese sich gegen den Orden erhob. Viele andere sehr alte Gebäude blieben jedoch erhalten. Vor allem in der Nähe der Stadtmauer stehen noch gotische Wohn- und Speicherhäuser. Ihre strengen, gen Himmel strebenden Formen wirken bei einem nächtlichen Spaziergang besonders geheimnisvoll. Manche der Häuser wurden aufwendig restauriert, andere verfallen. Das ehemalige Stadthaus der Familie Esken – einer wohlhabenden Kaufmannsfamilie aus Thorn –, das im späten 14. Jahrhundert entstand und 1590 im Renaissance-Stil umgestaltet wurde, kann auch von innen bewundert werden. Es beherbergt das Archäologie- und Architekturmuseum und bietet historisch Interessierten eine Fülle von Materialien zur Geschichte von Stadt und Region.

Neben Ackergeräten aus der slawischen Frühphase, kaiserlichen Dekreten und Bürgermeister-Portraits aus der Preußenzeit werden hier antike Waffen präsentiert, denen eine ganze Etage gewidmet ist.

Gegenüber dem Museum befindet sich die Johannes-Kirche aus dem 13. Jahrhundert. Von ihrem massiven Turm aus hat man einen herrlichen Blick über die Stadt und das Weichseltal. Eine Straßenecke weiter liegt das Haus, in dem Nikolaus Kopernikus 1473 geboren wurde. Der Astronom brachte mit seinem Werk „De revolutionibus orbium coelestium" das damalige Weltbild ins Wanken: Die Erkenntnis, dass die Erde sich um die Sonne dreht, war ein Meilenstein in der Wissenschaft. Die Kirche setzte das Werk jedoch auf den Index Librorum Prohibitorum, das Verzeichnis verbotener Bücher, und rehabilitierte den berühmtesten Sohn Toruńs erst im 20. Jahrhundert.

Vor allem rund um die zwei Hauptplätze der Stadt, den Rynek Staromiejski und den Rynek Nowomiejski, wird Toruńs gotischer Charakter durchbrochen. Barockisierte und historisierende Fassaden in zarten Farben und Läden mit reizvollen Jugendstilvorbauten prägen das Erscheinungsbild. Ansprechend dekorierte Geschäfte laden zum Schaufensterbummel ein. In den Bäckereien werden Thorner Lebkuchen, eine Spezialität der Stadt, verkauft – dazu gibt es spezielle Boxen, die wie kleine Nachbauten der gotischen Altertümer Toruńs aussehen.

Die Außengastronomie auf den beiden Plätzen zieht viele junge Leute an, die die Szene auch wochentags bis spätabends bevölkern. Es ist deutlich zu spüren, dass Toruń eine Studentenstadt ist. Zum Straßenbild gehören auch preiswerte Restaurants, Kneipen, aus denen Rockmusik dröhnt, und Kellerlokale wie das Moskwa. Daneben gibt es Clubs wie die Toruńska Piwnica Artystyczna, die täglich wechselnde Live-Acts und Jamsessions lokaler Musiker bietet.

Festivals wie „Musik und Architektur", das über die Sommerwochenenden zu Konzerten an den schönsten Orten der Stadt einlädt, sorgen für weitere musikalische und künstlerische Attraktionen. Im Mai findet hier auch die Probaltika, ein Festival für Musik und Kunst der Ostseeanrainerstaaten, sowie „Kontakt", eines der bedeutendsten Theaterfestivals in Polen, statt.

Sehenswertes um Thorn

Gollub

1239 eroberte der Deutsche Orden die Siedlung Golub Dobrzyń (zu Deutsch: Gollub), die damals zum Herrschaftsbereich der Herzöge von Masowien gehörte, und es wurden ihr Stadtrechte verliehen. 1302 wurde auf der Anhöhe die Burg errichtet, ebenso die Stadtmauern, deren Teile heute noch zu sehen sind. 1454 trat die Stadt dem Preußischen Bund bei und kam 1466 im Zweiten Thorner Frieden zu Polen.

Anna Wasa, die Schwester König Zygmunts III., wurde 1611 Eigentümerin der Stadt. Anna ließ das Schloss im Renaissance-Stil modernisieren – die dekorative Attika mit ihren sanft gerundeten Formen ist schon von Weitem zu erkennen.

Der Anbau von Wein und Tabak vermehrte den Reichtum der florierenden Stadt. Die Schwedenkriege im 17. Jahrhundert setzten dem jedoch ein Ende, Burg und Stadt wurden ebenfalls schwer beschädigt. Die Häuser rund um den Marktplatz wurden im 19. Jahrhundert im klassizistischen Stil umgestaltet und strahlen gemütlichen Kleinstadtcharme aus. In der Burg können die meisten Räumlichkeiten, vom Speisesaal bis zum Folterkeller, besichtigt werden. Daneben gibt es Attraktionen wie die jährlich im Juli stattfindenden Ritterspiele.

ERMLAND-MASUREN

Fakten zur Region

Die Wojewodschaft Ermland-Masuren wurde aus dem südlichen Teil des historischen Ostpreußen gebildet. Sie wird im Westen von den Wojewodschaften Pommern und Kujawien-Pommern begrenzt, im Süden und Osten von den Wojewodschaften Masowien und Podlachien. Im Nordosten schließen sich drei Kilometer gemeinsame Grenze mit Litauen an, im Norden die Grenze zum Kaliningrader Gebiet, einer russischen Exklave. Die Wojewodschaft hat 1 426 155 Einwohner.

Die Region ist für die Masurische Seenplatte berühmt. Hier befinden sich mit dem Śniardwy und dem Mamry die größten Seen des Landes. Das riesige Ökosystem gibt vielen Vögeln wie dem seltenen Schwarzstorch, dem Haubentaucher, Adlern und Habichten ein Zuhause. Es existiert auch ein 200 Kilometer langes System von Wasserwegen, die im Sommer vor allem von

Links: Frühlingshafte ermländische Landschaft mit Bauernhof bei Wormditt (Orneta).
Unten: Typische masurische Architektur.

Kanus genutzt werden – der Fremdenverkehr entwickelt sich sehr dynamisch. Neben Wassersport- und Freizeitangeboten suchen viele Touristen die Ruhe und Abgeschiedenheit mancher Orte. 30 Prozent des Gebietes sind von Wald bedeckt. Es ist dünn besiedelt, 54 Prozent werden landwirtschaftlich genutzt, obwohl die Sandböden und tonigen Sandböden nur geringe Erträge abwerfen. Rohstoffe gibt es, abgesehen von den Baustoffen Sand, Kies und Holz sowie Lehm und Ton für die keramische Industrie, nicht. 2005 betrug die Arbeitslosigkeit 20,4 Prozent, bis 2008 sank sie auf 15,7 Prozent. Günstiger ist die wirtschaftliche Lage in den wenigen Städten. In der 175 000 Einwohner zählenden Wojewodschaftshauptstadt Olsztyn (Allenstein) waren 2007 5 Prozent der Bewohner arbeitslos, im Jahr 2008 nur noch 3,7 Prozent. Die geringe Erschließung des Gebietes wurde genutzt, als in den 1990er Jahren mit der Produktion naturbelassener Lebensmittel begonnen wurde.

Geschichte

Ermland war eines der vier Bistümer, die der Deutsche Orden bei der Besiedlung und Christianisierung des Gebietes einrichtete. 1466 wurde es nach Auseinandersetzungen mit dem Orden der polnischen Krone unterstellt, behielt aber kirchliche Autonomie. Während der Reformation blieb Ermland katholisch. Der Bischof regierte wie ein Landesherr, bis mit der ersten Teilung Polens das Gebiet 1772 zu Preußen kam. Masuren hingegen blieb durchgängig Bestandteil des Ordensstaates und später Preußens. Es

Rechts: Im Dorf Święta Lipka (Heiligelinde) steht die berühmte barocke Wallfahrtskirche mit Doppelturmfassade.
Folgende Doppelseite: Die Seenlandschaft bei Pilec (Pülz) wird durch Seerosen und Schilf charakterisiert.
Unten: In der Stadt Dobre Miasto (Guttstadt) in den Nordmasuren ist die Stiftskirche mit ihrer Backsteingotik zu besichtigen.

Grüne Allee zwischen Orzysz (Arys) und Mikołajki (Nikolaiken).

wurde Ende des 14. Jahrhunderts mit polnischen Bauern aus der Region Masowien besiedelt. Deren Ursprungsregion gab der Gegend durch Lautwandel den Namen, Masuren wurde aber nie zu einer offiziellen Provinz. Die baltische Bevölkerung der Region, die Pruzzen, hatte der Orden so gut wie ausgerottet. Nach militärischen Niederlagen wandelte der letzte Hochmeister Albrecht von Brandenburg den Ordensstaat 1525 in ein weltliches Herzogtum um, unterstellte es Polen und führte die Reformation ein. Die Masuren nahmen den neuen Glauben ebenfalls an. Eine andere Entwicklung als in Polen nahm auch ihr Dialekt, der sich über lange Zeit erhielt und vor allem seit den Germanisierungstendenzen unter Bismarck mehr und mehr deutsche Elemente aufnahm, mitunter auch ganz verschwand. Ab 1657 hatte Preußen die Oberhoheit über das Gebiet. Der Krieg mit Schweden im 17. Jahrhundert hinterließ schwere Verwüstungen in der ganzen Region. Auch

Napoleons Zug gegen Russland und russische Aktionen im Ersten Weltkrieg forderten ihren Tribut. In der Zeit des Nationalsozialismus wurden die slawischen Masuren verfolgt. 1945 wurde aus dem nördlichen Teil Ostpreußens um Königsberg das russische Gebiet Kaliningrad gebildet. Rund eine halbe Million Deutsche kamen bei der Flucht nach Westen um. Eine weitere halbe Million wollten ihre Heimat nicht verlassen, wurden aber von den Behörden der polnischen Volksrepublik ausgesiedelt. Bleiben durften die Masuren. Auf sie wurde allerdings polnischer Assimilierungsdruck ausgeübt, sodass viele ebenfalls nach Westdeutschland auswanderten.

Lidzbark Warmiński

Das frühere Heilsberg war von 1350 bis 1795 Bischofssitz des Ermlandes. Die von 1350 bis 1401 erbaute Bischofsburg zeugt noch von dieser

Masuren (Mazury) besticht durch seine grünen Wiesen-, Wald- und Seenlandschaften.

Zeit, in der die Bischöfe auch Fürsten des Territoriums waren. Die wehrhaft wirkende, quadratische Anlage ist neben der Marienburg der wichtigste Profanbau des Deutschen Ordens.

Da kaum bauliche Veränderungen vorgenommen wurden und sie den Zweiten Weltkrieg wohlbehalten überstand, gibt die Burg ein weitgehend authentisches Bild des Mittelalters ab. Der Innenhof wird von zweigeschossigen Arkaden gesäumt. Zu besichtigen sind auch der Sommerspeisesaal und der Große Speisesaal, dessen gotische Fresken im Schachbrettmuster vom Ende des 14. Jahrhunderts stammen. Später hinzugefügt wurden Friese und Wappen der Bischöfe. Porträtiert ist zum Beispiel Stanisław Hosius, der im 16. Jahrhundert mit der Berufung des Jesuitenordens nach Polen die Gegenreformation maßgeblich förderte, sowie Ignacy Krasicki, der 1765 Fürstbischof des Ermlandes wurde. Er war ein engagierter Aufklärer, der

dem kriselnden polnischen Staat durch Reformen wieder aufhelfen wollte. Das satirische Epos „Der Mönchskrieg", das er in Heilsberg verfasste, nahm Trunksucht und Faulheit im geistlichen Stand aufs Korn.

Die Burg beherbergt zusätzlich das Museum des Ermlandes, das mittelalterliche Madonnen-Skulpturen, moderne polnische Malerei und Ikonen der Altgläubigen ausstellt. Diese waren im 17. Jahrhundert aus Russland eingewandert, nachdem ihre Glaubensrichtung nach einer Kirchenreform verboten worden war. Die Pfarrkirche St. Peter und Paul (Kościół Farny św. Piotra i Pawła) wurde etwa gleichzeitig mit der Burg errichtet.

Nach einem Brand im Jahr 1497 wurde ein Sternengewölbe ergänzt, dessen Arkaden auf achteckigen Pfeilern ruhen. Die Rippen aus Backstein heben sich reizvoll gegen das weißgetünchte Innere der Kirche ab. Die Skulpturengruppe „Christus am Ölberg" und die kupfervergoldete Büste der heiligen Ida stammen von 1420.

Frombork

Als Sitz des Domkapitels war das am Frischen Haff gelegene frühere Frauenburg ein wichtiger geistlicher und politischer Standort des Ermlandes. Der gotische Dom wurde im 14. Jahrhundert errichtet. Er erhebt sich auf einem Hügel, der von einer mehrgeschossigen Wehranlage umrundet wird. Aufwendig gestaltet wurde die Westfassade des Backsteinbaus. Den Dreiecksgiebel säumt eine Arkadengalerie, die von zwei schlanken Türmen eingerahmt wird, welche auch die Ostseite verschönern. Auf einen großen Turm wurde verzichtet. Einen lebhaften Kontrast bildet das barocke Interieur. Die weltberühmte Orgel wurde vom Danziger Orgelbaumeister Daniel Nitrowski 1683–84 geschaffen, im Sommer werden im Dom zahlreiche Konzerte veranstaltet.

Beim Nordostpfeiler wurde 1735 eine Grabplatte für Nikolaus Kopernikus angebracht. Dessen Onkel, der Fürstbischof Lukas Watzenrode, holte ihn nach Frauenburg. Dort war er ab 1510 als Domherr tätig und nutzte diese Zeit, um den Sternenhimmel zu erforschen. Auch sein be-

In der kleinen Stadt Frombork (Frauenburg) weilte unter anderem Kopernikus, der im sogenannten Kopernikus-Turm, einem Teil des städtischen Befestigungsrings, seine Studien betrieben haben soll. Von hier aus blickt man auf den Dom.

rühmtes Werk über den Lauf der Himmelskörper „De revolutionibus orbium coelestium" entstand hier. Leben und Arbeit des Renaissancegelehrten können im Kopernikusmuseum erkundet werden, das auf mehrere Gebäude verteilt ist. Der Kopernikusturm in der südwestlichen Bastei zeigt Geräte, die damals für astronomische Beobachtungen verwendet wurden.

Grunwald

Im Südwesten der Wojewodschaft Ermland-Masuren liegt zwischen den Dörfern Grunwald (deutsch: Grünfelde) und Stębark (deutsch: Tannenberg) eines der bedeutendsten Schlacht-

felder des Mittelalters und der Neuzeit. Am 15. Juli 1410 brachte hier ein polnisch-litauisches Heer unter König Władysław Jagiełło den Rittern des Deutschen Ordens eine vernichtende Niederlage bei. Der Orden kämpfte gegen einen zahlenmäßig um ein Drittel stärkeren Gegner – auch Masowier und Tataren hatten das Heer der Polen und Litauer verstärkt.

Auf beiden Seiten wurden Artillerie und Söldnerheere eingesetzt. Das Ereignis hatte ungeheure Tragweite, galt der Orden bislang doch als unbesiegbar. Ein Großteil seiner Ritter starb, darunter der Hochmeister Ulrich von Jungingen, der den Feldzug angeführt hatte. Nach weiteren Auseinandersetzungen kamen

In Grunwald (Grünfelde) spielen jährlich hunderte Freizeitritter die Grunwald-Schlacht nach, die sich am im Juli 1410 ereignet haben soll. In dieser Schlacht schlug das polnische Heer den deutschen Ritterorden.

1466 im Zweiten Thorner Frieden das Kulmer Land, Pommerellen, das Ermland und – bei weitgehender Autonomie – die Städte Danzig, Thorn und Elbing unter polnische Herrschaft. Der Zugang zur Ostsee war für Polen nun erreicht.

Auf dem Gras des ehemaligen Schlachtfelds stehen heute drei Monumente und das über die Schlacht informierende Muzeum Bitwy Grunwaldzkiejj – ein Ziel für zahlreiche polnische Reisegruppen. Hier werden Rüstungen und Fahnen ausgestellt, auch Filme werden gezeigt. Eine Kapelle errichtete der Orden ein Jahr nach der Schlacht an der mutmaßlichen Todesstelle Ulrich von Jungingens. Im Juli wird das

Schlachtfeld alljährlicher Schauplatz zahlreicher Ritter-Events, die an die epochale Schlacht erinnern.

Ein Ereignis, das ein halbes Jahrtausend später ebenfalls in die Annalen einging, war eine der gravierendsten Vernichtungsschlachten des Ersten Weltkrieges. Im August 1914 standen sich Deutsche und Russen rund 30 Kilometer von Grunwald entfernt in der sogenannten zweiten Schlacht von Tannenberg gegenüber. Der Name war als verbale Revanche gewählt worden, um der Niederlage des Deutschen Ordens einen Sieg entgegenzusetzen. Dass es ein Sieg gegen Russland war, störte in der Kriegseuphorie nieman-

Rechts: In Bartoszyce (Bartenstein) steht das Heilsberger Tor (Brama Lidzbarska).
Folgende Doppelseite, rechts: In Nikolaiken begegnen Wassersportfreunde auch mal einem Stint.
Unten: Zehntausende Besucher verfolgen jährlich das Spektakel in Grunwald.

den. Die in Zahlen unterlegenen deutschen Truppen unter General-Oberst Hindenburg kesselten die russische Narew-Armee unter Samsonow in einer überraschenden Offensive ein. Nach einer weiteren verlorenen Schlacht bei den Masurischen Seen mussten die russischen Truppen Ostpreußen verlassen. Auch die Schlacht bei Tannenberg wurde in einem Denkmal verewigt – es wurde allerdings 1945, als die Wehrmacht abzog, gesprengt.

Die Masurische Seenplatte

Die Masurische Seenplatte gehört zur eiszeitlich geprägte Moränen-Landschaft des Baltischen Landrückens. Sie liegt im Masurischen Höhenrücken und verfügt mit dem Śniardwy und dem Mamry, die 114 und 105 qkm messen, über Polens größte Seen. Die meisten der insgesamt 2561 Seen sind allerdings viel kleiner, im Volksmund werden sie auch Himmelsaugen genannt. Sie entstanden durch Schmelzwasser aus den Gletschern. Deren Aktivität schuf auch das typische, leicht wellenförmige Landschaftsbild.

Größte Erhebung ist mit 312 Metern die Kernsdorfer Höhe. Masuren ist reich an dichten Kiefern-Buchen- und Eichenmisch-Wäldern, die sich mit Feldern abwechseln. Anders als im nördlichen Ostpreußen, das große, mitunter „feudale" Landwirtschaften kannte, beackern die Bauern Masurens eher kleinräumige Gebiete. Pferdefuhrwerke werden seltener, wenn auch manche Straßen eher Sandwege sind.

Der Śniardwy-See

Der Śniardwy-See entstand aus Toteis – es blieb bei der eiszeitlichen Gletscherbewegung liegen und schmolz. Das Schmelzwasser füllte ein Becken, das Moränen im weichen Boden aufgewühlt hatten. Typisch für solche Seen sind ihre unregelmäßige Form, wechselnde Wassertiefen und ihre oft beachtliche Dimension. Der Śniardwy-See ist nicht nur in Bezug auf die Größe ein See der Superlative. Seine Wasser-

sportmöglichkeiten und ein großes Angebot an Hotels, Pensionen und Campingplätzen haben ihn zu einem wichtigen touristischen Anziehungspunkt Nordpolens gemacht. Viele Aktivitäten konzentrieren sich um den Ferienort Mikołajki. Das „Masurische Venedig" verfügt über einen Yachthafen, der Verleih von Surfbrettern, Tret- und Paddelbooten sowie Kanus boomt bis in den Herbst. Vom Hafen aus können mit den Ausflugsschiffen der „Weißen Flotte" auf dem Wasserweg Giżycko (Lötzen), Ryn (Rhein), Ruciane-Nida (Rudschanny) und Pisz (Johannisburg) erreicht werden.

Der Hochbetrieb hat allerdings auch Schattenseiten. Für Schlagzeilen im In- und Ausland sorgte der Bau des Hotels Gołębiewski zu Beginn der 1990er Jahre. Die monströse Bettenburg, die man eher auf den Balearen vermuten würde, kann bis zu 652 Gäste beherbergen und bietet neben Hubschrauberflügen über die Seen einen Bankettsaal für 2000 Personen. Da Mikołajki gerade mal 5000 Einwohner hat, stellen derartige Dimensionen die Abfall- und Abwasserentsorgung vor große Probleme. Auch wildes Zelten an den Seen wird von Umweltschützern kritisch gesehen. Kormorane, Wildenten und Haubentaucher werden aufgescheucht, und nach der Saison sehen manche Seeufer wie Müllkippen aus.

Der Niedersee

Weniger Trubel herrscht am Niedersee (Jezioro Nidzkie) in der Johannisburger Heide (Puszcza Piska). Das rund 1000 qkm große Gebiet aus Laub- und Kiefernwäldern beherbergt Schwäne, Fischreiher und Adler. Motorboote sind fast überall am Niedersee verboten. Er liegt auffällig tief in die abwechslungsreiche Waldlandschaft eingebettet – wie auch der im Norden benachbarte Beldahnsee. Beide sind Rinnenseen, die durch die tief ausschürfenden Eisplatten der Gletscher entstanden sind. Typisch ist ihre längliche Form. Häufig bilden sie, mitunter versetzt oder gewunden, langgestreckte Ketten mit anderen Seen, wie hier mit den Talter Gewässern, die sich nördlich des Beldahnsees anschließen.

GROSSPOLEN

Mit der Region Großpolen begann die Geschichte des polnischen Staates, dessen Ursprungsorte in der heutigen Wojewodschaft Großpolen (Wielkopolskie) liegen. Das westlich daran angrenzende Gebiet der Wojewodschaft Lebus (Lubuskie) wird zur Region hinzugezählt. Es wurde von Polen, Schlesien, Brandenburg, Preußen und Deutschland geprägt und kam nach dem Zweiten Weltkrieg endgültig zu Polen.

Wojewodschaft Großpolen

Die 29 825 qkm große Wojewodschaft Großpolen (Wielkopolskie) erstreckt sich von der Mitte des Landes bis in die westlichen Regionen. Hier grenzt sie an die Wojewodschaft Lebus, im Uhrzeigersinn schließen sich die Wojewodschaften Westpommern, Pommern, Kujawien-Pommern, Łódź sowie Oppeln und Niederschlesien im Süden an. 3 388 790 Menschen leben auf dem Gebiet, das von den Erhebungen der Großpolnischen Höhen und den Großpolnischen Niederungen bestimmt wird. S-förmig durchschneidet der Fluss Warthe (Warta) das Gelände, ebenfalls wichtig ist deren Zufluss Prosna. Zwei Drittel der Fläche Großpolens werden intensiv landwirtschaftlich genutzt. Bedeutend sind die Schweinezucht, deren Tierbestand in der Wojewodschaft fast ein Viertel des polnischen Gesamtbestandes ausmacht, sowie der Getreideanbau. Neben Steinsalz, Sand und Kies gibt es

Folgende Doppelseite: Bunte Häuserreihe in der Altstadt von Posen.
Rechts: Das Rathaus von Posen wurde im 16. Jahrhundert erbaut.
Unten: Weite grüne Landschaften bietet die Region Großpolen.

Das Dorf Biskupin (Urstätt) liegt in Zentralpolen an der Grenze zwischen den Wojewodschaften Großpolen und Kujawien-Pommern und ist ein Dokument urslawischer Siedlungen aus der Lausitzer Periode.

Vorkommen an Braunkohle, die sich an der Warthe konzentrieren. In jüngster Zeit werden in Siekierki bei Poznań auch kleinere Erdgasvorkommen ausgebeutet. Neben der rund 564 000 Einwohner zählenden Wojewodschaftshauptstadt Poznań (Posen) finden sich in Großpolen weitere bedeutende Industriestandorte wie Kalisz und Konin mit 108 000 bzw. 80 000 Einwohnern sowie Ostrów Wielkopolskie, Piła und Leszno.

Schwerpunkte sind Lebensmittel- und Automobilindustrie – vor allem der Bereich Nutzfahrzeuge – Gießerei- und Pharmaindustrie, Möbelproduktion, die Herstellung von Leuchten und Haushaltsgeräten, Keramik- und Glasindustrie, Kunststoffherstellung für Bauwesen sowie Reifenherstellung und Textilindustrie. Rund 6,2 Prozent der Bevölkerung sind arbeitslos.

Wojewodschaft Lebus

Die 13 984 qkm große, 1 008 500 Einwohner zählende Wojewodschaft Lebus liegt im äußersten Westen des Landes, wo sie an die deutschen Bundesländer Sachsen und Brandenburg grenzt. Im Uhrzeigersinn umschließen das Gebiet die Wojewodschaften Westpommern, Großpolen sowie Niederschlesien im Süden. Sitz des Wojewoden ist das 125 450 Einwohner zählende Gorzów Wielkopolski, Zielona Góra ist Sitz des Wojewodschaftsparlaments und hat 118 200 Einwohner. Die einzigen Erhebungen bilden die Großpolnischen Höhen, südlich schließen sich die Großpolnischen Niederungen an, wo auch der von Südosten kommende Teil der Oder verläuft. Südlich von Frankfurt an der Oder ändert sich deren Flussrichtung nach Norden. Wichtigster Zufluss der Oder ist die von Süden kom-

Die Warthe fließt durch Großpolen und mündet in die Oder.

mende Lausitzer Neiße. Im Osten verläuft die Obra von Süd nach Nord, bis sie sich in die Warthe ergießt. An Rohstoffen sind Sand und Kies sowie Braunkohle vorhanden. Neben Handel und Landwirtschaft sind die Herstellung von Papier, Möbeln, Lebensmitteln sowie Textilien wirtschaftlich von Bedeutung. Fast 12 Prozent der Bewohner sind arbeitslos. Die Wojewodschaft ist an zahlreichen Kooperationsprojekten mit dem Nachbarland Deutschland beteiligt.

Geschichte

Die Region zwischen Warthe und Netze etablierte sich bis zum 10. Jahrhundert als Siedlungszentrum des slawischen Stammes der Polanen. Ihr Herrscher Mieszko I., ein Fürst aus dem Geschlecht der Piasten, machte das Gebiet zum politischen Zentrum seines Herrschergeschlechts und ließ sich nach der Heirat mit der böhmischen Fürstentochter Dubrava 966 taufen. Die Begründung der Bistümer Gnesen, Poznań und Lebus und das Wirken böhmischer Kirchenmänner im Lande beschleunigten die Einbindung in den Kulturkreis des christlichen Abendlandes. Missionsfahrten zu heidnischen Völkern wie den Pruzzen brachten zudem außenpolitische Anerkennung durch den Kaiser des Deutschen Reiches, die in die politische Eigenständigkeit Polens vom Reich mündete. Davon zeugen die Einrichtung einer selbstständigen Kirchenorganisation mit dem Erzbistum Gnesen im Jahr 1000 und die dortige Krönung des Piastenfürsten Bolesław Chrobry zum ersten König Polens im Jahr 1025. Um diese Zeit reichte der polnische Besitz bis zu den an die Lehnspflicht gekoppelten östlichen Teilen der Lausitz und des Meißener Landes. Langfristig verlief die Grenze der polnischen Kernlande jedoch nordöstlich der Oderbiegung und umschloss die frühe Hauptstadt Poznań in einem weitläufigen Bogen. Nachbar im Südwesten waren die schlesischen Piasten, im Westen war es die Neumark, die den Osten der Mark Brandenburg bildete. Hinzu kamen neugegründete deutsche Siedlungen. In der Zeit der Teilfürstentümer (1138–1320) verlagerte sich das politische Zentrum Polens in den Süden, Krakau etablierte sich als neue Hauptstadt. Dennoch gehörte Großpolen zu den kulturell wie politisch relevanten Kernlanden, bis es mit dem Aufstieg Preußens als Großmacht vom ehemaligen Zentrum in eine Randlage geriet.

Schlesien war im 14. Jahrhundert zu Böhmen, dann zu Habsburg und im 18. Jahrhundert schließlich zu Preußen gekommen, das auch schon Pommern zu seinem Herzogtum um Königsberg hinzugewonnen hatte. Preußens rücksichtsloses Machtstreben gipfelte in den Teilungen, in denen es 1772 den nördlichen, 1793 den südlichen Teil der historischen Provinz an sich riss. Nach dem Wiener Kongress von 1815 richtete Preußen das „Großherzogtum Posen" ein, das neben Großpolen Kujawien und Teile Masowiens umfasste. Zunächst verfuhr man gemäßigt mit den polnischen Untertanen. So erließ König Friedrich Wilhelm III. 1815 einen „Zuruf" an sie, in dem er ihnen die Erhaltung ihrer Sprache und Nationalität sowie den Zugang zu Ämtern zusicherte. In der ersten Zeit waren die Landräte meist polnisch, die angekündigte Verfassung, die auch das „Großherzogtum Posen" berücksichtigen sollte, kam jedoch nicht

Blick auf das Flussbett der Warthe

zustande. Die Unterrichtssprachen Deutsch und Polnisch sollten gleichberechtigt sein, wie der preußische Unterrichtsminister von Altenstein 1822 verkündete. Nach anfänglichen Sonderrechten sorgte vor allem der polnische Aufstand von 1863 für einen grundlegenden Kurswechsel. Rigorose Germanisierungsbemühungen kennzeichneten nun die preußische Politik, die häufig von antipolnischen Pressekampagnen in kreischendem Tonfall begleitet wurde. Schon 1852 wurde Deutsch zur alleinigen Gerichtssprache. In der Schule durfte die polnische Sprache ab 1854 nur im Fach Religion und für die Anfangsklassen benutzt werden. Der Druck der Obrigkeit erreichte indessen genau das Gegenteil. Die Polen hatten ihrerseits in Vereinen und Zusammenschlüssen ihre Kultur gepflegt und ihre Interessen vertreten, was ihr

Nationalbewusstsein in Posen, aber auch in Nachbarregionen wie Schlesien entscheidend förderte. Außerdem festigte der preußische Kulturkampf die Bindung an die katholische Religion, die nun zu einem wesentlichen Identifikationsmerkmal des Polentums werden sollte. 1906 provozierte das Reizthema Sprachenpolitik erneut Proteste. 47 000 polnische Kinder traten in der Provinz Posen in den Schulstreik, weil nun auch der Religionsunterricht auf Deutsch erteilt werden sollte.

Nach dem Ersten Weltkrieg konnte die polnische Militärorganisation POW im Posener Aufstand von 1918 die gesamte Provinz unter ihre Kontrolle bringen. Sie wurde 1919 in das neu konstituierte Polen eingegliedert. Wegen wirtschaftlicher und administrativer Repressalien

Stadtansicht mit Blick auf den Dom, in dem polnische Könige gekrönt wurden.

wanderten bis 1929 700 000 Deutsche ab. Im Zweiten Weltkrieg wurden Posen und Łódź zum „Reichsgau Wartheland" zusammengefasst und administrativ direkt ins Deutsche Reich eingegliedert. Viele Polen, vor allem aber Juden wurden terrorisiert und in das Generalgouvernement deportiert. Nach dem Krieg wurde Großpolen in die Volksrepublik Polen eingegliedert, die deutsche Bevölkerung wurde ausgewiesen. Nach dem Zusammenbruch des Kommunismus wurden vor allem in der Grenzregion zahlreiche Kontakte zu Deutschland aufgebaut.

Posen

Fakten zur Stadt

Das rund 564 000 Einwohner zählende Poznań (Posen) ist Hauptstadt der historischen Provinz Großpolen und der gleichnamigen heutigen Wojewodschaft. Es liegt rund 280 Kilometer westlich von Warschau und 220 Kilometer östlich von Berlin. Das Stadtgebiet breitet sich rechts und links der Warthe (Warta) und deren Nebenarm Cybina sowie auf der Dominsel aus. Poznań ist ein wichtiges Zentrum für Industrie und Handel. Als wichtigster Messestandort Polens wird es häufig von Geschäftsleuten bevölkert, ist gleichzeitig aber auch Universitätsstadt mit einem großen kulturellen Angebot und einer reichen Museumslandschaft. An der Adam-Mickiewicz-Universität Posen (UAM), der Technischen und der Medinzinischen Universität sowie anderen Hochschulen sind 135 724 Studenten eingeschrieben. Die Stadt ist durch die A2 über Łódź mit Warschau und westwärts mit Berlin verbunden. Die E 261 führt über Wrocław bis zur tschechischen Grenze und in nördlicher Richtung nach Bydgoszcz und weiter nach

Rechts: Kleine Kappelle in Posen.
Unten: Geschäftiger Straßenverkehr im Umkreis der Stadt Posen.

Danzig. Am Flughafen Poznań-Ławica wurden im Jahr 2006 rund 650 000 Fluggäste abgefertigt. Anlässlich der Fußball-EM 2012 soll das bestehende Fußballstadion bis Juni 2010 zu einer „Fünf-Sterne-Arena" mit 50 000 Plätzen ausgebaut werden. Von dem Großereignis verspricht man sich auch Impulse für Einzelhandel und Hotelgewerbe. Die günstige Verkehrslage hat bereits viele Transportunternehmen angezogen und die Stadt zu einem prosperierenden Markt für Lagerflächen gemacht. Poznań verfügt über einen gut ausgebauten Dienstleistungssektor und ist ein wichtiger Produktionsstandort für Lebensmittel, Möbel, Schmuck und Uhren sowie die pharmazeutische Industrie, vor allem aber für die Automobilindustrie. Neben Volkswagen sind MAN und Solaris Bus & Coach ansässig, die hier Busse herstellen, ebenso der Reifenproduzent Bridgestone, der seine Kapazitäten auch

auf Nutzfahrzeuge ausdehnen will, sowie der Reifenproduzent Stomil, dessen Angebot auf Militärfahrzeuge und Bergbaumaschinen ausgerichtet ist. Das Traditionsunternehmen Cegielski fertigt Diesel- und Schiffsmotoren. Die Erdgasvorkommen im nahen Siekierki werden von der Aurelian Oil & Gas ausgebeutet. 2008 waren nur 1,7 Prozent der Bewohner Poznańs arbeitslos.

Geschichte

Schon im 9. Jahrhundert entstanden eine Siedlung und eine Burg auf der Dominsel. Der Piastenherrscher Mieszko I. wählte Poznań 968 als Bischofssitz und machte es zum Zentrum des Piastenstaates, weshalb es als die erste Hauptstadt Polens gilt. Die Wehranlage um die Burg wurde unter Bolesław Chrobry, Sohn Mieszkos

Historische Uhr an der Wand eines alten Hauses in der Paderewskiego-Straße in Poznań.

I. und erster polnischer König, ausgebaut. Nach kriegerischen Einfällen aus dem Deutschen Reich und Böhmen wurde Krakau als Sitz des polnischen Königtums gewählt. 1253 bekam Poznań das Stadtrecht, ebenfalls im 13. Jahrhundert wurde auf dem linken Wartheufer der Marktplatz angelegt, der von einem Straßencarrée umschlossen wird. Der Handel entwickelte sich, auch ein Judenviertel entstand. Mit der Gründung der Lubrański-Akademie im Jahr 1518, der 1578 eine Jesuitenschule folgte, verfügte die Stadt seit dem Renaissancezeitalter über zwei wichtige Institutionen, in denen Wissenschaft und Kultur gepflegt wurden. Wie überall in Polen setzte mit den Schwedenkriegen der Abstieg der Stadt ein, Schaden fügten ihr auch die preußischen und russischen Truppenaufmärsche des 18. Jahrhunderts zu. Die Stadt kam mit der zweiten Teilung Polens 1793 zu Preußen.

Nach dem Wiener Kongress wurde Posen Hauptstadt des gleichnamigen Großherzogtums, das von Preußen eingerichtet wurde. In der Folge zogen viele deutsche Beamte in die Stadt. Um 1840 war Posen bereits zur Hälfte deutsch, zwei Drittel des Handels wurden von Deutschen oder Juden abgewickelt, die ebenfalls als Deutsche betrachtet wurden. Vor allem in der zweiten Hälfte des 19. Jahrhunderts bestimmten Germanisierungstendenzen gegenüber der polnischen Bevölkerung die Politik. Die Polen reagierten mit der Gründung von Vereinen und Zusammenschlüssen, die ihr kulturelles und wirtschaftliches Leben, aber vor allem ihr Nationalbewusstsein entscheidend voranbringen konnten. So wurde Poznań neben Warschau und Krakau zu einem herausragenden Zentrum des Polentums in der Teilungszeit. Rasches Wachstum verzeichnete die Industrie im 19. Jahrhundert.

Blick auf den Palais Gorka und die Pfarrkirche des Jesuitenkollegs in der Stadt Posen.

Oben: Züge der polnischen Bahn stehen im Depot zur Abfahrt bereit. **Rechts:** Die neueren Gebäude sind Teil der Universität von Posen. **Vohergehende Doppelseite:** Der Marktplatz von Posen leuchtet im milden Licht nach einer Regenschauer.

Nach dem Ersten Weltkrieg konnte die polnische Bevölkerung im Posener Aufstand von 1918 die Stadt und die gesamte Provinz unter ihre Kontrolle bringen. Die formale Eingliederung in den neuen polnischen Staat hatte allerdings vorerst nur für 20 Jahre Bestand, da nach der Eroberung durch die Wehrmacht in der Anfangsphase des Zweiten Weltkriegs die Regionen Posen und Łódź als „Warthegau" ins Deutsche Reich eingegliedert wurden. Viele Polen wurden deportiert. Anfang 1945 wurde die Stadt von der Roten Armee erobert, viele Gebäude wurden dabei zerstört. Poznań war die erste Stadt in der neugegründeten Volksrepublik Polen und des gesamten Ostblocks, in der sich im Arbeiteraufstand von 1956 Widerstand gegen das kommunistische System regte. Der im Juni im Metall-

werk Cegielski ausgebrochene Streik mündete in Massenprotesten, denen sich Studenten anschlossen. Nachdem die Menschenmenge 257 Häftlinge aus dem Gefängnis befreit hatte, kam es zu Straßenkämpfen mit der Polizei, die dabei auch in die Menge schoss. Bei einem Panzereinsatz starben 53 Menschen. 1982 flackerten im Zuge der Solidarność-Bewegung erneut Proteste auf, vor allem von Studenten und Jugendlichen.

Rundgang durch die Stadt

Ein modernes Aushängeschild der Stadt ist das Messegelände westlich des Bahnhofes. Seit 1921 ist es Standort der Internationalen Messe Poznań, Międzynarodowe Targi Poznańskie (MTP), der

ersten modernen Handelsmesse in Polen. Rund 30 Fachmessen mit mehrheitlich internationalen Ausstellern finden hier jährlich statt, zum Beispiel die Baumesse Budma im Januar oder die Poznań Motor Show im Mai. Mehrere Pavillons stammen noch aus der Zwischenkriegszeit.

Zum Wahrzeichen der Messe wurde der Pavillon 11 mit seiner charakteristischen weißen Spitze, die das gesamte Gelände überragt. In den 1950er Jahren wurde er auf dem Fundament des sogenannten Oberschlesischen Turmes errichtet, den der deutsche Architekt Hans Poelzig, ein Pionier der modernen Architektur, 1911 entwarf. Das zugehörige Projekt war die „Ostdeutsche Ausstellung für Industrie, Gewerbe und Landwirtschaft". Der mächtige Turm wirkte wie ein in die Breite gegangenes Minarett und beherbergte Ausstellungsstücke aus der oberschlesischen Schwerindustrie. Im Zweiten Weltkrieg wurde der Turm zerstört.

Die Straßenzüge in der Nähe des Messegeländes werden von zahlreichen Gründerzeit- und Jugendstilbauten gesäumt. In der Ulica Matejki befindet sich der Wilson-Park, in dem das Posener Palmenhaus – eines der größten in Europa – zu finden ist. Es wurde 1929 nach dem Entwurf von Stefan Cybichowski errichtet und bietet 700 tropischen und subtropischen Pflanzenarten Platz. Im Aquarienhaus sind exotische Fischarten zu bewundern.

Nördlich des Bahnhofs gelangt man über die Ulica św. Marcin Richtung Altstadt. Linker hand erhebt sich auf dem Plac Mickiewicza ein Denkmal zu Ehren der Opfer des Arbeiteraufstandes von 1956. Bei der Enthüllung der beiden Kreuze im Jahr 1982 waren 100 000 Menschen anwesend.

Gegenüber hat das Preußentum seine Spuren hinterlassen: Das 1904 erbaute neoromanische Kaiserhaus wurde zu Ehren Wilhelms II. errichtet und versammelt mehrere Galerien und ein Kulturzentrum unter seinem Dach. Die Prachtarchitektur der Gründerzeit sollte deutsche Siedler anlocken und so die Germanisierung der Provinz Posen fördern.

Rund einen Kilometer weiter östlich liegt der Marktplatz Stary Rynek. Er ist das unbestrittene Zentrum der Altstadt und wurde 1253 angelegt. Die ersten Häuser hier bestanden noch aus Holz. Heute säumen den Platz Bürgerhäuser mit Renaissance- und Barock-, aber auch mit klassizistischen Fassaden. Dem Stil der Renaissance zuzuordnen ist das prächtige Rathaus in der Mitte, das der Tessiner Architekt Giovanni Battista Quadro 1550–1560 hier errichtete. Dreireihige Arkaden bilden die östliche Fassade, obenauf verläuft eine Attika mit den Portraits der Jagiellonen-Könige und mehreren Türmen. Der große Hauptturm wurde 1781–1783 mit einem Helm versehen. Im Inneren befindet sich das Historische Museum. Ältester Teil ist der Keller aus dem 13. Jahrhundert, dessen Räume frühgotische Kreuzrippengewölbe aufweisen. Sie wurden als Lagerräume und später als Kerker genutzt. Heute beherbergen sie ein Modell der Stadt um das Jahr 1000 sowie romanische und gotische Skulpturen. Die Renaissance-Halle im ersten Stock ist wegen ihres kassettierten Deckengewölbes berühmt, das 1555 gefertigt wurde. Vor dem Rathaus steht eine Kopie eines mittelalterlichen Prangers – das Original befindet sich im Museum. Südlich davon erheben sich die schmalen, eng aneinandergedrückten Fassaden der Domki Budnicze, der Häuser der Fischverkäufer.

Ein Muss für historisch Interessierte ist das Archäologische Museum im Pałac Górków auf der Südostseite des Stary Rynek. Auch das Äußere des Palais lohnt einen Blick, wie die östliche Seite mit dem prächtigen Renaissance-Portal zeigt. Innen sind prähistorische bis frühmittelalterliche Funde der Region sowie Kollektionen zum alten Ägypten und zum Sudan zu sehen. Südwestlich davon auf der Ulica Gołębia erhebt sich die barocke Pfarrkirche, die gemeinsam mit dem ehemaligen Jesuitenkollegium und der barocken Jesuitenschule die sogenannte Jesuitenachse „Os jezuicka" bildet. Im Auftrag des Ordens wurde sie von 1651 bis 1732 von den Architekten Pompeo Ferrari und Jerzy Catenacci errichtet. Imposant ist bereits die Fassade, deren weiße Säulen und Skulpturen mit dem

Oben: Die Autobahn Berlin–Warschau führt direkt an Posen vorbei.
Vorhergehende Seite: Mächtig erhebt sich das Alte Rathaus von Posen vor dem Besucher.

leuchtend roten Untergrund kontrastieren. Noch wuchtiger ist die Innendekoration mit ihren goldverzierten Marmorsäulen, dem reichen Stuck und den illusionistischen Malereien.

500 Meter nordöstlich davon führt die nach dem ersten polnischen König Bolesław Chrobry benannte Brücke auf die Dominsel, auf polnisch Ostrów Tumski. Sie ist die Keimzelle der Stadt und war über Jahrhunderte ihr sakraler Mittelpunkt. Die vorromanische Basilika wurde bereits 968 errichtet, in dem Jahr, in dem Poznań Bischofssitz wurde. Die ältesten Teile des Baus

sind in der Krypta zu sehen. Die gotische dreischiffige Basilika wurde Mitte des 14. Jahrhunderts im Auftrag von Kazimierz III. Wielki geschaffen und prägt das heutige Aussehen des Bauwerks. Umgeben ist sie von einem Kapellenkranz.

Die goldene Kapelle wurde 1835–1841 in Anlehnung an byzantinische Vorbilder geschaffen und birgt einen Sarkophag mit den Gebeinen Mieszkos I. und seines Sohnes Bolesław Chrobry. In der unmittelbaren Nachbarschaft des Doms befindet sich die gotische Marien-

kirche. Die dreischiffige Hallenkirche wurde 1431–1444 errichtet. Die Wand- und Glasmalerei sowie das Altargemälde in Form eines Polyptychons wurden 1954 nach dem Entwurf von Wacław Taranczewski geschaffen.

Sehenswertes um Posen

Die Wiege des polnischen Staates hat mehrere Standorte. Um sie gebührend zu würdigen, wurde in den 1960er Jahren die Piastenroute begründet. Sie führt von der frühen Befesti-

gungsanlage der Piasten im Lednica-See bis zum Grab des Nationalheiligen Adalbert in Gnesen.

Lednica-See

Der rund 30 Kilometer östlich von Poznań gelegene langgestreckte Lednica-See ist ein Überbleibsel aus der Eiszeit. Er erstreckt sich über sechs Kilometer in nordsüdlicher Richtung. In seiner etwas breiteren Südhälfte befindet sich die Insel Ostrów Lednicki, die eines der wichtigsten Siedlungszentren der frühen Piasten war. Schon

Oben: Die modernen Gebäude der Universität in Posen.
Vorhergehende Seite: Der Bischofssitz auf der Dominsel in Poznań.

in der Steinzeit lebten hier Menschen. Im 10. Jahrhundert wurde eine Befestigungsanlage, dazu eine Burg und Häuser aus Stein errichtet. Brücken führten zum Ost- und Westufer – sie stellten gleichzeitig die Verbindung nach Poznań und Gnesen her, den anderen Siedlungszentren des polnischen Herrschergeschlechts. Die westliche der beiden Brücken maß stattliche 428 Meter. Vom 12. bis zum 14. Jahrhundert befand sich ein Friedhof auf der Insel, der rund 2000 Gräber barg. Näheres können Interessierte im Museum der ersten Piasten auf Lednica (Muzeum Pierwszych Piastów na Lednicy) in der Ortschaft Dziekanowice am östlichen Seeufer erfahren. Hier wurde eine Dauerausstellung „Was die Knochen uns zu erzählen haben" mit Ausgrabungsfunden vom Friedhof eingerichtet. Zwei Kilometer südlich davon befindet sich der Wielkopolski Park Etnograficzny, ein Skansen, der das Leben in einem großpolnischen Dorf im 17.–20. Jahrhundert anschaulich macht. Die

Häuser sind komplett mit altem Mobiliar sowie Haushalts- und landwirtschaftlichen Geräten ausgestattet. Sonderausstellungen sind der Mythologie der Dorfbewohner gewidmet und thematisieren Heiligenfiguren und Dämonen.

Gnesen

15 Kilometer östlich des Lednica-Sees liegt Gnesen (Gniezno). Das Städtchen mit seinen knapp 70 000 Einwohnern kann als geistlicher und politischer Ursprungsort des Polentums bezeichnet werden. In der Gnesener Kathedrale ließ sich 1025 der Piastenfürst Bolesław Chrobry zum ersten König Polens krönen, was die politische Unabhängigkeit vom Heiligen Römischen Reich zum Ausdruck brachte. Vorangegangen waren kluge politische Schritte seines Vaters Mieszko I. Der erste Piastenherrscher hatte 965 Dubrava geheiratet, die Tochter des böhmischen

Herzogs Bolesław I., und ein Jahr später in Gnesen deren Religion, das Christentum angenommen.

Nun stand sein Herzogtum in einer Reihe mit anderen europäischen Adelsgeschlechtern. 991 stellte Mieszko sein Land unter den Schutz des heiligen Petrus. Dies bedeutete, dass dort eine unabhängige Kirchenprovinz eingerichtet werden konnte. Zur gleichen Zeit tobte in der Lausitz, der Elb- und Oderregion sowie im Gebiet der baltischen Pruzzen der blutige Kampf der Christen gegen die noch heidnischen Bewohner. Miezsko kämpfte hier ebenso wie sein Sohn Bolesław Chrobry, der Feldzüge zu den Elbslawen im Westen und den baltischen Pruzzen im Nordosten unternahm. Diese Heerfahrt startete von Bolesław Chrobrys Hof in Gnesen, mit von der Partie war der böhmische Bischof Adalbert. Dieser bezahlte den Missionseinsatz mit dem Leben: Nach der Zwischenstation Danzig wurde er 997 von den Pruzzen enthauptet. Bolesław Chrobry ließ den Leichnam, den er den Pruzzen abgekauft hatte, nach Gnesen bringen.

Das tragische Ende der Heerfahrt brachte gleichzeitig einen großen politischen Erfolg. Im Jahr 1000 unternahm Kaiser Otto III. eine Wallfahrt an das Grab seines verstorbenen Freundes Adalbert. Dabei würdigte er auch den Anteil, den die Piasten an der Christianisierung der Heiden geleistet hatten. Er nannte Bolesław Chrobry einen „Mitarbeiter des Reiches" und überreichte ihm die Mauritiuslanze, die als Symbol für den Kampf gegen die Heiden gilt. Anschließend wurde im Akt von Gnesen eine eigenständige polnische Kirchenprovinz eingerichtet, die die Stadt zum Erzbistum erklärte und dem Piastenstaat die Eigenständigkeit sicherte.

Die Kathedrale befindet sich rund 200 Meter östlich des Jelonek-Sees. Die Vorläufer des gotischen Backsteinbaus gehen auf das Jahr 970

Der Marktplatz von Gnesen unweit des Domes.

Kopfreliquiar des Hl. Adalbert

zurück, sie ersetzten eine heidnische Kultstätte. Hierher wurden im Jahr 999 die Gebeine des getöteten Adalbert gebracht. Sein silberner Sarkophag im Chor ist nicht nur im ideellen Sinne kostbar. Er wurde 1662 von dem Danziger Silberschmied Peter van der Rennen gefertigt, der ihn mit Szenen aus dem Leben des Heiligen schmückte. Als ob sie gerade aufstehen würde, wirkt die Figur des Adalbert. Sie wurde 1987 gestohlen und schwer beschädigt, was in der Öffentlichkeit Empörung auslöste.

Weitere hochkarätige Grabmäler befinden sich an der Rückwand der Kathedrale. Zu Ehren des Erzbischofs Zbignew Oleśnicki wurde hier eine Grabplatte aus rotem Marmor aufgestellt, die von Veit Stoß stammen soll.

An den Erzbischof Jakub von Sienna erinnert eine Bronzeplatte aus dem 15. Jahrhundert. Im hinteren Teil des rechten Kirchenschiffes befinden sich die legendären Bronzetüren aus dem Jahr 1075. Sie gehören zu den herausragenden Beispielen romanischer Kunst und wurden in einer Werkstatt in Magdeburg gegossen. In einem Rahmen aus zartem Floraldekor verläuft auf jedem Türflügel eine Abfolge von neun Bildern, die das Leben des Heiligen Adalbert darstellen.

Diese zwei Mühlen stehen in der Provinz Posen auf einer Insel im Lednica-See.

Gorzów Wielkopolski

Fakten zur Stadt

Die 125 438 Einwohner zählende Stadt (deutsch: Landsberg an der Warthe) ist Sitz des Wojewoden von Lebus. Sie liegt an der Warthe innerhalb von Waldgebieten, rund 50 Kilometer von der deutschen Grenze entfernt. Rund 10 000 Hochschüler studieren am Institut für Sport, an mehreren Zweigstellen der Stettiner und Poznańer Hochschulen, der Staatlichen Fachhochschule, der Business-Hochschule und der Fachhochschule für Informatik sowie der Senioren-

Universität. Die Stadt ist bekannt für das Musikfest des Roma-Ensembles „Romane Dyvesa". Ausgerichtet wird es von Edward Dębicki, einem polnischen Roma-Dichter und -Komponisten, der das Musiktheater Terno gründete und leitet.

Die E65 verbindet die Stadt mit Szczecin und Świnoujście sowie südlich mit Zielona Góra, dem schlesischen Legnica, und führt bis nach Tschechien. Die Nationalstraße 22 durchquert von Gorzów Wielkopolski aus ganz Nordpolen bis Elbląg zur russischen Grenze. Wirtschaftlich bedeutend ist die Textilindustrie mit den Firmen Bama Polska und Enka, die Kunststofffasern herstellen. Ebenfalls vertreten ist die Pharmaindustrie (Vetoquinol Biovet) und die Produktion für Autozubehör (Faurecia). 2001 wurde zur Förderung der Wirtschaft in Gorzów Wielkopolski eine Unterzone der Sonderwirtschaftszone Kostrzyn-Słubice gebildet. 3,9 Prozent der Stadtbewohner haben keinen Arbeitsplatz.

Geschichte

1257 begründete Albrecht de Luge die Stadt unter dem Namen „Landisberchnova". Die vormalige Fischersiedlung befand sich in unmittelbarer Nachbarschaft der polnischen Festung Zantoch. Die Warthe bildete die Grenze zwischen der Neumark, die den östlichen Teil der Mark Brandenburg darstellte, und Großpolen. Die Stadt wurde von Deutschen aus der Region Brandenburg und Westfalen besiedelt. Der

Handel blühte wegen der günstigen Grenzlage zwischen Polen und Pommern auf, der Dreißigjährige und später der Nordische Krieg setzten dieser Entwicklung allerdings ein Ende. Der Wiederaufstieg kam mit dem Anschluss an das deutsche Eisenbahnnetz. Nach dem Zweiten Weltkrieg kam Landsberg an der Warthe zu Polen und wurde in Gorzów Wielkopolski umbenannt.

Rundgang durch die Stadt

Die gotische Himmelfahrtskathedrale bildet den Mittelpunkt der Stadt. Sie wurde Ende des 13. Jahrhunderts errichtet, im 14. Jahrhundert wurde ein massiver Turm hinzugefügt. Das Triptychon mit der Kreuzigungsszene in der Mitte stammt aus der Reformationszeit. Ansonsten wurde das früher reichhaltige Innenleben, darunter 17 Altäre, merklich reduziert.

Rechts: Restauriertes Gebäude in Gorzów.
Unten: Die Marienkirche in Gorzów neben einem modernen Gebäude.

Der Grund dafür ist, dass viele Bewohner in der Zeit der Reformation zum Protestantismus übertraten. In der Nähe befinden sich die Reste der Stadtmauer aus dem 15. Jahrhundert. Erhalten sind rund 130 Meter der Wehrmauer, die im Durchschnitt 4,5 Meter hoch ist. Am linken Wartheufer, in der Nähe der Staromiejski-Brücke, baute man kurz nach 1763 den größten Gorzówer Speicher, auch Großlager genannt, um die Warthe für Transporte nutzen zu können. Durch spezielle Löcher an der Flussseite konnte Ware entnommen und auf Schiffe geladen werden. Der Speicher hat fünf Geschosse. Die Konstruktion des Gebäudes stützt sich im Innern auf Holzpfeiler, die auf Ziegelarkaden gesetzt wurden und bis unter das Erdgeschoss reichen. Heute wird der Bau für das Warthemuseum „Spichlerz" genutzt. Die ständige Ausstellung „W kręgu Arsenału" präsentiert eine Sammlung moderner Kunst.

Die Stanisław-Kostka-Kirche, im Volksmund „Weiße Kirche" genannt, wurde in der Nähe des Zantoch-Tores errichtet. Der Bau wurde 1696 begonnen und konnte aufgrund von Finanzengpässen erst nach einer Schenkung des preußischen Königs Friedrich des I. 1703–04 vollendet werden. Das Gotteshaus war für Kalvinisten, Lutheraner und Hugenotten gedacht, die sich in Gorzów Wielkopolski niederließen. Nach der Union zwischen den Kalvinisten und den Lutheranern erhielt das Gotteshaus den Namen Eintrachtkirche. Der nüchterne Bau ist ein ungeheuer starker Kontrast zu den Barockkirchen, die um diese Zeit in Groß- und Kleinpolen, Schlesien und Masowien entstanden. In unmittelbarer Nähe erhebt sich die prunkvolle Villa des Gorzówer Industriellen Gustav Schroeder, die 1903–1904 erbaut wurde. Ein drei Hektar großer Garten umgibt das Anwesen. Die Alleen, die Treppen und der Spazierweg sind stark vom Jugendstil beeinflusst. Im Innern öffnen sich dem Besucher zunächst ein oberer und ein unterer Vorraum, die mit einer großen Treppe verbunden sind. Erhalten geblieben sind die prächtigen Stuckdecken. Seit 1947 dient das Gebäude als Sitz des Stadtmuseums. Zu sehen gibt es Waffen, Geschirr und das Biedermeiermobiliar der Villa.

Ein Landwirt verbrennt Unkraut, Gestrüpp und Gras auf seinem Feld

Sehenswertes um Gorzów

Międzyrzecz

Das Städtchen mit 25 000 Einwohnern liegt etwa 40 Kilometer südöstlich von Gorzów Wielkopolski. Der Ortsname heißt soviel wie „zwischen den Flüssen" und bezieht sich auf die Lage an der Obra, die der Warthe zufließt, und 40 Kilometer nördlich der Oder. Im frühen Mittelalter gehörte der Ort zum westlichen Herrschaftsbereich Mieszkos I. Ein Benediktinerkloster wurde bereits im Jahr 1000 errichtet und 1005 als Meseritz erwähnt, als sich Mieszkos Sohn Bolesław nach einem Feldzug Heinrichs II. von hier nach Poznań zurückziehen musste. In

einem Gegenschlag konnte sich Bolesław jedoch behaupten und weitete den polnischen Besitz kurzfristig bis zu den östlichen Teilen der Lausitz und des Meißener Landes aus. Langfristig verlief die Grenze jedoch nordöstlich der Oderbiegung, in unmittelbarer Nähe von Międzyrzecz, das so bis zur zweiten Teilung 1793 polnisch blieb. Darauf kam die Stadt zu Preußen und erst nach dem Zweiten Weltkrieg wieder zu Polen.

Von der ehemaligen Kastellansburg aus dem 13. Jahrhundert stehen nur noch die Ruinen, die heute ein Museum beherbergen. Die gotische Johanneskirche stammt aus dem 15. Jahrhundert und verfügt über ein Sterngewölbe. Aus der preußischen Ära stammt die evangelische Kirche am Marktplatz (1834), ebenso das 1827 erneuerte klassizistische Rathaus. Eine der Touristenattraktionen von Międzyrzecz befindet sich unter der Erde: die 1934 bis 1938 errichteten Grenzschutzbefestigungsanlagen bei Pniewo, rund 12 Kilometer südlich der Stadt. Sie bestanden aus einem System von Stahlbetonbunkern, von denen rund 21 durch unterirdische Gänge verbunden waren, die sich auf einer Tiefe von 30-50 Metern befanden. Sie bildeten so ein Labyrinth von Gängen, das insgesamt 30 Kilometer lang war. Inzwischen haben sich die Bunker auch bei Tierschützern einen Namen gemacht. Hier überwintern selten gewordene Fledermausarten, sodass 1999 die ganze Befestigungsanlage als Naturschutzgebiet anerkannt wurde.

MASOWIEN UND PODLACHIEN

Fakten zur Region

Die Wojewodschaften Masowien (Masowieckie) und Podlachien (Podlaskie) gingen im Wesentlichen aus den gleichnamigen historischen Provinzen hervor. Sie befinden sich heute im Osten bzw. Nordosten Polens, während sie zu Zeiten der polnischen Adelsrepublik eher im Westen und in der Zwischenkriegszeit in der Mitte des Landes lagen. Die Wojewodschaft Łódź umfasst neben der Region um die gleichnamige Industriemetropole auch die westlich davon gelegenen alten Herzogtümer Sieradz und Łęczyca.

Die Wojewodschaft Podlachien umfasst eine Fläche von 20 280 qkm und hatte im Jahr 2007 1 192 660 Einwohner. Die größten Städte sind die Wojewodschaftshauptstadt Białystok mit 294 817 Einwohnern und Sokółka und Suwałki mit 72 424 bzw. 69 234 Einwohnern. Im Westen grenzt Podlachien an die Wojewodschaften Ermland-Masuren und Masowien sowie im Süden an die Wojewodschaft Lublin, im Osten grenzen 250 Kilometer an Weißrussland und weiter nördlich 102 Kilometer an Litauen. Das Gebiet ist im Wesentlichen flach. Wichtigster Fluss ist der Westliche Bug, der im Süden die

Rechts: Kamaldulenserkloster Stary Folwark im Nationalpark Wigry. Die ehemaligen Mönchsklausen dienen heute als Hotel.
Folgende Doppelseite: Im Winter kann der Bug auch teilweise einfrieren.
Unten: In Nord-Ost-Polen befindet sich der Nationalpark Biebrzański.

Im Wigierski Nationalpark gibt es weite Seenlandschaften.

Grenze zur Wojewodschaft Lublin und teilweise zur Wojewodschaft Masowien darstellt. Der in Weißrussland entspringende Narew durchfließt in Grenznähe den Siemianówka-See und anschließend die Wojewodschaft Podlachien von Ost nach West. Der Norden um die Städte Suwałki und Augustów ist von einem Gewässersystem durchzogen, das aus kleinen Flüssen wie der Biebrza und mehreren Seen besteht. Vor allem hier und im Osten befinden sich bekannte Naturschutzgebiete wie der Suwalski-Landschaftspark und die Nationalparks Wigierski, Biebrzański, Białowieski, Narwiański.

Zur Fauna gehören Wisente (europäische Wildrindart), Elche, Wild und zahlreiche Fische und Vögel. Wegen der 15 geschützten Gebiete und der 88 Naturschutzgebiete wird die Wojewodschaft zu einem ökologisch wertvollen Gebiet gezählt, das auch „Die Grünen Lungen Polens" genannt wird. Sie ist eine der am wenigs-

ten erschlossenen Gebiete Polens, die wenigen Städte hier sind klein. Braunerde, Sandböden und tonige Sandböden mit Kiefern-Buchen- und Eichenmischwäldern sowie Mooren herrschen hier vor. Außer Sand und Ton gibt es keine Bodenschätze. Zu den Industriezweigen, die sich etablieren konnten, zählen Lebensmittel- und Leichtindustrie, Holzverarbeitung, Maschinenbau und Textilherstellung. Daneben spielen Baugewerbe und Immobilien eine Rolle. Rund 14 Prozent der Bevölkerung sind arbeitslos. Wälder, Wiesen und Weiden bestimmen das Landschaftsbild, etwa 60 Prozent des Gebietes werden vor allem von kleineren und mittelgroßen Betrieben mit der Größe von ein bis zehn Hektar landwirtschaftlich genutzt. Obstbau, Getreideproduktion und Rinderzucht dominieren, letztere dient auch zur Milchproduktion, denn Podlachien ist für seine hochwertigen Molkereiprodukte bekannt. Höfe, die ökologische Produktionsmethoden anwenden, sind in

Der Hańcza-See ist Polens tiefstes Binnengewässer (108,50 m). Der See gehört zum Naturschutzgebiet des ca. 6500 Hektar großen Suwalski-Landschaftspark.

der Region im Kommen. Podlachien ist eines der wenigen Gebiete Polens, wo etwas von der Multikulturalität des alten Polen-Litauen erhalten geblieben ist. Muslimische Tataren, Weißrussen, Litauer und altgläubige Russen, die im 17. Jahrhundert nach dem Verbot ihrer Glaubensrichtung nach Polen auswanderten, haben die Region mitgeprägt.

Die Wojewodschaft Masowien ist 35 566 qkm groß und hatte 2007 5 188 488 Einwohner. Das 1 704 717 Einwohner zählende Warschau ist Wojewodschafts- und Landeshauptstadt. Weitere bedeutende Städte sind Radom und Płock mit 226 372 bzw. 127 307 Einwohnern. Die Wojewodschaften Ermland-Masuren, Kujawien-Pommern, Łódź, Heiligkreuz, Lublin und Podlachien rahmen das Gebiet ein. Masowien erstreckt sich zu beiden Seiten der mittleren Weichsel in der polnischen Ebene. Die Weichsel ist der wichtigste Fluss und durchfließt die

Wojewodschaft von Südosten nach Nordwesten. Ihre Zuflüsse sind Radomka und Pilica, die ihr südlich von Warschau von Westen her zuströmen, und im Norden der Narew, der vorher noch das Wasser des Westlichen Bug aufnimmt. Es dominieren Braunerde, Sandböden und tonige Sandböden mit Kiefern-Buchen- und Eichenmisch- sowie, in den Flussniederungen der Weichsel und des Bug, Auenwälder mit fruchtbarem Marschland. Außer Sand und Ton gibt es kleinere Vorkommen an Braunkohle, Eisenerz und Quarzsand im Süden. Wirtschaftlich ist Masowien die stärkste Region Polens. Allerdings konzentriert sich die positive Entwicklung vor allem auf den boomenden Finanzplatz Warschau sowie Siedlce und Płock, wo sich mit PKN ORLEN der größte Betreiber von Ölraffinerien des Landes befindet. Ärmste Region ist Radom. Wichtige Branchen sind Handel, Telekommunikation, Finanzdienstleistungen, Versicherungen, IT, Maschinenbau und

Petrochemie. 30 Prozent aller ausländischen Firmen, die in Polen investieren, wählen in Masowien ihren Firmensitz. Zu den Unternehmen, deren Investitionsvolumen in der Wojewodschaft über eine Milliarde US-Dollar beträgt, gehören France Telecom, Citigroup, Gazprom, Vivendi, die Europäische Bank für Wiederaufbau und Entwicklung, UniCredito Italiano und Nestlé.

Die Wojewodschaft Łódź hat 2 551 633 Einwohner und ist 18 219 qkm groß. Sie liegt im zentralen Großpolnischen Tiefland und wird von den Warthe-Nebenflüssen Ner und Widawka sowie den Weichsel-Zuflüssen Pilica und Bzura durchzogen. Im Osten wird sie von der Wojewodschaft Masowien begrenzt, im Uhrzeigersinn schließen sich die Wojewodschaften

Heiligkreuz, Schlesien, Oppeln, Großpolen und Kujawien-Pommern an. Größte Städte sind die Wojewodschaftshauptstadt Łódź mit 756 666 Einwohnern sowie Piotrków Trybunalski und Pabianice, in denen je 78 475 und 69 842 Menschen leben. Die Region verfügt über reiche Braunkohlevorkommen, die rund 60 Prozent der Produktion des Landes abdecken. Dadurch wurde die Energieerzeugung zu einer der wichtigsten Branchen der Wojewodschaft; der bedeutende Energie- und Bergbaukonzern PGE Górnictwo i Energetyka SA hat in Łódź seinen Sitz. Der bekannteste Wirtschaftszweig der Wojewodschaft ist allerdings die seit über 200 Jahren bestehende Textilproduktion. Noch heute werden hier rund 65 Prozent der Strumpfwirkprodukte, 40 Prozent der Baumwollgewebe und 16 Prozent der Textilprodukte Polens her-

Kleines Schloss im Landschaftspark in Choroszcz bei Białystok.

gestellt. Mit einem 70-prozentigen Anteil am polnischen Markt gehören heute Keramikfliesen zu den Haupterzeugnissen, wichtige Produzenten sind ZPC Opoczno, Ceramika Paradyż und Ceramika Tubądzin. Außerdem werden in der Wojewodschaft 50 Prozent des Bauglases sowie 45 Prozent der Baupappe Polens produziert. 2008 waren 9,2 der Bewohner ohne Arbeit.

Geschichte

Das heute zur Wojewodschaft Łódź gehörigen Gebiete waren eng mit den Kernlanden des Piastenstaats verbunden. Łęczyca wurde schon vom sogenannten Bayrischen Geografen im 9. Jahrhundert als Siedlungsstätte des slawischen Stammes der Ledzianie erwähnt. Wie die Stadt Sieradz war Łęczyca Hauptstadt eines Herzogtums, in denen wichtige politische Ereignisse stattfanden. Sieradz war ab dem 14. Schauplatz von Bischofssynoden und Adelsversammlungen. 1347 wurden beide Herzogtümer in die Statuten von Wiślica einbezogen, was ihre Bedeutung für den polnischen Staat unterstrich. Anders verhielt es sich für Masowien. In den ersten Jahrhunderten seiner Geschichte gehörte die polnische Provinz noch nicht zu den Kernlanden des polnischen Königreichs. Unter Mieszko I. wurde Masowien im 10. Jahrhundert besiedelt. Noch herrschten hier unabhängige Feudalherren wie Masław, der das Gebiet 1027 zum Fürstentum machte. 1138 bestimmte Herzog Bolesław Krzywousty die Gründung eines Fürstentums, das Masowien

Winterlicher Blick auf Tykocin am Fluss Narew. Hinter der Brücke steht die barocke Dreifaltigkeitskirche.

und einen Teil von Kujawien und Sieradz vereinte, dann aber in Teilfürstentümer zerfiel. Als es bei der Ausdehnung nach Norden zu erbitterten Kämpfen mit den baltischen Pruzzen kam, rief Konrad von Masowien 1226 den Deutschen Orden zu Hilfe. Dieser wurde alsbald zur mit den Litauern konkurrierenden Macht der Region. Um sich weiter behaupten zu können, wurde Masowien gegenüber Polen lehnspflichtig. Als Verbündeter mit Polen-Litauen konnte es in der Schlacht von Grundwald 1410 zum Sieg gegen den Deutschen Orden beitragen. Dessen Zurückdrängung aus der Region um Danzig bescherte Masowien einen wirtschaftlichen Aufschwung durch den nun möglichen Weichselhandel. Als die Linie der masowischen Herzöge 1526 ausstarb, wurde ihr Herzogtum formell in den polnisch-litauischen Staat einbezogen und 1569 durch die Personalunion von Lublin mit dem weiter östlich liegenden Podlachien vereint. Im 16. und 17. Jahrhundert war Masowien durch den Kleinadel geprägt, in dünn besiedelten Gebieten im Osten sowie in Podlachien dominierte einflussreicher Großadel. Östlich von Białystok siedelte König Jan III. Sobieski im 17. Jahrhundert als Dank für erbrachte Kriegsdienste moslemische Tataren an, wie die Orte Kruszyniany und Bohoniki heute noch zeigen. Mit der zweiten Teilung Polens verleibte sich Preußen 1793 den Westen des Gebietes rund um Płock ein. 1795 folgte ein Gebiet, das im Norden bis zum Fluss Njemen, im Osten bis Grodno und im Süden bis zum Bug und südlich Warschaus reichte. Österreich

Rechts: Der Kultur- und Wissenschaftspalast dokumentiert den monumentalistischen Geist des Sozialismus.
Unten: Der alte Markt von Warschau wurde nach der Zerstörung im Zweiten Weltkrieg orginalgetreu rekonstruiert.

sicherte sich 1795 die Gebiete südlich des Bug. Masowien, Podlachien und das Gebiet der heutigen Wojewodschaft Łódź wurden in das 1807 gebildete Herzogtum Warschau und in das 1815 geschaffene und unter russischer Verwaltung stehende Kongresspolen einbezogen – bis auf den Distrikt Białystok, der an Russland abgetreten wurde. Nach dem Aufstand von 1830/31 wurde Kongresspolen mit Russland vereint. Beim Aufstand von 1863 wurde in Masowien und Podlachien heftig gekämpft, was vom Zaren mit forcierter Russifizierungspolitik beantwortet wurde. Wirtschaftlich profitierten jene Gegenden vom Teilungsregime, die an der Eisenbahnlinie Warschau–Wien lagen. Warschau, Łódź und Białystok erlebten eine rasante industrielle Entwicklung, vor allem Textilbetriebe schossen aus dem Boden. 1918 wurden die Gebiete in die neugegründete Republik Polen einbezogen. Im Juli 1920 gründete sich in Białystok eine Räterepublik unter Julian Marchlewski und

Feliks Dzierżyński, die sich nicht lange halten konnte. Zu Beginn des Zweiten Weltkrieges besetzten deutsche Truppen die Gegend um Suwałki, die Rote Armee die um Białystok. Beide Städte wurden 1941 dem von Hitler errichteten Generalgouvernement einverleibt. In der „Aktion Reinhard" ermordeten die Nationalsozialisten ein Großteil der jüdischen Bewohner. Nach dem Zweiten Weltkrieg kamen die Gebiete wieder zu Polen, nur die Gegend um Grodno wurde der Sowjetunion zugeschlagen.

Łódź

Fakten zur Stadt

Łódź ist die Hauptstadt der gleichnamigen Wojewodschaft, ist mit 756 666 Einwohnern drittgrößte Stadt Polens und liegt rund 100 Kilometer südwestlich von Warschau. An der Universität

Vorhergehende Seite: Vom Ufer aus sieht man das große Gebäude des Obersten Gerichts der Republik Polen.
Unten: In Łódźs Altstadt erblickt man charmant gealterte Dächer.

Łódź, der Film-, Theater- und Fernsehhochschule und anderen Einrichtungen sind 116 573 Studenten immatrikuliert. Die Stadt ist an die Europastraße E 67 angeschlossen, die nordöstlich über Białystok bis Kaunas und Riga, in südwestlicher Richtung über Breslau bis Prag führt. Auf der E 75 gelangt man gen Norden bis nach Danzig und in südlicher Richtung über Kattowitz bis Bratislava. Derzeit entsteht ein Autobahnkreuz, das Łódź an die von Frankfurt an der Oder bis Warschau führende A2 und die Autobahn A1 von Danzig bis Kattowitz anschließen soll. Die Ukraine und Russland werden dadurch künftig leichter zu erreichen sein. Die Stadt verfügt außerdem über den internationalen Flughafen Łódź-Lublinek, der zehn Kilometer vom Stadtzentrum entfernt liegt. Neben der alteingesessenen Textilindustrie haben sich in Łódź auch neuere Branchen etabliert. Durch die zentrale Lage ist die Stadt zum Standort für Logistikzentren etlicher Firmen geworden. Die 1997 geschaffene Wirtschaftssonderzone beherbergt unter anderem die Waschmaschinen- und Geschirrspülautomatenfabrik Indesit, eine von Procter & Gamble in Aleksandrów Łódzki errichtete Kosmetikfabrik, Hochtechnologie-Firmen wie Computerproduzent Dell sowie Glasproduzenten wie die deutsch-schweizerische Gesellschaft Euroglas, die bis 2009 in Ujedz eine Glashütte mit dem größten Ofen der Welt errichten will. Ebenfalls präsent ist die Verpackungsindustrie mit dem finnischen Konzern Stora Enso, der australische Verpackungsproduzent Amcor begann Anfang Dezember 2007 mit dem Bau einer Fabrik. Im Juli 2008 waren 6,6 Prozent der Bewohner von Łódź arbeitslos.

Geschichte

1423 verlieh König Władysław II. Jagiełło Łódź das Magdeburger Stadtrecht. Dennoch hielt sich der dörfliche Charakter des Ortes bis zur indus-

Folgende Doppelseite rechts: Die moderne blauschimmernde Glasfassade gab dem Blauen Turm seinen Namen.
Unten: Alte Fabrikhallen aus Backstein im ehemaligen Industrieviertel von Łódź.

triellen Revolution. Das Leben spielte sich vor allem rund um die Kirche und den Marktplatz ab, der heute Alter Marktplatz oder Stary Rynek heißt, die Bauten bestanden vorwiegend aus Holz. 1820 wurde Łódź per Sonderverordnung zur Fabrikstadt erklärt, um Handel und Gewerbe zu entwickeln. Dies lockte deutsche Industrielle und Arbeiter, Juden aus Galizien und Polen aus der Umgebung an, die von nun an zu Tausenden in den Textilfabriken arbeiteten. In der Folge schnellte die Einwohnerzahl von 767 im Jahr 1820 auf 15 000 im Jahr 1840 hoch, 1897 lebten bereits 320 000 Menschen in Łódź.

Die Aufhebung der Zollschranken zwischen Russland und dem ehemaligen Königreich Polen im Jahr 1870 beschleunigte den industriellen Boom. Viele Industriearbeiter organisierten sich in politischen Gruppierungen, um ihre harten Lebensbedingungen zu verbessern. Der 1889 in Warschau entstandene „Bund polnischer Arbeiter" fand in Łódź schnell Anhänger, wurde jedoch 1891 von der Polizei aufgelöst.

Im Mai 1892 wurden Arbeiter-Demonstrationen und Streiks von der russischen Teilungsmacht blutig niedergeschlagen, Judenpogrome waren die Folge. 1905 kamen bei Barrikadenkämpfen erneut viele der revoltierenden Arbeiter ums Leben. Die Arbeiterfrage blieb bis in die Zwischenkriegszeit hinein virulent. Im Zweiten Weltkrieg wurde in Łódź eines der ersten jüdischen Ghettos in Polen errichtet.

Insgesamt wurden hier rund 200 000 Juden aus Polen, Deutschland, Österreich, der Tschechoslowakei und Luxemburg festgehalten. Ab 1942 wurden die Ghetto-Bewohner in das rund 60 Kilometer entfernte Vernichtungslager Chełmno am Fluss Ner deportiert und dort umgebracht. Die Innenstadt von Łódź überstand den Zweiten Weltkrieg weitgehend unbeschadet, die Textilproduktion konnte ihre führende Rolle auch in der Volksrepublik Polen behaupten. Nach dem Zweiten Weltkrieg etablierte sich Łódź als Bildungsstandort, wozu die berühmte Film-, Theater- und Fernsehhochschule mit Absolventen wie Andrzej Wajda und Roman Polański maßgeblich beitrug.

Rundgang durch die Stadt

Im Nordosten der Innenstadt findet sich ein typisches Beispiel der Industriellen-Kultur, die das Antlitz der Stadt nachhaltig prägte. Das wie ein Palast ausgestattete ehemalige Wohnhaus der jüdischen Textilfabrikanten-Familie Poznański beherbergt heute das Historische Museum Łódź. Hier wird an weitere jüdische Persönlichkeiten aus Łódź wie den Pianisten Artur Rubinstein und den Schriftsteller Julian Tuwim erinnert. Etwas östlich davon pulsiert die Lebensader der Innenstadt, die von vielen eleganten Geschäften, Cafés und Restaurants gesäumte Ulica Piotrkowska.

Klassizistische und in Jugendstil-Manier gestaltete Fassaden spiegeln die Blüte der Stadt zur Gründerzeit wider. Vor dem Gebäude des Grandhotels wurde die Aleja Gwiazd geschaffen, auf der sich polnische Filmgrößen wie in Hollywood mit einem Stern im Asphalt verewigt haben. Westlich des Prachtboulevards befindet sich das Muzeum Sztuki, das moderne Kunst aus dem 20. Jahrhundert ausstellt sowie die auf polnische zeitgenössische Kunst spezialisierte Miejska Galeria Sztuki. Sie ist in einer ansehnlichen Jugendstil-Villa aus dem Jahr 1903 untergebracht, die dem deutschen Industriellen Leopold Kindermann gehörte.

Am Südende der Ulica Piotrkowska, im Innern einer der ältesten Tuchfabriken der Stadt (1830), befindet sich das Zentrale Textilmuseum. Von frühen Webstühlen bis zur Technologie von heute sowie Kleidung und Stoffen findet sich hier alles zur Textilherstellung.

Warschau

Fakten zur Stadt

Warschau liegt an der mittleren Weichsel in der masowischen Tiefebene. 2007 lebten hier 1 704 717 Menschen. Als Hauptstadt Polens und der Wojewodschaft Masowien hat Warschau große politische und kulturelle Bedeutung. Die Stadt ent-

Oben: Der Platz am Königsschloss wird von der Sigismund-Säule geziert.
Rechts: Das Chopin-Denkmal, von W. Szymanowski entworfen, stammt aus dem Jahr 1926, allerdings wurde es während des Zweiten Weltkrieges von den Nationalsozialisten zerstört und später erst originalgetreu rekonstruiert.

faltet sich in 18 Stadtbezirken östlich und westlich der Weichsel, der Bezirk Śródmieście stellt die Innenstadt dar. Der Stadtpräsident ist Chef der städtischen Verwaltung und ernennt die wichtigsten Amtsträger.

Dazu gehören seine Stellvertreter, die verschiedenen Ressorts vorstehen und mit ihm zusammen den Magistrat (Zarząd) bilden. Warschau ist eine wichtige Universitätsstadt. Bedeutend sind die Warschauer Universität und die Kardinal-Stefan-Wyszyński-Universität, dazu die Technische und Landwirtschaftliche Universität. Im Studienjahr 2006 waren in Warschau 282 515 Studenten immatrikuliert, das sind 14,7 Prozent aller Studierenden des Landes. Warschau ist

Standort bedeutender Museen. Das Nationalmuseum Muzeum Narodowe w Warszawie zeigt in verschiedenen Filialen Werke hochkarätiger internationaler und polnischer Künstler wie Botticelli, Rembrandt und Jacek Malczewski. Das historische Museum der Stadt Warschau dokumentiert die Stadtgeschichte.

Warschau ist Polens Hauptverkehrsknotenpunkt. Der Frédéric-Chopin-Flughafen zehn Kilometer südlich des Stadtzentrums fertigte 2006 bei In- und Auslandsflügen rund acht Millionen Passagiere ab. Der unterirdische Zentralbahnhof (Warszawa Centralna) bietet die meisten Zugverbindungen ins In- und Ausland. Mit der „Rail Baltica" ist auch eine Hoch-

Die alte Stadtmauer und eine halbrunde Bastei mit großem Tor aus dem 16. Jahrhundert sind heute zu besichtigen.

geschwindigkeitsstrecke ins Baltikum geplant. Über Brüssel sind westeuropäische Städte erreichbar, über Wroclaw oder Katowice wird Prag angefahren. Der Westbahnhof Zachodnia liegt im Südwesten des Stadtgebiets, der Ostbahnhof Wschodnia im Stadtteil Praga. Der Busbahnhof Warszawa Zachodnia im Westen der Stadt verbindet diese mit Orten im Ausland sowie im Süden und Westen Polens, das Stadion Dworzec Warszawa auf der Ostseite der Weichsel bedient inländische Fahrtziele im Norden, Osten und Südosten. Ein U-Bahn-System gibt es seit 1995, außerdem angeschlossen ist noch ein Bus- und Straßenbahnnetz.

Wirtschaft

Warschau ist eines der wichtigsten Wirtschafts- und Handelszentren in Mittelosteuropa, 43 von Polens größten Unternehmen haben hier ihren Sitz. Die Arbeitslosenrate ist mit 2,2 Prozent (2008) eine der niedrigsten des Landes. Vom sozialistischen Industriestandort sind allerdings nur wenige Großbetriebe, wie das Stahlwerk Arcelor Warszawa, übriggeblieben. Wichtige industrielle Sektoren sind Automotive, Lebensmittelverarbeitung, Elektrotechnik und Hightech. Warschau hat sich seit den 1990er Jahren zur Finanz-, Handels- und Dienst-

Oben: Schloss Wilanów beeindruckt durch seinen barocken Stil; ehemals diente es als Sommerresidenz von König Jan III. Sobieski.
Folgende Seite: Farbenfrohe Dächer in der Altstadt von Warschau.

leistungsmetropole entwickelt. Im April 1991 wurde die Warschauer Aktienbörse wieder ins Leben gerufen. Von Warschau aus tätigen viele Investoren Geschäfte in ganz Osteuropa, wie die vielen neuen Bürohochhäuser und Hotels zeigen. Vor allem die Baubranche erlebt einen Boom. Die starke Nachfrage nach Büroraum hält an, in den letzten Jahren entstanden auch überdurchschnittlich viele Ladengeschäfte und Shopping-Malls wie die 2007 eröffneten „Goldenen Terrassen" (Złote Tarasy), die mit 57 000 Quadratmetern eines der größten Einkaufszentren in Europa sind. Auch Wohnungsbau und Investitionen in die Infrastruktur stimulieren die

Wirtschaft. 2007 wurde mit der Modernisierung der Warschauer Krankenhäuser begonnen, auch die städtische Straßenbahn soll erneuert werden. Die Fußball-EM 2012 ist auch für Warschau ein Investitionsmotor. ORBIS, die größte Hotelkette Polens, möchte hier einen 350 Meter hohen und rund 1,4 Milliarden Euro teuren Hotelkomplex errichten.

Geschichte

Im 12. Jahrhundert bildeten sich in der Gegend der heutigen Hauptstadt Marktflecken. Sie lagen

günstig an der Handelsroute, die von West-
europa nach Russland und Litauen führte. An-
fang des 14. Jahrhunderts erfolgte die Stadt-
gründung und ab 1408 begann nördlich der
Altstadt (Stare Miasto) der Bau der Neustadt
(Nowe Miasto). 1413 errichtete der masowische
Herzog Janusz einen Hof und eine hölzerne
Kapelle an der Stelle des heutigen Königs-
schlosses und machte Warschau zu seinem Sitz.
Die Anlage wurde durch einen rechteckigen
Marktplatz – dem heutigen Altstädter Markt –
ergänzt, der in der Mitte eines gitterförmigen
Straßennetzes lag, und mit einem Erdwall umgeben war. Nachdem die Piastenlinie der masowischen Herzöge ohne Nachkommen ausstarb,
wurde Masowien mit Warschau 1526 formell in
den polnischen Staat eingegliedert. Seit 1569 war
Warschau Schauplatz der Landtage und ab 1573
wurden hier die Königswahlen abgehalten. Die
zentrale Lage im polnischen Staatsverband
begünstigte 1596 die Ernennung zur Hauptstadt.
Zygmunt III. Wasa verlegte die königliche
Residenz von Krakau nach Warschau und ließ
den Herzogensitz umbauen. Im 16. Jahrhundert
entfaltete sich in Alt- und Neustadt eine rege
Bautätigkeit. Auf der anderen Seite der Weichsel
entstand die Siedlung Praga, die 1573 durch eine
Brücke mit dem übrigen Stadtgebiet verbunden
wurde. Aber trotz der gewachsenen politischen
Bedeutung konnte Warschau der alten
Krönungsstadt Krakau noch nicht das Wasser
reichen. Den Aufstieg schaffte es erst im 18.

Jahrhundert, einer Epoche, die eher für den Niedergang Polens steht. Damals konzentrierte sich in Warschau das intellektuelle Leben, prächtige Kirchen und Paläste entstanden, fortschrittliche Denker sammelten sich um den König Stanisław Poniatowski. 1791 wurde hier die erste Verfassung Europas verabschiedet. Der Kościuszko-Aufstand, der nach der zweiten Teilung losbrach, wurde im Stadtteil Praga von den Truppen des Zaren blutig niedergeschlagen.

Nach der letzten Teilung Polens im Jahre 1795 verlor Warschau den Status als Hauptstadt, erlangte ihn aber 1807 wieder, als das Herzogtum Warschau eingerichtet wurde, und behielt ihn auch in der von 1815–1830 währen-

den Ära Kongresspolens. Nach dessen Auflösung blieb die Stadt bis zum Ersten Weltkrieg im russischen Herrschaftsbereich. Die zweite Hälfte des 19. Jahrhunderts brachte Warschau fortschreitende Industrialisierung. Eisenbahnlinien wurden gebaut, die die Stadt mit Wien und Sankt Petersburg verbanden. Die Infrastruktur wurde nach der Wiedererlangung der staatlichen Selbstständigkeit Polens rasch ausgebaut. Zahlreiche Industriebetriebe, Schulen, Theater und Museen wurden errichtet. Die Bevölkerung wuchs von 750 000 im Jahr 1918 auf 1,3 Millionen in 1939.

Ab dem 1. September 1939 bombardierte die Wehrmacht die Stadt, die sich Ende des Monats

Oben: Der klassizistische Radziwiłł-Palast.
Rechts: Denkmal für die Helden des Warschauer Ghettos.
Vorhergehende Seite: Stadtansicht mit Schlossplatz.

ergeben musste. Es folgte eine fünfjährige Besatzungszeit, in der die Bevölkerung durch Verhaftungen, Erschießungen und Deportationen terrorisiert wurde. Rund 800 000 Menschen wurden getötet.

Trotz der Übermacht der deutschen Truppen wehrte sich Warschau durch Untergrundorganisationen und schließlich in zwei Aufständen. 1943 kämpften weitgehend unbewaffnete jüdische Zivilisten im Ghetto gegen die Besatzer. 1944 konnte im Warschauer Aufstand, der vor allem von der im Untergrund agierenden Heimatarmee Armia Krajowa getragen wurde, sogar eine unabhängige Regierung gebildet werden. Die Lage erschien günstig, da die Wehrmacht sich bereits aus Polen zurückzog. Nach zwei Monaten wurde der Aufstand jedoch von den Besatzern unter der Führung von SS-Einheiten brutal niedergeschlagen. In der Folge wurde die überlebende Bevölkerung ausgesiedelt und Warschau dem Erdboden gleichgemacht.

Die Rote Armee, die während des Aufstandes in Praga auf der anderen Seite der Weichsel lagerte, hatte den Aufständischen keinerlei Hilfe geleistet. Nach Kriegsende waren nur noch sieben Prozent der Häuser bewohnbar. Man entschied sich dennoch, Warschau mit Teilen seiner historischen Bausubstanz wiederaufzubauen. Hinzu kamen funktionale Bauten. Bis Mitte der 1950er Jahre dominierte die Architektur des Sozialen Realismus, wofür der Pałac Kultury i Nauki und das Viertel Marszałkowska prägnante Beispiele sind. In den 1970er Jahren entstanden in den Vorstädten zahlreiche Plattenbauten, die das Gros der Stadtbevölkerung beherbergen. Ab 1989 erweiterte der Postsozialismus das Spektrum mit Beton- und Glaskonstruktionen.

Rundgang durch die Stadt

Die Altstadt, die nordwestlich angrenzende Neustadt und der südlichere, vor allem im 19.

Das Johannes-Kepler-Denkmal erinnert an den berühmten deutschen Astronomen und Mathematiker.

Jahrhundert entstandene Teil Warschaus liegen auf der Westseite der Weichsel, das Viertel Praga auf der Ostseite. Auf der Ulica Kościelna, an der Uferböschung unweit des Neustädter Marktes, liegt eines der ältesten Gebäude der Neustadt. Die spätgotische Marienkirche aus dem 15. Jahrhundert bekam nach einigen Umbauten Anfang des 20. Jahrhunderts ihr mittelalterliches Aussehen zurück.

Unweit des Backsteinbaus liegt die Ulica Freta, die als wichtigste Straße der Neustadt südwärts zur Altstadt führt. Weiter südlich auf der linken Seite ist in einem von 1770–1780 von Szymon Bogumił Zug erbauten Haus das Maria-Skłodowska-Curie-Museum untergebracht. Die Physikerin, die die Elemente Polonium und Radium entdeckte und als erste Frau den Nobelpreis bekam, wurde 1867 hier geboren. Ihr Studium der Physik und Mathematik musste sie an der Pariser Sorbonne aufnehmen, da unter dem russischen Teilungsregime Frauen zum Studium nicht zugelassen wurden. Über die Ulica Świętojerska gelangt man zum Krasiński-Palais. Es wurde von Tylman von Gameren,

einem herausragenden holländischen Barockarchitekten, 1677–1682 erbaut und gilt als eines der prächtigsten Barockschlösser Warschaus.

Der Mittelteil der Fassade wird durch einen aufwendig gestalteten Giebel hervorgehoben. In Bildern auf dem Fries ließen die Krasińskis ihre Abstammung von einem altrömischen Patriziergeschlecht herleiten – ein häufiger Topos seit der antikenverliebten Renaissance. Sie stammen von Andreas Schlüter, der auch am Umbau und Neubau des Berliner Schlosses beteiligt war.

Auf der Ulica Nowomiejska markiert ein Relikt einer Wehranlage aus dem 16. Jahrhundert, der Barbakan, den Übergang zur Altstadt. Diese war, anders als die Neustadt, in der weniger vornehme Bürger wohnten, im 15. Jahrhundert mit einer Mauer umgeben worden. Zentrum der Altstadt, die zum Weltkulturerbe der UNESCO gehört, ist der Altstädter Markt (Rynek Staromiejski). Seine früher gotischen Bürgerhäuser wurden ab Mitte des 16. Jahrhunderts im Renaissance-, später dann im Barock-Stil umgestaltet. Sein authentisches Aussehen verdankt der

Platz dem Können der Restauratoren, die ihn von 1949 bis 1963 wieder herrichteten. Nach dem Zweiten Weltkrieg waren von dem Häuserensemble, das bis ins 19. Jahrhundert hinein politisches, wirtschaftliches und kulturelles Zentrum der Hauptstadt war, nur zwei Wände mit den Hausnummern 34 und 36 übrig. Die Seiten des Platzes sind nach bedeutenden Bürgern wie dem Aufklärer Hugo Kołłątaj benannt, die in der letzten Phase der polnischen Adelsrepublik für Reformen kämpften.

Auf der Seite von Jan Dekert, der 1794 als Stadtpräsident mehr Bürgerrechte einforderte, liegt heute das Historische Museum der Stadt Warschau. Anhand zahlreicher Ansichten, Pläne und Fundstücke kann sich der Besucher ein Bild von der Entwicklung der Stadt bis heute machen. Ein Dokumentarfilm zeigt Wissenswertes über die Rekonstruktion der Stadt. Das Literaturmuseum auf der Westseite würdigt in einer permanenten Ausstellung den berühmten polnischen romantischen Dichter Adam Mickiewicz.

Auch der ein paar Schritte südwärts auf der Ulica Świętojańska gelegene Johannesdom (Katedra św. Jana), die älteste Kirche Warschaus, ist für literaturbegeisterte Besucher von Interesse: Die Krypta birgt die Grabstätte des Romanciers Henryk Sienkiewicz. Die Grabmäler im rechten Seitenschiff erinnern an die letzten masowischen Herzöge. Einer ihrer Vorfahren, Janusz I. Mazowiecki, hatte die ursprünglich hölzerne Kirche Anfang des 15. Jahrhunderts durch einen Steinbau erneuern lassen. Adam Idźkowski gab dem Dom durch einen Umbau im neogotischen Stil (1836–1840) sein heutiges Aussehen.

Der Ulica Świętojańska weiter folgend gelangt man zum Königsschloss (Zamek Królewski). Die Herzöge von Masowien errichteten hier bereits im 13. Jahrhundert eine hölzerne Wehranlage.

Folgende Seite: Blick auf Gebäude der Grupa PZU und weiterer Hochbauten, die von einem Bauboom zeugen.
Unten: Den Kulturpalast sieht man von fast allen Plätzen in Warschau – er stellt das höchste Gebäude Polens dar.

Das Schloss wurde zu ihrem Sitz, später zu dem der polnischen Könige. Die Verfassung von 1791 wurde hier verabschiedet, der Sejm und der Senat Kongresspolens tagten hier, und auch der Staatspräsident im Polen der Zwischenkriegszeit hatte hier seinen Sitz. Das äußere Erscheinungsbild von heute geht im Wesentlichen auf jene bauliche Variante zurück, die 1569–1572 vom Architekten Jacopo Rodondo unter Zygmunt III. Waza geschaffen wurde. Im 17. und 18. Jahrhundert entstand vor allem unter den Königen August II. Mocny (dem Starken) und Stanisław Poniatowski die prächtige Innenausstattung. Sie dokumentiert das gesteigerte Repräsentationsbedürfnis des Barock. So werden im Deckengemälde des 1781 entstandenen Alten Audienzsaals, das von Marcello Bacciarelli geschaffen wurde, die Tugenden Stanisław Poniatowskis verherrlicht. Auch die königlichen Gemächer wurden mit kunstvollen Stuckarbeiten, Säulen und Malereien ausgestattet. Das Schloss wurde gegen Ende des Krieges auf Befehl Hitlers zerstört. Beim Wiederaufbau (1971–1984) wurden etliche Fragmente aus dem Originalbau verwendet.

Das herrschaftliche Warschau setzt sich über den Königsweg fort. Dieser führt vom Schloss über die Ulica Krakowskie Przedmieście, die Ulica Nowy Świat und die Aleja Ujazdowskie zu den königlichen Sommerresidenzen Ujazdów und Łazienki. Seit dem 17. Jahrhundert siedelten sich Adelsfamilien an der königlichen Trasse an. Der riesige Park Łazienkowski im Süden Warschaus

Das Gebäude des Olympischen Komitees in Warschau; im Inneren befindet sich ein Sportmuseum.

wurde einst als Jagdgrund des Schlosses Ujazdów konzipiert. Die Anlage beherbergt zahlreiche sehenswerte Gebäude wie das Weiße Häuschen, einem Holzbau im damaligen „Schäferstil". Es soll für die Herzensdame Stanisław Poniatowskis 1774–1777 als erstes neues Gebäude des Parks errichtet worden sein. Eines der älteren Gebäude ist das 1683–1690 von Tylman van Gameren gebaute Badehaus, das der Hofarchitekt Domenico Merlini in den Palast auf der Insel integrierte. Es wird von Marmorreliefs verschönt, die die Metamorphosen des Ovid darstellen. Eine weitere Attraktion ist das Chopin-Denkmal beim Haupteingang des Parks an der Aleja Ujazdowskie. Im Sommer finden hier Konzerte mit den Werken des Komponisten statt. Neuzeitliche Repräsentationsarchitektur ist rund

einen Kilometer nordwestlich des Parks zu sehen. Dort erhebt sich der 235 Meter hohe Pałac Kultury i Nauki (PKiN), der Palast der Kultur und Wissenschaft. Das 1952–1955 erbaute „Geschenk Stalins" wurde von dem russischen Architekten Lew Rudnew entworfen, der bereits das Hauptgebäude der Moskauer Lomonossow-Universität geschaffen hatte. Wie dort konzipierte er den Bau als einen getreppt verlaufenden, in einer gewaltigen Aufwärtsbewegung mündenden Turm. Die Zinnen, die jedes Stockwerk und jedes Türmchen säumen, stehen wie scharfkantige Stalagmiten in die Höhe. Die sprichwörtliche martialische Pracht sticht besonders auf frühen Fotos heraus, auf denen der triumphalistisch wirkende Bau aus einem Meer von Trümmern aufragt. Als Symbol sowjetischer Hegemonie

Alltagsszene in der Metro von Warschau.

Das ländliche Leben außerhalb der Großstadt scheint sich seit Jahrhunderten nicht verändert zu haben.

war und ist der PKiN Gegenstand heftiger Polemik. So brachte das filigrane Zinnendekor dem monströsen Gebäude schon früh den Beinamen „Elefant im Spitzenhöschen" ein. Vor allem von konservativer Seite wird heute dafür plädiert, den PKiN abzureißen oder durch eine Umbauung mit Hochhäusern unsichtbar zu machen.

Trotz des vielgescholtenen Zuckerbäckerstils ist der PKiN eines von Warschaus Wahrzeichen geworden. Heute werden die auf 42 Stockwerke verteilten 3288 Zimmer als Büro- und Konferenzräume genutzt. Daneben gibt es ein Dramen- und ein Puppentheater, die Galerie „Studio" für zeitgenössische Kunst sowie ein Evolutions- und ein Technikmuseum. Die 114 Meter hoch gelegene Aussichtsplattform bietet einen weiten Blick über Stadt und Umgebung. Sie wurde außen mit einem Sperrgitter versehen, nachdem sie 1956 Schauplatz mehrerer Selbstmorde wurde.

Das Areal rund um das ehemalige Bollwerk des Sowjetkommunismus ist ironischerweise zum Mekka der Bänker und Finanzdienstleister geworden. Unweit der postmodernen Wolkenkratzer, die hier jetzt das Bild bestimmen, befinden sich zwei Stadtteile, die mit Angst und Schrecken verbunden sind. Mirów und Muranów, östlich und nordöstlich des Bänkerviertels gelegen, befinden sich auf dem Gebiet des ehemaligen Warschauer Ghettos. Es wurde 1940 von den Nationalsozialisten errichtet, rund eine halbe Million Menschen wurden hier unter menschenverachtenden Bedingungen zusammengepfercht. Vor dem Krieg hatten hier 380 000 Menschen gelebt.

1942 wurden innerhalb von zehn Wochen 300 000 Juden ins Konzentrationslager Treblinka deportiert. Im Frühjahr 1943 erhoben sich die Juden zum Aufstand, der blutig niedergeschlagen wurde. Um die Opfer des ungleichen Kampfes zu ehren, wurde vom Bildhauer Natan Rappaport und dem Architekten Leon Marek

Überschwemmungen am Narew-Ufer im Frühjahr.

Suzin 1948 das Denkmal der Helden im Warschauer Ghetto geschaffen. Das Bronzerelief hält die unerhörte Entschlossenheit der Aufständischen angesichts des Todes fest. Im Nordwesten des Parks, der das Denkmal umgibt, liegt der Skwer Willy Brandta. Der Platz erinnert an den legendären Kniefall des Bundeskanzlers im Dezember 1970, der entscheidende Impulse zur Versöhnung zwischen Deutschland und Polen gab. Gen Norden auf der Ulica Zamenhofa erinnert ein Kalksteinblock an Mordechaj Anielewicz, der den Aufstand im Ghetto angeführt hatte. Das Umschlagplatz-Monument zeigt die Stelle an, wo die Juden von Warschau zur Deportation ins Konzentrationslager Treblinka in Bahnwaggons gepfercht wurden. Diese werden durch vier Marmorwände nachempfunden, in die 3000 jüdische Vornamen eingraviert wurden – zur Erinnerung an die 300 000 Juden aus Warschau, die von 1942–1943 in den Gaskammern den Tod fanden. Südlich des ehemaligen Ghettos befindet sich das Muzeum Powstania Warszawskiego, das den Warschauer Aufstand von 1944 dokumentiert. Es wurde 2004 gebaut und von Lech Kaczyński eingeweiht. Fotografien, Filme und Erinnerungen Überlebender lassen das Geschehen von damals wieder lebendig werden.

Sehenswertes um Warschau

Pułtusk

Eine der ältesten Städte Masowiens ist das bereits im 10. Jahrhundert entstandene Pułtusk. Seit dem 14. Jahrhundert war die heute rund 20 000 Einwohner zählende, 60 Kilometer nördlich Warschaus gelegene Stadt am Narew Residenz der Bischöfe von Płock. Den wirtschaftlichen und kulturellen Aufschwung dieser Zeit zeigen viele sehenswerte Bauten. Während der Napoleonischen Kriege und im Zweiten Weltkrieg trug die Stadt erhebliche Schäden davon, die aber weitgehend beseitigt wurden. Die Altstadt ist auf einer Insel zwischen zwei

Die barocke Palastanlage des H.J. Klemens Branicki ist auch als „Versailles Podlaski" bekannt und schmückt die Stadt Białystok.

Armen des Narew gelegen. Kernstück ist der mit 400 Metern sehr lange, gepflasterte Marktplatz, der vor allem von klassizistischen Bürgerhäusern gesäumt wird.

In dem grünen Haus mit der Nummer 29 nahm Napoleon 1806 nach der Schlacht von Pułtusk Quartier. Am Marktplatz liegt auch das 1728 erbaute Rathaus. Sein Backsteinturm aus dem frühen 16. Jahrhundert beherbergt das Regionalmuseum der Stadt, in dem auch archäologische Funde der Region gezeigt werden. Am Nordende des Platzes erhebt sich die 1440 als gotische Basilika erbaute, 1560 vom Architekten Gionvanni Battista da Venezia umgestaltete Kollegiatskirche. Ungewöhnlich ist vor allem die Innenausstattung, denn da Venezia kombinierte venezianische Renaissance und spätgotische Traditionen der Region.

Das Mittelschiff wirkt wie ein Tunnel, was die gewölbte Kassettendecke aus der Renaissance noch betont. Eine Familienkapelle, die der Stifter der Kirche, Bischof Andrzej Noskowski, 1554 von da Venezia errichten ließ, ist durch Fresken geschmückt. Der Großteil der Innenausstattung stammt aus der Zeit des Barock. Die gegenüberliegende Seite des Marktplatzes wird von einer Burg eingenommen, die vom 14. bis 16. Jahrhundert Residenz der Bischöfe von Płock war. Die Wehranlage wurde im 14. Jahrhundert errichtet und später durch eine Renaissanceburg ersetzt. Im 19. Jahrhundert erfolgte der Umbau im klassizistischen Stil. Heute sind hier ein gehobenes Hotel sowie Polonia, eine Vereinigung von Auslandspolen, untergebracht.

Białystok

Fakten zur Stadt

Białystok ist die Hauptstadt der Wojewodschaft Podlachien und mit 294 817 Einwohnern im Jahre 2007 die größte Stadt Nordostpolens. Eine weißrussische Minderheit lebt hier. Białystok liegt rund 180 Kilometer nordöstlich von Warschau und 50 Kilometer westlich der weißrussischen Grenze, oberhalb der Nordostbiegung des Flusses Narew. Wirtschaftlich vorherrschend sind Maschinenbau,

Kleine orthodoxe Kirche St. Michael in Białystok.

Textil-, Metall-, Holz- und Lebensmittelindustrie wie Bierproduktion und Schnapsbrennereien. 2007 waren 8,9 Prozent der Bevölkerung arbeitslos. Neben der Universität Białystok existiert eine Medizinische, eine Technische und eine Musikhochschule sowie mit der Fakultät für Puppentheater ein Ableger der Warschauer Theaterakademie Aleksander Zelwerowicz.

45 283 Studenten waren 2007 in der Stadt immatrikuliert. Białystok bietet einige Musikfestivals wie etwa den Bluesherbst („Jesień z Bluesem"), Blues-Allerheiligen („Zaduszki Bluesowe"), das Shanty-Festival „Kopyść" sowie die Darbietungen der orthodoxen Chöre, die ihre Musiktraditionen von alters her kultivieren. Alle zwei Stunden verkehren Züge nach Warschau. Daneben gibt es Zugverbindungen in die litauischen Städte Vilnius und Kaunas sowie ins russische Sankt Petersburg. Die Nationalstraße 8 verbindet Białystok in südwestlicher Richtung mit Warschau, in nördlicher Richtung mit Augustów und Suwałki, die Nationalstraße 19 Richtung Nordosten mit dem weißrussischen Grodno und südwärts mit Lublin.

Geschichte

Białystok wurde erst im 16. Jahrhundert gegründet, ein Großteil seiner Bebauung stammt aus dem 18. Jahrhundert. Damals ließ Kronhetman Jan Klemens Branicki das Schloss zu einer fürstlichen Residenz ausbauen. Die Stadt kam nach der zweiten Teilung Polens zu Preußen, seit der Einrichtung des Herzogtums Warschau gehörte sie zur russischen Teilungsmacht. 1824 wurde hier die erste Textilfabrik errichtet. Als die Zahl bis 1879 auf 47 Fabriken angewachsen war, machte Białystok damit der Textilmetropole Łódź Konkurrenz. 1918 wurde die Stadt wieder polnisch.

In den darauffolgenden Grenzstreitigkeiten im Osten des Landes kam es zu Gefechten mit der Roten Armee. Feliks Dzierżyński richtete im Branicki-Schloss das Hauptquartier einer kurzlebigen Räterepublik ein. 1939 wurde die Stadt von der Roten Armee besetzt, 1941 kam sie zum Generalgouvernement. Im selben Jahr wurde unter deutscher Besatzung das Ghetto Białystok errichtet und mit der Ermordung der jüdischen

Die barocke Synagoge in Tykocin beherbergt heute ein jüdisches Museum.

Bevölkerung begonnen. 1943 scheiterte ein Aufstand im Ghetto. Die meisten Juden der Stadt wurden, ebenso wie die Warschauer Juden, im KZ Treblinka ermordet. Bedeutende Stätten des Ostjudentums wie etwa hölzerne Synagogen wurden vernichtet. 1944 eroberte die Rote Armee die Stadt, seit 1945 gehört sie wieder zu Polen.

Rundgang durch die Stadt

Das Zentrum der Innenstadt ist der dreieckige, nach dem Freiheitskämpfer Tadeusz Kosciuszko benannte Marktplatz Rynek Kosciuszki. Hier befindet sich das 1745–1761 erbaute spätbarocke Rathaus, das heute das Regionalmuseum beherbergt. Zu entdecken gibt es polnische Maler wie den Symbolisten Jacek Malczewski und Stanisław Ignacy Witkiewicz – genannt Witkacy – der sich auch als Zeichner, Kunstfotograf, Philosoph und Romanautor betätigte. Ausgestellt werden auch die berühmten Fresken aus der Renaissancekirche des früheren orthodoxen Basilianerklosters der nahegelegenen Stadt

Supraśl, ein Zeugnis der kulturellen Vielfalt des Landstrichs. An der Nordseite des Platzes steht die backsteinerne Kościół Wniebowzięcia (Kirche der Himmelfahrt der Allerheiligsten Jungfrau Maria), die 1617–1621 erbaut wurde. Im Innern sind zwei Mausoleen zu sehen, die die Herzen Jan Klemens Branickis, seines Vaters und seiner Großmutter enthalten sollen.

Hauptattraktion von Białystok ist das an der Südostseite des Platzes gelegene Schloss von Jan Klemens Branicki. Das Prachtstück der Repräsentationsarchitektur wird auch als „Podlachisches Versailles" bezeichnet. Branicki konkurrierte im 18. Jahrhundert mit Stanisław August Poniatowski erfolglos um die polnische Krone – und zog sich anschließend nach Białystok zurück. Nach dem Ersten Weltkrieg durchlebte das Schloss eine groteske, aber nur kurz andauernde Mutation vom Feudalismus zum Kommunismus. Feliks Dzierżyński bezog hier mit einem „Vorläufigen Revolutionskomitee" Quartier, um eine Räterepublik nach russischem Vorbild zu schaffen. Das gotische Schlösschen vom Beginn des 16. Jahrhunderts wurde in der zweiten Hälfte des 17. Jahrhunderts umgestaltet und durch vier eingeschossige Eckbauten ergänzt. Letzter Schritt im Ausbau erfolgte 1728–1758 durch Johann Sigmund Deibel, der dem Corps de Logis ein drittes Stockwerk aufsetzte und eine gleichmäßige Fluchtlinie an der Front schuf. Zum Schloss gehört ein ebenso herrschaftlich wirkender Garten. Die wie mit dem Lineal gezogenen Bepflanzungen und Wege laden geradezu ein, das Schloss eingehend zu betrachten.

Weiter westlich zweigt von der Ulica Lipowa die Ulica Zamenhofa ab. An Haus 26 erinnert eine Gedenktafel an Ludwig Zamenhof. Der Erfinder der Kunstsprache Esperanto wurde 1859 in Białystok geboren. Auf der Ulica Lipowa steht eine klassizistische orthodoxe Nikolaj-Kirche (Cerkiew św. Mikołaja) aus dem Jahre 1848. Der wuchtig wirkende Bau birgt im Innern eine Polychromie, die eine Nachahmung der Fresken der orthodoxen Kathedrale von Kiew ist.

Sehenswertes um Białystok

Tykocin

Das 1800 Einwohner zählende Städtchen Tykocin ist zwar viel kleiner als Białystok, von dem es rund 30 Kilometer westlich gelegen ist, dafür aber viel älter. Schon 1425 erhielt es das Kulmer Stadtrecht. Durch seine Lage am Narew zwischen Warschau und Vilnius wurde Tykocin ein wichtiger Handelsplatz, an dem sich auch viele Juden niederließen. König Zygmunt II. August erwarb die Stadt und ließ dort eine Burg mit einer Schatzkammer und einer Bibliothek errichten. Von der Burg sind nur die Grundmauern erhalten, zu sehen ist aber noch die frühbarocke Synagoge aus dem Jahr 1642. Sie überstand den Zweiten Weltkrieg, da die Nationalsozialisten nur das Innere verwüsteten. Etliche Juden der einst blühenden Gemeinde wurden unter deutscher Besatzung außerhalb der Stadt erschossen, andere wurden von Polen bei

Unten: Tykocin, die Kleinstadt am Fluss Narew, besitzt die ansehnliche Barocke Dreifaltigkeitskirche.

Alljährlich am 19. August, dem Tag der Verklärung Christi, strömen tausende orthodoxe Gläubige zum Heiligen Berg von Grabarka.

Pogromen getötet. Die schlichte Synagoge kann heute als Museum besichtigt werden. Sie wird von einem Mansarddach bekrönt, das sich aus zwei Teilen mit unterschiedlicher Dachschräge zusammensetzt – eine innovative Spielart barocker Baukunst. Im Innern sind hebräische Wandinschriften und der Heilige Bogen für die Thora zu sehen, im Turm das Zimmer des Rabbi mit Kultgegenständen. Der jüdische Friedhof von Tykocin westlich der Synagoge wurde 1522 angelegt.

Die Kirche zur Heiligen Dreifaltigkeit (Kościół Świętej Trójcy) liegt am anderen Ende des Städtchens gegenüber dem Marktplatz. Der cremeweiße Bau wurde 1742–1749 errichtet und wird von zwei Türmen flankiert. In den Seitenstraßen rund um den Platz sind noch zahlreiche Holzhäuser erhalten. Auf dem Platz erinnert ein Denkmal an den Heerführer Stefan Czarniecki (1599–1665). Der Kronhetman und Kastellan von Kiew berief die Konföderation von Tyszowce und kämpfte anschließend in den Sintflutkriegen mutig und erfolgreich gegen die Schweden.

Kruszyniany und Bohoniki

Zwischen Białystok und der weißrussischen Grenze liegen die Dörfer Bohoniki und Kruszyniany. König Jan III. Sobieski siedelte hier im 17. Jahrhundert moslemische Tataren an, um sie für ihren Einsatz gegen die Türken in der Schlacht vor Wien 1683 zu belohnen. Schon in der Schlacht von Grunwald 1410 hatten Tataren als berittene Truppen auf Seiten von Polen-Litauen teilgenommen. Die Siedler errichteten die einzigen historischen Holzmoscheen und muslimische Friedhöfe in Polen, die bis heute genutzt werden.

Ihre Nachfahren sind heute weitgehend in die polnische Gesellschaft integriert. Rund 3 000 Polen haben tatarische Ursprünge. Die eisgrün gestrichene Moschee von Kruszyniany (18. Jahrhundert) befindet sich im Kern des Dorfes. Das Innere des einfachen Holzbaus ist aus Kiefernholz gefertigt. Ein kleinerer Raum ist für die Frauen abgeteilt. Der größere Gebetsraum, der den Männern vorbehalten ist, ist mit Teppichen ausgelegt. Eine Aussparung in der

Oben: Wildreservat im Bialowieza-Nationalpark, der zu den ältesten von ganz Europa gehört.
Folgende Seite: Grüner, lebensspendender Wald im Nationalpark Białowieża.

Wand ist gen Mekka ausgerichtet. Der Friedhof, der rund 300 Meter jenseits der Moschee in einem Waldstück liegt, zeigt muslimische Grabsteine wie das des letzten Imams, aber in jüngerer Zeit auch solche, die christlichen ähneln – was als Merkmal kultureller Assimilation gesehen wird. Auch die Moschee von Bohoniki ist grün gestrichen, sie ist allerdings kleiner als die von Kruszyniany. Sie erinnert an ein Bauernhaus, das rötliche Dach wird von einem Türmchen bekrönt. Der muslimische Friedhof liegt einen Kilometer nördlich der Moschee.

Grabarka

Während Kruszyniany und Bohoniki eher Relikten des alten multiethnischen Polen gleichen, scheint der aufblühende orthodoxe Wallfahrtsort Grabarka die alte Vielfalt zu neuem Leben zu erwecken. Um das Fest der Verklärung Christi am frühen Morgen des 19. August mitzuerleben, unternehmen jährlich etwa 50 000 orthodoxe Gläubige eine Wallfahrt zum Heiligen Berg von Grabarka. Sogar Pilger aus Weißrussland nehmen teil. Der Ort liegt etwa zehn Kilometer östlich von Siemiatycze am Bug im äußersten Süden Podlachiens. Die Holzkirche aus dem 18. Jahrhundert wurde 1990 das Opfer von Brandstiftung. Das Frauenkloster wurde 1947 eingerichtet, um die verbliebenen orthodoxen Gläubigen in Polen zu sammeln. 1922 hatte Polen die orthodoxe Kirche auf seinem Territorium für autokephal erklärt, was Proteste der russisch-orthodoxen Kirche auslöste. Nach Kriegsende waren durch die Westverschiebung Polens nur noch wenige orthodoxe Gläubige und Wallfahrtsstätten verblieben.

Durch die „Aktion Weichsel" wurde die orthodoxe Bevölkerung unter Zwang in den Westen Polens umgesiedelt, was den religiösen Zusammenhalt weiter schwächte. Durch die Absetzung des Metropoliten Dionisi im Jahre 1948 wurden die Gläubigen vom kommunistischen Regime weiter marginalisiert. Erleichterungen gab es seit den 1980er Jahren. Seit 1991 ist die polnisch-orthodoxe Kirche wieder juristisch anerkannt und zählt heute über 600 000 Mitglieder. Eine Attraktion von Grabarka sind die mehr als 20 000 Kreuze, die am Berg aufgestellt wurden. Als heilig gilt der Berg seit 1710, als die Cholera in der Region wütete. Auf den Traum eines Mannes hin begaben sich die Bewohner mit Kreuzen auf den Berg und schöpften Wasser aus der dortigen Quelle. Ihre Heilung ist legendär und steht heute für das spirituelle Erwachen einer lange unterdrückten Glaubensrichtung.

Nationalpark Białowiezża

Der Nationalpark schützt Teile des Waldgebietes Puszcza Białowieża, das sich rund 60 Kilometer südöstlich von Białystok zu einem Drittel auf polnischem und zu zwei Dritteln auf weißrussischem Territorium erstreckt. Mit 1300 qkm ist es Mitteleuropas größter zusammenhängender Urwald. 1932 gegründet, ist Białowieża der älteste Nationalpark Polens und dazu der einzige, der in die Liste der Biosphärenreservate der UNESCO aufgenommen wurde. Im Park gibt es Bereiche, die nur mit autorisierten Führern besucht werden können.

Im Dorf Białowieża südlich des Parks gibt es ein Lehr- und Informationszentrum mit einer multimedialen Ausstellung über Tiere und Pflanzen im Park. Vor allem dessen Fauna ist eine Rarität. Hier leben neben Wölfen und Luchsen auch die seltenen Wisente, viele davon in einem speziellen Reservat. In den 1920er Jahren waren die Wisente in der Wildnis bereits ausgerottet worden. Mittlerweile ist es gelungen, aus in Zoos erhaltenen Tieren wieder wildlebende Populationen im Südosten Podlachiens an der weißrussischen Grenze zu schaffen. Rund 300 Tiere leben derzeit in der Puszcza Białowieża.

Dennoch sind sie nach wie vor gefährdet. Das Institut für Säugetierforschung der Polnischen Akademie der Wissenschaften (MRI PAS) hat deshalb mit dem Natinalpark Białowieża und dem Kreis Hajnówka das „European Bison Programme" (EBP) für die nachhaltige regionale Entwicklung der Art konzipiert. Bedrohungen für die Wisente stellen der mangelnde Platz im

Ökosystem sowie die Fragmentierung und Isolation sich frei bewegender Herden, die für hohe Inzuchtraten und schwache Widerstandskraft gegen Krankheiten sorgt, dar. Eine Ausbreitung über weitere Gebiete soll durch forcierten Naturschutz, zusätzliche Futterplätze und Pflanzung weiterer Laubbäume erreicht werden. Im Gehege können auch Elche, Wildschweine, Hirsche und polnische Tarpan-Pferde bestaunt werden. Auch die Flora des Parks bietet Spektakuläres. Drei Kilometer nördlich des Bison-Reservates stehen die „Königlichen Eichen". Sie sind nach den polnischen Königen benannt und manche unter ihnen haben mit Stämmen von über fünf Metern Umfang wahrhaft majestätische Ausmaße. „Stefan Báthory", die älteste unter ihnen, ist 40 Meter hoch und 450 Jahre alt – sie begann also ungefähr zur Regierungszeit des gleichnamigen Königs zu wachsen.

Nationalpark Biebrzański

Der größte Nationalpark Polens liegt bogenförmig rund 70 Kilometer nordwestlich von Białystok und schützt das mit 59 223 Hektar größte, im natürlichen Zustand erhaltene Niedermoorgebiet Europas. Es erstreckt sich im Tal des Tieflandflusses Biebrza. Hier breitet sich eine Sumpflandschaft aus, die eine reiche Flora und Fauna hervorgebracht hat. Etwa 235 Arten von in Europa selten gewordenen Wat- und Greifvögeln leben hier, darunter See- und Zwergadler, Alpenstrandläufer, Kampfläufer, verschiedene Schnepfenarten und das Schwarze Moorhuhn. Wenn die Biebrza im Frühjahr über die Ufer tritt, sind in ihrem mehrere Kilometer breiten Schwemmgebiet Tausende Zugvögel anzutreffen. Das Biebrza-Tal ist außerdem der größte Lebensraum des Elches in Polen. Darüber hinaus leben hier Wölfe, Wildschweine, Bisamratten, Marderhunde, Biber und Fischotter. Die Flora zeichnet sich durch Erlenwälder, spezifische Riedvegetation und Wasserpflanzen wie die Krebsschere aus. Letztere sieht wie eine sternförmige Grasart aus und treibt während des Sommerhalbjahrs auf der Wasseroberfläche. Sie ist ein Indikator für sauberes Wasser.

KLEINPOLEN

Fakten zur Region

Der Name Kleinpolen steht heute einerseits für die Wojewodschaft Malopolskie, historisch und kulturgeschichtlich bezeichnet er jedoch auch eine ganze Region im Südosten Polens, die von der Ausstrahlungskraft der alten Königsstadt Krakau geprägt wurde und in Lublin, Zamość und Sandomierz lokale Zentren hatte. Begrenzt wird sie im Süden von den Karpaten, im Westen und Nordwesten von den Flüssen Soła, Przemsza und Pilica, im Norden von der Weichsel und dem Wieprz und im Osten vom Bug. Zur Zeit des alten Polen-Litauen wurden auch die Gebiete Galizien, Wolhynien und Podolien dazu gezählt. Im heutigen Polen gehören im Südwesten beginnend und dem Uhrzeigersinn folgend die Wojewodschaften Kleinpolen, Heiligkreuz, Lublin (Lubelskie) und Karpatenvorland (Podkarpackie) zur Region.

Links: Steinige Wege führen zu einem Bergsee in den Karpaten.
Unten: Sicht auf das Königsschloss auf dem Wawelhügel in Krakau.

Eine Holzkirche mit Kuppelbau inmitten der Beskiden.

Die Karpaten bilden den Südteil der Wojewodschaften Podkarpackie und Malopolskie. In letzterer liegen die Äußeren und, ganz im Süden, die Zentralen Westkarpaten mit der Tatra. Diese gelten im Gegensatz zu den übrigen Karpaten als Hochgebirge. Der Rysy, ihr mit 2499 Metern höchster Gipfel, ist gleichzeitig der höchste Berg Polens. Hier gibt es auch Bergseen wie das Meeresauge (Morskie Oko). Im äußersten Südosten des Landes, in der Wojewodschaft Podkarpackie, verlaufen die Ostbeskiden oder Bieschaden. Żółta Turnia (2087 Meter) und Koszysta (2193 Meter) sind hier die höchsten Gipfel. Im Norden schließt sich – östlich der Weichsel – das Becken von Sandomierz an, dahinter beginnt in der Wojewodschaft Lublin die Lubliner Hochfläche. Gen Norden und Osten in der Nähe des Flusses Wieprz fällt das Gelände in einer Stufe zur Lubliner Senke ab. Westlich der Weichsel, im Gebiet der Wojewodschaften Heiligkreuz und Kleinpolen, verläuft die Kleinpolnische Hochfläche. Zu ihr ge-

hörten das Heiligkreuzgebirge mit den Gipfeln Łysica (612 Meter) und Łysa Góra (595 Meter) und der nördlich Krakaus gelegene, bis fast ins Stadtgebiet hineinreichende Polnische Jura, der auch Krakau-Tschenstochauer Hochfläche genannt wird. Im Süden erreicht er Höhen bis 500 Meter, im Nordwesten bis 300 Meter. Häufig finden sich hier Kalkfelsen in bizarren Formationen, die durch die Verkarstung des Höhenzugs geschaffen wurden. Es entstanden auch unterirdische Gewässer und Grotten wie die Grota Łokietka sowie Schluchten und steinerne Pforten.

Die 15 108 qkm große Wojewodschaft Malopolskie grenzt im Süden, mitten in den Höhenzügen der Karpaten, an die Slowakei. Im Westen liegt die Wojewodschaft Schlesien, im Norden und Osten die Woiwodschaften Heiligkreuz und Karpatenvorland. Hauptstadt ist das 756 336 Einwohner zählende Krakau. Die nächstgrößten Städte sind Tarnów mit 117 109 und Nowy Sącz

Im frühen Sommer begegnen dem Wanderer prächtig blühende Mohnfelder in der Polnischen Jura.

mit 84 594 Einwohnern. Insgesamt leben in der Wojewodschaft rund 3 280 000 Menschen. Größter Fluss ist die durch Krakau fließende Weichsel mit ihren Zuflüssen Soła, Skawa, Raba und Dunajec, die allesamt aus den Karpaten gespeist werden. Eichenmisch- und Tannen-Buchenwälder bilden die Vegetation vor allem der gebirgigen Zone. An Rohstoffen finden sich Steinkohle, Eisenerz, Kalkstein und Quarzsand. Wirtschaftlich bedeutend sind der Banksektor – die Hypo-Vereinsbank und die Deutsche Bank 24 investierten hier –, Hochtechnologie, Maschinenbau, chemische, metallurgische und lebensmittelverarbeitende Industrie sowie Tabakherstellung. Die Baubranche prosperiert. Ein Grund dafür ist, dass viele Bauprojekte öffentlich ausgeschrieben werden. Allein im dritten Quartal 2006 waren es rund 4500, womit die Wojewodschaft Kleinpolen noch vor Masowien lag. 7,4 Prozent der Bewohner waren im Jahr 2008 arbeitslos. 1993 wurde die Euroregion Karpaten geschaffen, die 148 095 qkm auf den Gebieten von Polen, der Slowakei, der Ukraine, Ungarn und seit 1997 auch Rumänien umfasst und die Heimat von ungefähr 15 Millionen Menschen ist. Die Bewohner sollen durch Kooperationen in Wissenschaft, Kultur, Bildung, Handel, Tourismus und Wirtschaft einander nähergebracht werden. Ähnliche Kooperationen wurden für die Tatra und die Beskiden eingerichtet.

Die 11 691 qkm große Wojewodschaft Świętokrzyski hatte im Jahre 2008 rund 1 274 300 Einwohner. Im Süden grenzt sie an die Wojewodschaft Kleinpolen, im Uhrzeigersinn schließen sich die Wojewodschaften Schlesien, Łódź, Masowien, Lublin und Karpatenvorland an. Wojewodschaftshauptstadt und gleichzeitig größte Stadt ist das 206 796 Einwohner zählende Kielce, darauf folgen Ostrowiec Świętokrzyski und Starachowice mit rund 74 000 bzw. 53 000 Einwohnern. Größter Fluss ist die im Südwesten verlaufende Nida, die der Weichsel zufließt.

Eichenmisch- und Kiefern-Buchenwälder herrschen vor, in den höheren Regionen gibt es auch Tannenwälder. Am Kamm des Świętokrzyski-Gebirges befindet sich der Świętokrzyski-Nationalpark, auf dem sich der höchste Berg der Wojewodschaft, die 612 Meter hohe Łysica, befindet. Das Gebiet ist ländlich geprägt, an Rohstoffen stehen Schwefel, Quarzsande und Kalk zur Verfügung. Wichtige Branchen sind Baustoffindustrie, Metallurgie, Maschinenbau, Feinmechanik sowie Lebensmittel- und Textilherstellung. Kielce ist nach Poznań der zweitgrößten Messeplatz Polens. Die Kalkstein-, Ton- und Gebirgsböden sind für die Landwirtschaft von mittlerer Qualität, dennoch wird erfolgreicher Obst- und Gemüseanbau betrieben. Weitere Erzeugnisse sind Getreide, Kartoffeln und Milchprodukte. Bekannt ist die regionale Geflügel-, Rinder- und Pferdezucht. Ökologischer Landbau ist im Kommen. Wie die anderen Wojewodschaften der Region ist auch Heiligkreuz wirtschaftlich schwach, 13,5 Prozent der Bevölkerung sind arbeitslos.

Die Wojewodschaft Lublin misst 25 114 qkm und hatte 2008 etwa 2 164 600 Einwohner. Nachbarn im Norden, Nordwesten und Westen sind die Wojewodschaften Podlachien, Masowien und Heiligkreuz, im Süden die Wojewodschaft Karpatenvorland. Im Osten grenzen die Ukraine und weiter nördlich Weißrussland an das Gebiet. In der Wojewodschaftshauptstadt Lublin leben 352 786 Menschen, die nächstgrößten Städte Chełm und Zamość zählen rund 68 000 bzw. 67 000 Einwohner. Die größten Flüsse sind der Bug, der außer im Südosten die Wojewodschaft gegen die Ukraine und Weißrussland abgrenzt, und die Weichsel, die streckenweise die Grenze zu den Wojewodschaften Masowien und Heiligkreuz bildet. Kleiner sind der Weichselzustrom

Geflügelzucht ist in vielen Regionen Polens von großer wirtschaftlicher Bedeutung.

Wieprz und die in den Bug fließende Krzna. In den Flusstälern und Niederungen herrscht Kontinentalklima stärkerer und schwächerer Ausprägung. Sandböden und Schwarzerde wechseln einander ab. Neben Eichenmisch- und Kiefern-Buchenwäldern gibt es im Norden auch Moore und Sümpfe sowie die Auenwälder der Flussniederungen. Steinkohle ist der wichtigste Rohstoff, daneben gibt es Kalkvorkommen. Wirtschaftlich ist die Region unterentwickelt, elf Prozent der Bevölkerung sind arbeitslos. Landläufig kursiert daher auch die Bezeichnung „Polen B" für den östlichen Grenzraum.

Um sein Potenzial besser zu nutzen, wurden Teile des Gebietes zur Sonderwirtschaftszone „Euro-Park Mielec" erklärt. Unter anderem soll die günstige Steuerpolitik der Zone neue Arbeitsplätze schaffen. Die wirtschaftliche Erschließung fördern sollen auch Großprojekte

wie der Bau des Flughafens Lublin/Świdnik, wofür die Europäische Kommission 2008 eine Beihilfe in Höhe von 84,1 Millionen Euro genehmigt hat. Traditionelle Branchen der ländlich geprägten Region sind Zuckerherstellung, Molkereiwesen, Fleisch- und Brauindustrie, Getreideverarbeitung, Tabak-, Alkohol- und Süßwarenindustrie, Heilkräutergewinnung sowie obst- und gemüseverarbeitende Industrie. Hinzu kommen Maschinen- und Fahrzeugbau, Energieerzeugung und Möbelindustrie.

Die Wojewodschaft Podkarpackie umfasst 17 845,66 qkm und hat 2 096 832 Einwohner. Im Osten und am Südostzipfel des Gebietes verläuft die Landesgrenze zur Ukraine, im Süden innerhalb der Beskiden die zur Slowakei. Im Westen, Nordwesten und Norden wird es von den Wojewodschaften Kleinpolen, Heiligkreuz und Lublin eingerahmt. Wichtigster Fluss ist die

In den Waldkarpaten verraten schon die Sträßchen, dass es hier etwas ruhiger zugeht.

Weichsel, die die Grenze zur Wojewodschaft Heiligkreuz markiert. In die Weichsel ergießen sich die Wisłoka und der San, hinzu kommen dessen Zuflüsse Tanew und Wisłok. Wojewodschaftshauptstadt ist das 166 684 Einwohner zählende Rzeszów. Andere wichtige Städte sind Przemyśl und Tarnobrzeg mit 66 715 bzw. 50 033 Einwohnern. Im nördlichen Vorkarpatenland herrscht gebirgiges Klima und eine Vegetation, die vor allem aus Tannen-Buchen- und Eichenmischwäldern der Mittelgebirge besteht.

In der Gebirgszone im äußersten Südosten des Gebietes befindet sich der Bieszczadzki-Nationalpark. Zu erschließende Rohstoffe sind Erdöl, welches schon im 19. Jahrhundert hier gefördert wurde, Quarzsand, Schwefel und Kalkstein. Wie die Wojewodschaft Lublin gehört auch die

Wojewodschaft Podkarpackie zu den ärmsten Regionen der Europäischen Union. Die agrarische Prägung ist stark, 12,8 Prozent der Bevölkerung sind arbeitslos. Auch hier wurden Gebiete in die Sonderwirtschaftszone „Euro-Park Mielec" integriert. Neben pharmazeutischer und Lebensmittelindustrie hat der Flugzeugbau Tradition. 80 Prozent der polnischen Luftfahrtindustrie sind hier ansässig, vor allem in der Gegend von Lublin und Rzeszów.

In den Gebirgsregionen im Süden entwickelt sich der Tourismus besonders schnell. Wie in anderen Regionen in Polens Osten hat sich auch hier die religiöse Vielfalt des alten Polen erhalten. Sie zeigt sich in orthodoxen Kirchen und Synagogen, die unter anderem Geburtsstätte für die Bewegung der jüdischen Chassidim waren.

Rechts: In der Tatra enspringen Quellflüsse, die bis nach Polen einfließen, wie zum Beispiel der Dunajec.
Unten: Frische Luft und bunte Farben bieten die Berglandschaften in den Beskiden.

Geschichte

Kleinpolen war in der Frühzeit das Siedlungs-
gebiet der Wislanen – ihr Name ist von „Wisla",
der slawischen Bezeichnung für die Weichsel,
abgeleitet. Neben Großpolen um Poznań und
Gniezno war Kleinpolen eines der Kerngebiete
der polnischen Staatsentwicklung. Der Polanen-
herzog Mieszko I. bezog Kraków im 10. Jahrhundert in den Piastenstaat ein, in dem sich in
der Folgezeit allerdings Zerfallstendenzen be-
merkbar machten.

Der von 1102–1138 regierende Bolesław III.
Krzywousty erklärte Krakau in seinem Testament zum Regierungssitz, von dem aus ganz Polen regiert werden sollte. Dies verwirklichte sich
jedoch erst unter dem von 1306 bis 1333 regierenden Władysław I. Łokietek. Er gewann 1311
die Herrschaft in Kleinpolen und vereinigte es
schließlich mit Großpolen.

In der Folge wurde Kleinpolen mit Krakau als
Krönungs- und Residenzstadt zum Zentrum des
polnischen Königreiches, das sich weiter nach
Südosten ausdehnte. Unter dem von 1333 bis
1370 regierenden König Kazimierz III. Wielki
kamen Galizien und Teile Wolhyniens hinzu.
Nachdem die Litauer noch 1376 schwere Verwüstungen in Kleinpolen angerichtet hatten,
sorgte die 1385 geschlossene Personalunion mit
Litauen für die Befriedung Polens gen Osten.

Neben Krakau als wirtschaftlichem Zentrum er-
starkten auch andere Städte Kleinpolens. Sandomierz gedieh durch den Weichselhandel und
erhielt bereits 1244 das Magdeburger Stadtrecht.
1364 folgten Kielce und ebenfalls im 14. Jahrhundert Kazimierz Dolny, welches im 16. und
17. Jahrhundert durch den Getreidehandel aufstieg. Die Invasion der Schweden in den Sintflutkriegen leitete allerdings 1655 den Niedergang der gesamten Region ein.

Besonders bekannt ist die Statue der zwölf Aposteln an der Peter-und-Paul-Kirche in Krakau.

1772 kamen Gebiete südlich der Stadt Sandomierz bis südlich von Nowy Sącz zu Österreich,
ebenso Regionen rund um die Städte Belz,
Lwów und Tarnopol bis unterhalb des Dnepr.
1795 folgten der nördliche Teil Kleinpolens und
die Territorien bis zum Bug. 1807 wurde
Kleinpolen nördlich der Weichsel mit Krakau in
das Herzogtum Warschau integriert, nach dem
Wiener Kongress 1815 ins Königreich Polen, das
Russland unterstand. Die Gebiete südlich der
Weichsel kamen als Königreich Galizien und
Lodomerien zu Österreich, ebenso Krakau, das
sich bis 1846 noch als Freistaat halten konnte.
Das Regime der Habsburger erwies sich als lo-
ckerer als das des Zaren und der preußischen,
später deutschen Obrigkeit. Die polnische Bevölkerung konnte Kunst und Kultur pflegen, vor
allem Krakau entwickelte sich als von Österreich
geduldetes Zentrum nationaler Kultur. Ebenfalls
Hochkonjunktur hatten Unabhängigkeitsbewegungen, die später auch Piłsudskis Polnische

Legionen hervorbringen sollten. Die wirtschaftliche Entwicklung hinkte den deutsch und russisch verwalteten Gebieten jedoch hinterher. Vor
allem die Landbevölkerung im Südosten litt
unter den feudalen Strukturen, die sich dort noch
zugunsten des Adels halten konnten. Die im Königreich Polen liegenden Regionen Kleinpolens
hatten hingegen Anteil am wirtschaftlichen Aufschwung, der vor allem durch die Textilindustrie
zustande kam.

Im Zweiten Weltkrieg wurde nach dem deutschen Einmarsch 1939 auf einem Großteil Kleinpolens das Generalgouvernement errichtet, das
dem Karpatenbogen bis Südosten folgte und
nördlicher als Warschau hinaufreichte. Reichsminister Hans Frank koordinierte hier die Umsetzung der nationalsozialistischen Politik vom
Krakauer Königsschloss aus. Das Land wurde für
die nationalsozialistische Kriegswirtschaft ausgebeutet, die Bevölkerung terrorisiert. Vertreter der

In der polnischen Jura trifft man auf eigenartige Gesteinformationen, über die sich Sportkletterer freuen.

Das Viertel Kazimierz bestand bereits im 14. Jahrhundert und umfasste auch einen jüdischen Bezirk.

Elite wurden – zum Beispiel in Krakau und Lublin – durch Deportation ins KZ ausgelöscht, die Unterschichten zur Zwangsarbeit deportiert. Die Polen pflegten ihr Bildungswesen in den Kriegsjahren im Untergrund weiter. Deutsche aus der Region Lublin und Wolhynien wurden in die Gebiete an Oder und Warthe umgesiedelt. Diese Gebiete waren von den Nationalsozialisten in den nach Kriegsbeginn gebildeten „Warthegau" eingegliedert worden. Nach dem Angriff gegen die Sowjetunion 1941 verschärfte sich die Lage. Im Kreis Zamość wurden im November 1942 polnische Bauern zwangsausgesiedelt und durch Deutsche ersetzt. Die Juden wurden in Ghettos konzentriert und vor allem in Vernichtungslagern ermordet. Im Sommer 1944 hatte die Rote Armee bereits Lublin und Przemyśl besetzt, am 18. Januar 1945 folgte Krakau. Mit dem Lubliner Komitee ging von der kleinpolnischen Stadt die sozialistische Umgestaltung Polens aus.

Krakau

Fakten zur Stadt

Krakau (Kraków) ist nicht nur die Hauptstadt der Wojewodschaft Kleinpolen, sondern mit 756 336 Einwohnern auch die zweitgrößte Stadt Polens. Sie liegt an der Weichsel, zwischen den Karpaten und der Krakau-Tschenstochauer

Oben: Im Zentrum der Krakauer Altstadt stehen die Tuchhallen, die eine Touristenattraktion darstellen.
Folgende Doppelseite: Die Peter-und Paul-Kirche in Krakau wurde von den Jesuiten erbaut.

Hochfläche, rund 250 Kilometer südlich von Warschau. Die alte Krönungsstadt ist mit zahlreichen Museen, Theatern, Galerien und einem vitalen Nachtleben die kulturelle Metropole Südpolens, aber auch ein wissenschaftliches Zentrum. Die Jagiellonen-Universität, die Technische Universität, die Hochschule für Bergbau und Hüttenwesen, die Kunst- und die Musikhochschule sowie weitere Bildungsinstitutionen bringen es insgesamt auf 177 276 Studenten. Krakau ist auch ein wichtiger Verkehrsknotenpunkt. Die Autobahn 4 (E40) führt von Krakau über Kattowitz und Breslau durch ganz Schlesien bis nach Görlitz/Zgorzelec an die polnisch-deutsche Grenze. Über Krakau, Tarnów und Rzescóv gelangt man bis in die

Ukraine. Bis in die Slowakei kommt man auf der E77, in Norden bis Kielce, Radom und Warschau. Am Flughafen Balice 12 Kilometer im Westen der Stadt wurden 2006 rund 2 350 000 Fluggäste abgefertigt.

Wirtschaft

Der mit 4,6 Prozent sehr niedrige Anteil an Arbeitslosen zeigt, dass es der Stadt wirtschaftlich gut geht. Krakau hat sich seit dem Ende des Sozialismus zur Stadt mit dem größten Dienstleistungssektor nach Warschau gemausert. Eine große Rolle spielt der Fremdenverkehr. Mit fünf Millionen Besuchern pro Jahr lockt Krakau die

Die ansehnliche Burganlage Wawel am Ufer der Weichsel war einst die Residenz der polnischen Könige.

meisten ausländischen Touristen ins Land. Es entstehen Hotels und Einkaufszentren wie die Galeria Krakowska auf dem Bahnhofsvorplatz, die 270 Geschäfte, neun Cafés und 14 Restaurants beherbergt. Bis 2010 soll sie noch durch ein Hotel, Büro- und Wohnhaus ergänzt werden. Etliche ausländische Handelsketten wie Metro, Carrefour und Ikea sind mittlerweile vertreten.

Die Baubranche profitiert von den zahlreichen Projekten. Ein in Teilen Krakaus und Tarnóws eingerichteter Technologiepark fördert die Ansiedlung von Hochtechnolgieunternehmen. Die gewährten Steuervergünstigungen werden bereits von Firmen wie Motorola, den polnischen Glasproduzenten Krosno und Shell Polska genutzt. Das im Stadtteil Nowa Huta gelegene, in den 1950er Jahren gebaute Stahlwerk Tadeusz Sendzimir ist das zweitgrößte in Polen. Derzeit wird es mit Hilfe deutscher Kredite modernisiert, um die gravierenden Umweltbelastungen zu reduzieren.

Geschichte

Am Wawel, einem Tafelberg an der Weichsel, sind Spuren uralter Besiedlung zu finden. Krakau ist nach dem legendären Heerführer und König Krak benannt, der eine Burg auf diesem Hügel errichtet haben soll. Sicher ist, dass hier das Siedlungszentrum des slawischen Stammes der Wislanen lag. Unter Mieszko I. wurde Kraków im 10. Jahrhundert in den Piastenstaat einbezogen. Die Stadt entwickelte sich durch ihre günstige Lage zu einem herausragenden Handelsplatz. Hierher gelangten Händler auf dem Weg von West- nach Osteuropa und Byzanz. Die Aufzeichnungen des jüdischen Kaufmanns Ibrahim ibn Jakub aus Cordoba bezeugten die Existenz der Stadt schon 965. Im Jahr 1000 wurde sie Bischofssitz, und auch politisch wuchs ihre Bedeutung. 1038 wurde Krakau zur Krönungsstadt der polnischen Könige, während der Zersplitterung des Staates in Teilfürstentümer (1138–1306) blieb es immer

In den Tuchhallen befindet sich unter anderem ein Teil des polnischen Nationalmuseums.

noch das Herrschaftszentrum. 1241 fiel Krakau dem Feldzug der Mongolen zum Opfer, die die noch aus Holz gebaute Stadt niederbrannten. 1257 erhielt Krakau das Magdeburger Stadtrecht und wurde wieder aufgebaut – diesmal aus Stein. Ein Marktplatz und ein gitterförmiges Straßennetz wurden angelegt, später folgten steinerne Stadtmauern und Türme.

1320 ließ sich König Władysław I. Łokietek in Krakau zum König krönen. Die umgebaute Kathedrale auf dem Wawel sollte von nun an bis 1764 Krönungsstätte bleiben. Kunst und Wissenschaft wurden durch Kazimierz III. Wielki zur vollen Blüte gebracht. 1364 gründete er die Universität Krakau – eine der ersten in Mitteleuropa. Ende des 14. Jahrhunderts wurde sie durch eine theologische, 1405 durch eine mathematische Fakultät erweitert. Bedeutende Gelehrte aus dem In- und Ausland lebten und arbeiteten nun in Krakau. Dazu gehörten der Historiker Jan Długosz (1415–1480) und Niko-laus Kopernikus, der hier 1491–1494 studierte, sowie der italienische Renaissancegelehrte Filippo Buonaccorsi. Auch wirtschaftlich gedieh Krakau, das seit 1430 Mitglied der Hanse war, prächtig. Dies dokumentieren die Tuchhallen, die Ende des 14. Jahrhunderts am Marktplatz gebaut wurden. Das Geld floss auch in Kunstwerke, die von Künstlern und Handwerkern aus ganz Europa geschaffen wurden. So schnitzte der Nürnberger Veit Stoß zwischen 1477 und 1489 den berühmten Hauptaltar der Marienkirche – bezahlt wurde er von wohlhabenden Bürgern. Während der Regierungszeit der Jagiellonen-Könige Zygmunt I. Stary (1506-1548) und Zygmunt II. August (1548-1572) hinterließ die florentinische Renaissance deutliche Spuren im Stadtbild. Sie stammen von den Architekten Francesco Fiorentino und Bartolommeo Berrecci, die unter anderem auch den Wawel, die ehemalige Residenz der polnischen Könige in Krakau, umbauten. Im 16. Jahrhundert erreichte die Zahl der Bewohner über 30000.

Auch wenn Krakau Krönungsstadt blieb, wurde es 1596 entthront. Zygmunt III. Waza verlegte den Regierungssitz nach Warschau, und das politische und kulturelle Leben verlagerte sich nach Norden. Die Invasion der Schweden fügte der Stadt 1655 erheblichen Schaden zu, 1702 folgten bei einem erneuten Einmarsch der Schweden weitere Verwüstungen. Das 18. Jahrhundert bescherte Krakau eine schwere Krise, in der die Bevölkerung von 40 000 auf 9000 sank. In der dritten Teilung Polens kam die Stadt zu Österreich. 1807 wurde sie dem Großherzogtum Warschau zugesprochen, und nach dem Wiener Kongress von 1815 wurde sie zum Freistaat – unter der Aufsicht der Teilungsmächte. Gegen letztere regten sich 1846 revolutionäre Unruhen, die mit der Beseitigung des Sonderstatus der Stadt beantwortet werden. Krakau wurde von Österreich annektiert. 1850 vernichtete auch noch ein verheerender Brand

Teile des Marktplatzes und der Ulica Grodzka mit der Franziskanerkirche.

Dennoch entwickelten sich Kunst und Kultur unter österreichischer Herrschaft stetig weiter, und 1866 erhielt Krakau die Selbstverwaltung zurück. 1873 wurde die Kunstakademie gegründet, die literarische und künstlerische Avantgarde sammelte sich in der Bewegung „Młoda Polska", so Jan Matejko und seine Schüler Józef Mehoffer und Stanisław Wyspiański. Auch politische Parteien und Unabhängigkeitsbewegungen traten hervor.

Nach der Wiederkonstituierung Polens nach dem Ersten Weltkrieg wurde die Infrastruktur der Stadt ausgebaut. Eine Bergbauakademie entstand, und für die Jagiellonen-Bibliothek wurde ein neues Gebäude errichtet. Nach dem Überfall

In Krakau steht das imposante Monument für Tadeusz Kósciuszko, dem polnischen General und Unabhängigkeitskämpfer.

In sommerlicher Abendstimmung treffen sich gerne die Schachspieler in der Nähe der Weichsel.

auf Polen zu Beginn des Zweiten Weltkrieges fielen auch kleinpolnische Gebiete unter das Generalgouvernement, das Deutschland unter der Leitung von Reichsminister Hans Frank am 26. Oktober 1939 errichtete. Als Sitz wurde das Krakauer Schloss gewählt. Krakauer Professoren und Universitätsangestellte waren unter den ersten Opfern der perfiden Strategie Hitlers, die polnische Elite zu vernichten.

Am 6. November 1939 wurden sie von der SS verhaftet und ins KZ deportiert. Eines der größten Ghettos von ganz Polen wurde in der Nähe des Stadtteils Kazimierz errichtet. Von dort aus fand das Lied „Ss brennt Brider, ss brennt" des Schreiners Mordechaj Gebirtig schnell Verbreitung. Er selber wurde, wie fast alle der 65 000 Juden, die vor dem Krieg in Krakau gelebt hatten, von den Nationalsozialisten ermordet.

Am 18. Januar 1945 rückte die Rote Armee in Krakau ein. Die Stadt wurde von den abziehen-den Deutschen geplündert, hatte den Krieg ansonsten aber nahezu unbeschadet überstanden. Nach dem Krieg wurde Krakau einmal mehr zur Metropole vieler Künstler. Die in der jungen Volksrepublik Polen populäre Förderung der Schwerindustrie stand Pate beim Bau des metallurgischen Kombinats von Nowa Huta (1947–1954) außerhalb Krakaus.

Die durch das Stahlwerk verursachte Luft-verschmutzung bedrohte die vielen Kunstwerke, die Krakau als erste europäische Stadt 1978 auf die UNESCO-Liste für schützenswertes Welt-kulturerbe verhalf. Heute ist Krakau mit 756 336 Einwohnern die drittgrößte Stadt Polens.

Rundgang durch die Stadt

Kaum ein Stadtzentrum in Polen bietet so viel authentische Bausubstanz und eine derartige Konzentration von historischen Monumenten

Ein jüdisches Café im Stadtteil Kazimierz erinnert an die jüdische Vergangenheit des Viertels.

und Kunstwerken wie die Krakauer Altstadt. Die „Planty" genannten Grünanlagen fassen das kompakte Areal ein, die Ulica Grodzka verbindet es mit dem südlich vorgelagerten, hoch auf dem Wawel-Hügel gelegenen Königsschloss. Diese alte Kernzone der Stadt hat das Kriegsgeschehen vergangener Jahrhunderte weitgehend unbeschadet überstanden.

Im Südosten schließt sich mit dem 1335 begründeten Kazimierz ein Viertel an, das auf mittelalterliche Ursprünge mit einem christlichen und einem früher jüdisch besiedelten Bezirk verweisen kann. Westlich der Altstadt liegt das im 19. Jahrhundert errichtete Viertel Zwierzyniec und der Wald „Las Wolski". Das im Osten gelegene Nowa Huta ist im Wesentlichen eine Anlage aus den frühen 1950er Jahren.

Geschichte in konzentrierter Form ist auf dem Krakauer Wawel erlebbar. Seine wichtigsten Gebäude sind das Schloss, dessen erste Variante 963 noch aus Holz errichtet wurde, und die Kathedrale (Katedra Wawelska), die von 1320 bis 1764 Krönungsstätte der polnischen Könige war. Sie wurde bereits 1018 geschaffen und 1320–1364 im gotischen Stil erneuert, nachdem ein Brand den noch romanisch geprägten Bau vernichtet hatte. Aus dieser Ära erhalten geblieben ist nur die um 1100 entstandene Sankt-Leonards-Krypta. Hier finden sich die kostbar gearbeiteten Sarkophage etlicher polnischer Könige wie Zygmunt II. August, Stefan Báthory und Zygmunt III. Waza. Aber nicht nur blaublütigen Nationalhelden, auch Józef Piłsudski und Tadeusz Kościuszko sowie den romantischen Schriftstellern Adam Mickiewicz, Juliusz Sło-

In der Krakauer Marienkirche steht der beeindruckende hölzerne Hochaltar von Veit Stoß, der aus dem 15. Jahrhundert stammt.

wacki und Cyprian Kamil Norwid wurde posthum ein Ehrenplatz von nationalem Rang zuteil.

Die Sigismund-Kapelle an der Südwand der Kathedrale ist schon von Weitem durch ihre vergoldete Kuppel zu erkennen. Hier sind die Könige Zygmunt I. Stary und Zygmunt II. August begraben. Das Meisterwerk der toskanischen Renaissance ist innen durch kreisförmige und von Rundbögen gesäumte Skulpturennischen bis zur Kassettenkuppel harmonisch gegliedert. Die prächtigen Plastiken aus rotem Marmor schufen Bartolomeo Berrecci und seine Steinmetze. Zygmunt I. Stary zu Ehren wurde überdies 1520 eine Glocke gegossen, die mit einem Durchmesser von 2,5 Metern und einem Gewicht von elf Tonnen die größte historische Glocke von ganz Polen ist. Die Heiligenkreuz-Kapelle schmücken

im Jahre 1470 entstandene Fresken eines Malers aus Kiew, den rötlichen Marmor-Sarkophag schuf Veit Stoß, der ab 1477 in Krakau arbeitete. Begraben sind hier König Kazimierz IV. Jagiellończyk und seine Frau Elisabeth.

In der Vierung der Kathedrale befindet sich das Mausoleum Stanisławs, der bis 1079 Bischof von Krakau war. Er hatte den König Bolesław Śmiały exkommuniziert, worauf dieser ihn der Legende nach eigenhändig enthauptet haben soll. 1253 wurde Stanisław heilig gesprochen, sein Leben und Martyrium schrieb der Dominikaner Wincenty (ca. 1200 bis 1261) aus dem rund 120 Kilometer von Krakau entfernten Kielcza auf. Stanisław wurde neben dem in Großpolen verehrten Heiligen Adalbert zum Schutzheiligen Polens. König Bolesławs Tat dagegen löste einen so heftigen Adelsaufstand aus, dass er das Land verlassen musste. Der Legende nach lastet seitdem ein hartnäckiger Fluch auf dem Namen Stanisław, dass kein König dieses Namens hier gekrönt und begraben sein könne. Der 1699 gewählte Bischof Stanisław Dąbski starb bald nach Amtsantritt an einer Krankheit.

Das 1628–1630 nach Entwürfen von Giovanni Battista Trevano erbaute Mausoleum strahlt in der Tat eine etwas düstere Pracht aus. Die Sockelzone besteht aus schwarzem Marmor, glänzende, vergoldete Bronzesäulen stützen Arkaden, die von einer goldenen Kuppel bekrönt werden. Der silberne Sarkophag wurde 1669–1671 vom Danziger Silberschmied Peter van der Rennen gearbeitet, extra in Augsburg angefertigt wurden die Plaketten mit Szenen aus Stanisławs Leben.

Schon im 11. Jahrhundert wurde der Wawel als Königsburg genutzt, Kazimierz III. Wielki baute ihn zum gotischen Schloss aus. Nachdem er 1499 niederbrannte, ließ Zygmunt Stary innerhalb von 30 Jahren durch italienische Architekten einen prächtigen Renaissancepalast errichten. Dazu gehörte ein von mehrstöckigen Arkadendurchgängen umrahmter Innenhof, der von Francesco Fiorentino, Meister Benedykt von Sandomierz und Bartolommeo Berrecci entworfen wurde. Unter dem Teilungsregime der Österreicher wurde der Wawel militärisch genutzt und die original gotischen Befestigungsmauern wurden durch neue ersetzt. Ab 1918 wurde mit der Neukonstituierung Polens die Restauration der Anlage in Angriff genommen, die sich bis nach dem Zweiten Weltkrieg hinzog. Die Bevölkerung sponserte das Vorhaben nach Kräften, wie die

Blick ins Innere des Waweldoms, wo polnische Könige gekrönt wurden.

Gedenktafeln mit den Namen der Spender an den Schlossmauern dokumentieren. Heute erstrahlen die prächtigen Königlichen Säle (Komnaty Królewskie) wieder im Glanz der Renaissance und des Frühbarock. Die Senatorenhalle wurde zu Zeiten der Adelsrepublik für Zusammenkünfte des wichtigen politischen Gremiums genutzt, aber auch königliche Hochzeiten wie die von Sigismund I. mit Bona Sforza im Jahre 1518, Bälle und Theateraufführungen fanden in der mit prächtigen Tapisserien ausgestatteten Halle statt. Im 1529–1535 entstandenen Gesandtensaal tagten Sejm und König. Er trägt den Beinamen „Pod Głowami", was soviel wie „unter den Köpfen" bedeutet: Von der imposanten Kassettendecke des Saales blicken den Besucher die 30 individuell geschnitzten „Köpfe des Wawel" an. Das unterhalb der Decke verlaufende Wandfries

wurde von Hans Dürer, dem Bruder des bekannten Meisters, gemalt. Sowohl die Köpfe als auch die Malereien thematisieren das Leben des Menschen von der Geburt bis zum Tod. Flämische Tapisserien vervollständigen das Interieur. In der königlichen Schatz- und Rüstkammer (Skarbiec Koronny i Zbrojownia) im Nordosten des Schlosses wurden Kunstwerke, Waffen und Gegenstände zusammengetragen, die für die Geschichte Polens von Bedeutung sind. Prunkstück ist das Krönungsschwert „Szczerbiec", das ab 1320 für das Ritual verwendet worden war.

Die Ulica Grodzka führt vom Wawel direkt in die Altstadt. Auf der rechten Straßenseite erhebt sich die weißgekalkte romanische Sankt-Andreas-Kirche, deren Turmaufsätze und Innenausstattung aus der Ära des Barock stammen, sowie die

In der heutigen Jagiellonen-Universität wurde im Mittelalter sogar Magie gelehrt.

Oben: Die gotische Marienkirche steht mitten auf dem Marktplatz.
Rechts: Die Kuppeln von zwei Renaissance-Kirchen ragen in den Himmel.

Barockkirche Sankt Peter und Paul. Der Marktplatz (Rynek Główny) ist unumstrittenes Zentrum der Altstadt, und seine Maße von 200 mal 200 Metern machen ihn zum größten Marktplatz Polens. Er wurde 1257 nach den Bränden des Mongolensturms angelegt. Seine berühmten Tuchhallen in der Mitte stammen ursprünglich aus dem 14. Jahrhundert und wurden 1555 nach einem Brand im Stil der Renaissance wieder aufgebaut. Heute wird unter ihren Gewölben vor allem mit Souvenirs und Kunsthandwerk gehandelt.

Im Obergeschoss befindet sich die Galerie für Malerei des 19. Jahrhunderts. Zu sehen sind Werke polnischer Künstler wie Jan Matejko, Piotr Michałowski, Aleksander Gierymski und Władysław Podkowiński. Die Ostseite des Platzes ziert das 1898 enthüllte Denkmal für den wichtigsten romantischen Dichter Polens, Adam Mieckiewicz (1798–1855). Ihn umrunden vier allegorische Figuren, die Vaterland, Poesie, Bildung und Tapferkeit verkörpern. Die Nationalsozialisten demontierten das Denkmal 1940, wieder aufgestellt wurde es 1955.

In der Ostecke des Marktplatzes erhebt sich die Marienkirche. Von einem ihrer Türme ertönt stündlich der Hejnał Mariacki, ein Hornsignal, das

für sein abruptes Abbrechen bekannt ist. Der Legende nach wollte ein Trompeter die Bürger der Stadt vor dem Angriff der Mongolen warnen, wurde aber beim Blasen des Signals durch einen Pfeil der Angreifer im Hals getroffen. Die Melodie machte sogar als Jingle im Radio Karriere. Die Kirchenfenster wurden mit Glasmalereien verschönt. Einige stammen aus dem 14. Jahrhundert, andere wurden im 19. Jahrhundert von Stanisław Wyspiański und Józef Mehoffer geschaffen. Sie waren zwei Hauptakteure der Ende des 19. Jahrhunderts in Krakau entstandenen Künstlerbewegung „Młoda Polska", was „Junges Polen" bedeutet.

Der Hauptanziehungspunkt der Kirche ist allerdings der Marienaltar, an dem Veit Stoß ab 1477 zwölf Jahre lang schnitzte. Das Entschlafen Mariens ist im Mittelschrein dargestellt, die Flügeltüren enthalten Szenen aus dem Leben Jesu und Mariens. Die individuell gestalteten Figuren bestechen durch ihren beseelten Ausdruck und die natürliche Gestik – manche von ihnen stehen der Sterbenden bei, andere sind schon in deren Himmelfahrt vertieft. Die zarten Gesichter und die in Gold- und warmen Brauntönen gehaltenen Gewänder kontrastieren mit dem tiefblauen Hintergrund. Die Figurengruppe des Altaraufsatzes stellt die Krönung Marias dar, flankiert von Sankt Stanisław und Sankt Adalbert, den Schutzheiligen Polens.

Westwärts auf der Ulica św. Anny beginnen die Gebäude der 1364 gegründeten Jagiellonen-Universität. Als Erstes kommt das Collegium Maius in Sicht, das älteste erhaltene Universitätsgebäude Polens. Im Jahr 1400 erwarb Władysław II. Jagiełło an dieser Stelle das Bürgerhaus der Familie Pecherz, um die Universität zu erweitern. Dazu baute Meister Johann das Haus 1492–1497 im gotischen Stil um. Sehenswert ist der Innenhof mit einem Kreuzgang und Arkaden. Zu besichtigen sind auch astronomische Instrumente, mit denen im 16. Jahrhundert der Himmel erforscht wurde, und der Jagiellonen-Globus mit der ersten Darstellung Amerikas.

Zu den berühmten Absolventen zählen Nikolaus Kopernikus und Karol Wojtyła, der spätere Papst Johannes Paul II. 1949–1964 restaurierte Karol Estreicher das Gebäude und entfernte dabei neogotische Zusätze. Ursprünglich als Universitätskirche konzipiert war die Kościół św. Anny, die sich ein paar Schritte weiter auf der anderen Straßenseite befindet. Sie ist das Werk des Barockarchitekten Tylman van Gameren und gilt als eine der schönsten Barockkirchen Polens. Im hellen Innenraum verschmelzen Figurenstuck und die von Baldassare Fontana geschaffenen Altäre (1695–1704) sowie die von Carlo und Inocenzo Monit und Karl Dankwart stammenden Fresken und Gemälde zu einem harmonischen Ganzen.

In nordöstlicher Richtung den Planty folgend, gelangt man zum Szczepański-Platz mit dem Pałac Sztuki, dem Palast der Kunst. Das Gebäude wurde 1904 errichtet und wird von einem Fries geschmückt, das sich an Zeichnungen von Künstler Jacek Malczewski orientierte. Wichtige Krakauer Künstler wie Jan Matejko, Feliks Księżarski, Stanisław Wyspiański und Wojciech Kossak werden durch Büsten geehrt.

Rund 200 Meter südöstlich auf der Ulica św. Jana befindet sich das Historische Museum Krakaus, das im „Krauze-Haus" untergebracht ist. Die Stadtgeschichte wird unter anderem mit alten Waffen, Uhren und dem Kostüm des legendären Lajkonik illustriert. Die Märchenfigur reitet heute noch zum „Grünen Karneval" am Donnerstag nach Fronleichnam in ihrem bestickten Gewand durch die Straßen, grüßt Passanten und sammelt Spenden. Ein Streich mit der Keule des Lajkonik soll Glück bringen. Sein Aussehen erinnert an die Tataren, auf deren Invasion im 13. Jahrhundert der Umzug zurückgeht. Ein Flößer soll deren Anführer, den Chan, besiegt haben und in dessen Kleidung triumphierend durch die Stadt gezogen sein.

Das für den Umzug verwendete Kostüm wurde von Stanisław Wyspiański entworfen. Er arbeitete nicht nur als Schriftsteller und bildender Künstler, sondern auch als Bühnenbildner. Das Wyspiański-Museum zwei Querstraßen südlich

des Krauze-Hauses in der Ulica Szczepańska zeigt die Vielschichtigkeit seines Werks. Staffeleibilder sind ebenso zu sehen wie Architekturentwürfe, Theaterdekorationen und Bühnenkostüme, dazu Möbel und Arbeitsmaterialien des Künstlers.

Wer südöstlich des Wawel der Ulica Stradomska folgt, kann das Stadtviertel Kazimierz erkunden. Als einziger historischer jüdisch besiedelter Bezirk im polnischen Umfeld, der die Kriegsjahre überstanden hat, ist Kazimierz in den letzten Jahren zur Attraktion für zahlreiche Touristen geworden. Seit dem 13. Jahrhundert lebten in Krakau Juden. Kazimierz III. Wielki, der das Stadtviertel 1335 gründete, förderte ihren Zuzug nach Polen, da sie wertvolle Fertigkeiten in den Ausbau des Landes einbrachten.

Die jüdische Bevölkerung von Kazimierz wuchs nach 1494 sprunghaft an, denn König Jan Olbracht hatte die Juden aus Krakau vertrieben und ihnen in der damals noch eigenständigen Stadt Kazimierz ein Viertel zugewiesen. 1939 lebten deutschen Quellen zufolge 68 482 Juden in Krakau und den umliegenden Ortschaften, was die Stadt zur größten jüdischen Gemeinde Polens machte. Ein Großteil konzentrierte sich auch damals noch in Kazimierz, das für seine vitale jüdische Kultur berühmt war.

Die Nationalsozialisten errichteten 1941 ein jüdisches Ghetto im Krakauer Stadtteil Podgórze und ermordeten die gesamte jüdische Bevölkerung in Todeslagern. Nur rund 6 000 Juden überlebten. Bis in die 1990er Jahre wurde das Viertel kaum beachtet und verfiel. Die Forschung beackerte das jüdische Leben im alten Osteuropa zwar schon länger, aber das Interesse des Massenpublikums wurde vor allem durch Steven Spielbergs Film „Schindlers Liste" von 1993 geweckt. Das dort thematisierte Ghetto Podgórze, das Todeslager Płaszów und die ehemalige Fabrik des Oskar Schindler liegen allerdings außerhalb des Viertels, jenseits der Weichsel.

Heute erwartet die Besucher von Kazimierz eine bunte Palette kultureller und kommerzieller Angebote inklusive koscherer Küche und Klezmer-Musik. Da im heutigen Krakau keine 200 Juden mehr leben, ruft diese mitunter künstliche Wiederbelebung jüdischen Lebens auch kritische Stimmen auf den Plan. Auf der anderen Seite fördert sie durch Veranstaltungen wie das jährlich stattfindende Jüdische Kulturfestival in Krakau die Auseinandersetzung der Polen mit der jüdischen Kultur, ein Thema, das lange vernachlässigt wurde. Die christliche und jüdische Prägung von Kazimierz lädt dazu ein, die jahrhundertealte Nachbarschaft der beiden Kulturen zu erkunden.

Christliche Reminiszenzen von Kazimierz sind die noch in der Romanik entstandene, barockisierte Paulinenkirche und die Kirche der Heiligen Katharina, deren gotische Ursprünge noch erhalten sind. Sie wurde 1363–1398 errichtet, im geräumigen Innenraum steht ein 1634 entstandener Barockaltar.

Früher markierte das Gebäude eine Ecke des Marktplatzes, der im 19. Jahrhundert bebaut wurde. Das alte jüdische Viertel erstreckt sich nördlich der Fronleichnamskirche (Kościół Bożego Ciała). In der Ulica Kupa kann die Isaak-Synagoge besichtigt werden, die 1989 zum Museum umfunktioniert wurde. Isaak Jakubowicz ließ sie 1640–1660 von den Architekten Giovanni Battista Trevano und Giovanni Falconi errichten.

Sie ist die größte und prächtigste der sieben Synagogen des Viertels. Die Dokumentarfilme „Krakauer Kazimierz" (1936) und „Umsiedlung ins Krakauer Ghetto" (1941) erlauben einen Blick auf das jüdische Leben der Zwischenkriegszeit und dessen Vernichtung durch die Nationalsozialisten. Ein Angestellter der jüdischen Gemeinde wurde hier 1939 von einem SS-Mann erschossen, als er die Verbrennung der Thorarollen verweigerte. Auch die aufwendige Innenausstattung wurde von den deutschen Besatzern zerstört.

Östlich verläuft die Ulica Szeroka, die ehemalige Hauptstraße des jüdischen Kazimierz. Hier steht die Stara Synagoga, was „alte Synagoge" bedeu-

Oben: Der Stadtteil Nowa Huta liegt im Osten Krakaus und wurde vom kommunistischen Regime als Arbeiterzentrum entworfen.
Vorhergehende Seite: Detailansicht von der Marienkirche.

tet. Sie ist der älteste jüdische Sakralbau in Polen und entstand Ende des 15. Jahrhunderts. Nach einem Brand im Jahr 1557 wurde sie im Stil der Renaissance wieder aufgebaut. Nachdem die Nationalsozialisten die Räume als Lager benutzt hatten, wurden sie bis 1959 wieder rekonstruiert.

Die jüdische Gemeinde übergab sie der Stadt, woraufhin das Jüdische Museum eingerichtet wurde. Hier erfährt der Besucher einiges über Kult, Sitten und Gebräuche der Juden und kann beispielsweise die wieder aufgebaute Bimah betrachten, ein erhöhtes Podium, von dem aus die Thora gelesen wurde. Aus der Synagoge erhalten geblieben sind der Aron Ha-Kodesz, die Sparbüchse im Hauptgebetssaal und Teile der mehrfarbigen Bemalung.

Sehenswertes um Krakau

Nowa Huta

Nowa Huta ist ein Stadtteil Krakaus, der zehn Kilometer östlich der Stadtmitte liegt. Er wirkt allerdings, als hätte er nichts mit der alten Krönungsstadt zu tun. Nowa Huta bedeutet „Neue Hütte" und entstand von 1949–1954 im Rahmen eines Sechsjahresplans der kommunistischen Machthaber. Der Name verrät bereits die sozialistische Konzeption der Stadt, deren riesiges Stahlwerk „Leninhütte" die Industrialisierung geradezu verkörperte und so den Gegenentwurf zum historischen Krakau abgeben sollte. Ziel war auch, mehr Arbeiter in der Region anzusiedeln, von denen sich die Obrigkeit mehr

Noch heute wird in Nowa Huta Stahl gekocht.

Unterstützung erhoffte als von den Krakauer Bürgern. Diese hatten bei einem 1946 durchgeführten Referendum gegen die Abschaffung des Senates und gegen die Nationalisierung der Industrie gestimmt. Außerdem gründete Stanisław Mikołajczyk 1945 in Krakau die oppositionelle Polnische Volks-Partei PSL (Polskie Stronnictwo Ludowe). Dass Kohle und Erz für die Stahlproduktion aus Schlesien geliefert werden mussten, spielte für das ideologisch motivierte Vorhaben keine Rolle. Den Fixpunkt der sozialistischen Planstadt bildet das Stahlwerk, das heute „Tadeusz Sendzimir" heißt.

Die frühere Leninallee fungiert als zentrale Achse der Stadt, die das Haupttor des Werks mit dem Zentralplatz (Plac Centralny) verbindet. Dem Platz streben noch weitere Alleen zu. Luftaufnahmen vom Zentrum der 200 000 Einwohner zählenden Arbeiterstadt erinnern ironischerweise an Städte wie Karlsruhe, denen Städtebaukonzepte des Absolutismus zugrunde lagen. Allerdings kam Nowa Huta ohne Gottes-

häuser aus. Den Bau der ersten Kirche erreichte erst der spätere Papst Karol Wojtyła im Jahr 1977.

Die Bausubstanz der frühen 1950er Jahre entspricht dem sozialistischen Realismus und ähnelt Wohnblocks, die auch im Moskau jener Jahre angelegt wurden. In den 1960er Jahren hatte Le Corbusiers sachlicher Stil Hochkonjunktur. Die Stadt bekam ihre eigene Infrastruktur und das Stahlwerk bewährte sich wirtschaftlich. Nahezu die Hälfte des in Polen produzierten Stahls kam aus Nowa Huta. Dennoch erwiesen sich die Arbeiter der Stadt nicht als treue Gefolgsleute.

Im Zuge der Solidarność-Proteste erschütterten im Sommer und Herbst 1982 Unruhen den Stadtteil, am 13. Oktober wurde ein Demonstrant erschossen. Im Zuge der politischen Umwälzungen ab 1989 wurden zahlreiche Straßen und Plätze umbenannt, die Lenin-Statue auf der gleichnamigen Allee entfernt. Die Stahlproduktion musste eingeschränkt werden, da die

Oben: Lagerräume in Auschwitz, in denen die KZ-Häftlinge massenweise untergebracht waren.
Nachfolgende Seite: Mit dem zynisches Motto „Arbeit macht frei" wurden die Häftlinge in Auschwitz begrüßt.

Industrieabgase der historischen Bausubstanz Krakaus in 50 Jahren mehr Schaden zugefügt hatten als 1000 Jahre bewegte Geschichte. Nun wird das Werk modernisiert. In jüngster Zeit mauserten sich die Wohnblocks von Nowa Huta zur touristischen Attraktion.

Auschwitz

Es gibt wohl keinen Ortsnamen in der Welt, der so viel Grauen evoziert wie Auschwitz. Hier ermordeten die Nationalsozialisten insgesamt 1,5 Millionen Menschen. Die Zahlen sprechen für sich, doch auch sie übermitteln kaum eine wahrhaftige Vorstellung von der Todesmaschinerie der Nationalsozialisten und den Leiden ihrer Opfer. Auschwitz war ein zentraler Schauplatz der Shoah, des Völkermordes der Nationalsozialisten an den Juden. Diese stellten 1,1 Millionen der Opfer, 145 000 waren Polen, 20 000 Roma und 10 000 sowjetische Kriegsgefangene. Bekannte Opfer waren die jüdische Katholikin Edith Stein

und Maximilian Kolbe, ein polnischer Pfarrer und Begründer der evangelischen Marianenbewegung, der hier 1941 auf eigenen Wunsch anstelle eines Familienvaters durch eine Giftinjektion starb.

Das rund 60 Kilometer westlich von Krakau gelegene Auschwitz war ein Lagerkomplex mit mehreren Teilen. Auschwitz I wurde 1940 zunächst zur Internierung politischer Gefangener aus ehemaligen polnischen Kasernen gebaut. 1941 und 1942 folgte das Lager Birkenau, das auch als Auschwitz II bezeichnet und an eine Bahnlinie angeschlossen wurde, und schließlich noch Monowitz oder Auschwitz III sowie über 40 Nebenlager. In ihnen mussten die Insassen Zwangsarbeit verrichten, etwa für deutsche Rüstungsbetriebe und die IG Farben.

Durch Demontage und Zerstörung der Gaskammern, der Krematorien und anderer Objekte wollte die SS bei Kriegsende die Spuren ihrer Verbrechen verwischen. Dennoch wurden Auschwitz I und II 1947 als Museum zugänglich gemacht. Rund

Oben: Das Staatliche Museum Auschwitz-Birkenau erinnert an die Ermordung von Millionen von Juden durch die Nazis.
Vorhergehende Seite: Einfahrt in das größte deutsche Vernichtungslager Auschwitz-Birkenau.

30 der erhaltenen Blocks werden heute für thematische Ausstellungen genutzt. Zur Zeit des Sozialismus wurde der Anteil der polnischen Opfer hervorgehoben und der der Juden heruntergespielt.

Heute wird auf das Martyrium hingewiesen, das dem europäischen Judentum hier bereitet wurde. Vom Besucherzentrum gelangt man auf das Gelände von Auschwitz I. „Arbeit macht frei", der geschwungene, zynische Schriftzug am Eingangstor, hat traurige Berühmtheit erlangt.

Auch wenn der Name Auschwitz zum Topos des Grauens wurde, war Birkenau das eigentliche Vernichtungslager. Hier wurden in 300 Baracken bis zu 100 000 Lagerinsassen auf einmal zusammengepfercht. Jede der vier Gaskammern fasste bis zu 2 000 Menschen.

Seit 2005 ist auch die Bahn-Nebenrampe zwischen den Konzentrationslagern Auschwitz und Birkenau zu besichtigen. Hier kamen in den Jahren 1942–1944 die Transporte mit deportierten Juden, Polen, Roma und anderen an. Anschließend trafen die SS-Lagerärzte die Wahl, wer Zwangsarbeit verrichten musste und wer in die Gaskammer kam. Ebenfalls seit 2005 zu sehen ist das Denkmal für die erste Gaskammer. Das sogenannte „Rote Häuschen" wurde im März 1942 in Betrieb genommen.

Durch Öffnungen an den Seitenwänden des Gebäudes warf die SS-Besatzung Zyklon B in die beiden Kammern des 90 Quadratmeter großen Gebäudes ein. 1943 wurde in Birkenau ein neuer Komplex mit Gaskammer und Krematorium in Betrieb genommen und das „Rote Häuschen" demontiert, um die Spuren zu verwischen.

Auch wenn hier mehrere 10 000 Menschen vergast wurden, stellte das „Rote Häuschen" in den Vernichtungsdimensionen der Nationalsozialisten offenbar nur so etwas wie einen Prototyp dar. Im Jahr 1979 wurde Auschwitz in die Liste des UNESCO-Weltkulturerbes aufgenommen.

Die Westlichen Beskiden und die Tatra

Wer das südliche Krakauer Land erkundet, stößt auf die Karpaten, deren Gebirgszüge in Polen, Tschechien, der Slowakei und der Ukraine oft als Beskiden bezeichnet werden. Südwestlich von Krakau erstrecken sich die Żywiecer Beskiden mit dem Nationalpark Babiogórski, etwa 100 Kilometer südlich der Stadt die Tatra und südlich des Karpatenstädtchens Nowy Sącz die Sądecki-Beskiden.

Nationalpark Babiogórski

Der Nationalpark Babiogórski umfasst zwar nicht den größten Teil der Żywiecer Beskiden, dafür aber deren höchsten Berg Babia Góra. Der 1725 Meter hohe Gipfel an der Grenze zur Slowakei gehört zum gleichnamigen, 12 Kilometer langen Bergmassiv. Schon 1977 wurde das 33,92 qkm große Gelände als Biosphären-Reservat eingestuft. Die Vegetation lässt sich in verschiedene Zonen unterteilen: den niederen Waldgürtel mit Buchen, Tannen und Fichten, den oberen Waldgürtel mit Fichten und Ebereschen, den Latschenkiefer-Gürtel mit Blaubeerfeldern und Kräutern und schließlich die alpine Zone mit Flechten und schneeresistenten Pflanzen. In den felsigen Gipfelpartien gibt es Schluchten und Kessel, die mit Felsgeröll gefüllt sind. In den Wäldern leben Braunbären, Hirsche, Wölfe, Luchse und der in Polen seltene Auerhahn. Auf acht Lehrpfaden können sich Besucher mit der Flora und Fauna, aber auch mit der Architektur und Lebensweise der Bergbewohner vertraut machen.

Die Tatra lädt zu ausgiebigen Wanderungen ein.

Die Tatra

Die Tatra ist Polens einziges Hochgebirge. International bekannt ist der Wintersportort Zakopane, der jährlich mehrere Millionen Besucher anzieht. Er liegt geschützt im Podhale, einer 600–900 Meter hoch hinter den Bergkämmen gelegenen Mulde. Schon im 19. Jahrhundert wurden die Tatra und das damals noch verschlafene Zakopane als Inspirationsquelle von Künstlern genutzt. Der aus Ludźmierz in der Gegend der Podhale-Stadt Nowy Targ stammende Dichter Kazimierz Przerwa-Tetmajer (1865–1940) ließ die Eindrücke der Bergwelt in seine Lyrik einfließen. Der Maler und Autor Stanisław Ignacy Witkiewicz, der als „Witkacy" berühmt wurde, arbeitete in Zakopane. Schon sein Vater Stanisław Witkiewicz begeisterte sich für die Holzarchitektur der Region.

Ein Beispiel für den sogenannten „Zakopane"-Stil ist die Willa pod Jodłami, was soviel wie „Villa zu den Tannen" bedeutet und den Baustil der Bergbewohner, die Gorale genannt werden, aufgriff. Ein weiteres Beispiel ist die hölzerne Pfarrkirche von Zakopane, die im 19. Jahrhundert entstand und deren Altäre der Góralen-Künstler Wojciech Kułach schuf. Im August ist der Ort Schauplatz eines großen Folklorefestivals. Ebenfalls berühmt für seine Folklore ist der Ort Cholochow im Westen der Region. Der gesamte Süden des Hochgebirges bis zur slowakischen Grenze wird vom Tatrzański-Nationalpark eingenommen. Hier befindet sich auch der Rysy, mit 2499 Metern der höchste Berg Polens. Granitwände, hohe Gipfel, zu Teichen gewordene postglaziale Kessel, Höhlen und Täler mit Bächen formen die Hochgebirgslandschaft.

Die Tatra-Flora weist viele endemische und Hochgebirgspflanzen auf. Zu den geschützten Tierarten des Parks gehören Murmeltier, Gämse, Reh, Braunbär und Steinadler. Das Gebiet lässt sich auf Wanderwegen, die auch zum berühmten Bergsee Morskie Oko führen, erkunden.

Sądecki-Beskiden und Nowy Sącz

Von Nowy Sącz aus lassen sich die südlich davon gelegenen Sądecki-Beskiden erkunden. Im Stadtmuseum sind neben einer Sammlung orthodoxer Ikonen Werke des Volkskünstlers Nikifor

Vorhergehende Doppelseite: Kalksteinformation im südlich von Krakau gelegenen Ojcow Nationalpark.
Unten: Erster Schnee in der Hohen Tatra.

Die Burg Niedzica über dem Stausee des Dunajec lässt noch heute das Mittelalter bildlich aufblühen.

aus Krynica zu sehen. Südöstlich der Stadt zeigt der ethnografische Park die Besonderheiten der regionalen Baukunst auf.

Die zwölf zur Besichtigung freigegebenen Gebäude sind liebevoll traditionell eingerichtet. Fast die gesamten Sądecki-Beskiden wurden zum Landschaftspark Popradski zusammengefasst. Der Park ist nach dem Gebirgsfluss Poprad benannt, der die Sądecki-Beskiden von Süden nach Norden durchschneidet. Rund 40 Kilometer südöstlich von Nowy Sącz liegt der Kurort Krynica.

Im 19. Jahrhundert erregte er das Interesse gut betuchter Bürger und Künstler, was sich im Bau von entsprechend exklusiven Villen und Pensionen niederschlug. Nach dem Zweiten Weltkrieg hielt der sozialistische Massentourismus mit seinen Sanatorien Einzug.

Der Kurbetrieb bietet 20 Mineralquellen, die bei Störungen des Verdauungs- und Harntraktes, Herz-Kreislauf-Erkrankungen und Stoffwechselerkrankungen Abhilfe schaffen sollen. Auch hier ist der Volkskünstler Nikifor aus Krynica mit einem Museum präsent. Seine

Bilder, die oft ansehnliche Häuser in kräftigen Farben zeigen, erinnern ein wenig an Friedensreich Hundertwasser.

Die Volkskunst, vor allem Schnitzereien, wurde im Polen der 1960er und 1970er Jahre populär und erfreute sich schon bald großer Beliebtheit. Wichtigstes Thema war das Christentum. Die häufig aus einfachsten Verhältnissen stammenden Künstler brachten so ihre religiösen Gefühle zum Ausdruck.

An die Sądecki-Beskiden schließt sich in Richtung Tatra das Pieniny-Gebirge an, dessen zentraler Teil zum Nationalpark erklärt worden ist. Hierzu gehört der mit 982 Metern höchste Berg Trzy Korony, was auf Deutsch »Drei Kronen« bedeutet, und das spektakuläre Dunajec-Durchbruchstal. Eine Floßfahrt auf dem Fluss ist hier die größte Touristenattraktion. Mehrere Stromschnellen werden bewältigt, die Felswände am Fluss ragen mehrere hundert Meter steil in den Himmel. Die Fauna des Parks ist für ihre Vielfalt an Insekten, vor allem an Schmetterlingen, bekannt. Am Stausee des Dunajec liegt die Burg Niedzica.

Kielce

Fakten zur Stadt

Das 206 790 Einwohner zählende Kielce ist die Hauptstadt der Wojewodschaft Heiligkreuz. Die Stadt liegt 120 Kilometer nordöstlich von Krakau und südwestlich der Góry Świętokrzyskie, des Heiligkreuz-Gebirges. Am Politechnikum, der Jan-Kochanowski-Universität und weiteren Hochschulen der Stadt studieren 50 929 Studenten. Früher waren die Gewinnung von Kalkstein sowie Eisen und weiteren Metallen die wichtigsten Industriebranchen.

Heute ist die Stadt ein wichtiges Handelszentrum und kann das zweitgrößte Messezentrum Polens vorweisen. Hinzu kommen Metall-, Bau- und Nahrungsmittelindustrie. Über zehn Prozent der Bewohner von Kielce haben keine Arbeit. Zwei Dutzend Züge fahren täglich nach Warschau, ein Dutzend nach Radom, daneben werden auch die Destinationen Krakau, Lublin und Częstochowa angesteuert. Die Nationalstraße 7 verbindet Kielce mit Warschau und Krakau. Der Bau eines Passagierflughafens ist für 2009 vorgesehen.

Geschichte

Seit dem 14. Jahrhundert war Kielce Sommerresidenz der Krakauer Bischöfe, denen die Stadt bis 1789 gehörte. 1364 erhielt sie das Magdeburger Stadtrecht. Die Vorkommen an Eisen-, Blei- und Kupfererz rund um Kielce wurden bereits seit dem 16. Jahrhundert erschlossen, was der Stadt eine rasante wirtschaftliche Entwicklung bescherte. 1885 wurde Kielce an das Eisenbahnnetz angebunden. Im Zweiten Weltkrieg war die Stadt wichtiges Zentrum des polnischen Widerstandes, der auch das östlich der Stadt gelegene Świętokrzyskie-Gebirge als Unterschlupf nutzte.

Vorhergehende Seite: Der zu Kleinpolen gehörende Ojców-Nationalpark beeindruckt durch wunderschöne Kalksteinformationen.
Unten: Alltägliche Arbeit der polnischen Bauern am Nordrand der Beskiden.

Ein Großteil der vor dem Krieg über 20000 Personen zählenden jüdischen Gemeinde wurde von den Nationalsozialisten ermordet.

Am 15. Januar 1945 marschierte die Rote Armee ein. Mit dem Kriegsende war der Terror gegen die jüdische Bevölkerung jedoch nicht zu Ende: 41 Tote und etwa 80 Verletzte forderte ein Pogrom im Juli 1946, das sich gegen die in der Stadt lebenden Juden richtete. Im September 1953 wurde Czesław Kaczmarek, der Bischof von Kielce, in einem Schauprozess von den kommunistischen Machthabern zu einer hohen Haftstrafe verurteilt.

Rundgang durch die Stadt

Die bekannteste Sehenswürdigkeit von Kielce ist der frühbarocke Bischofspalast, der 1637–1641 errichtet wurde. Im Innern befindet sich das Nationalmuseum, für das die Interieurs des Palastes zur Besichtigung hergerichtet wurden. Der einstige Speisesaal ist mit den Porträts der Bischöfe bemalt, deren obere Reihe um 1640 in der Werkstatt des venezianischen Malers Tommaso Dolabella entstand. Ein Seitenflügel beherbergt eine Galerie mit polnischer Malerei vom 17. Jahrhundert bis zum Zweiten Weltkrieg. Gegenüber des Bischofspalastes befindet sich die Kathedrale Mariae Himmelfahrt. Trotz romanischer Ursprünge überwiegt nach Umbauten im 17. und 19. Jahrhundert der barocke Charakter des Bauwerks.

Der Krakauer Holzschnitzer Antoni Frąckiewicz schuf für mehrere Altäre Figuren von Joseph, König David und dem heiligen Georg. Das Gemälde „Mariae Himmelfahrt" von Szymon Czechowicz stammt von 1730. Ein paar Gehminuten in nordöstliche Richtung, in der Ulica Kościuszki, befindet sich mit dem

Partisanen im Dienst der polnischen Landesarmee im Raum Kielce, das ein Zentrum im Widerstand gegen die Nazis war.

Oben: Winterliche Landschaft im Pieniny-Nationalpark in Kleinpolen.
Vorhergehende Doppelseite: Die Eisenbahn verbindet Kielce mit vielen anderen Metropolen Polens; hier Züge im Depot.

Spielzeugmuseum eine Attraktion für Jung und Alt. Von antiken Theaterpuppen über Spielzeugautos bis zu Barbies in knallbunten Kleidern gibt es hier alles, was das Herz begehrt.

Sehenswertes um Kielce

Świętokrzyskie-Nationalpark

Der Nationalpark Świętokrzyskie liegt östlich von Kielce am Kamm des Świętokrzyskie-Gebirges, dem geologisch ältesten Gebirge Polens. Auf dem rund 70 Kilometer breiten Parkgelände befindet sich auch die größte Erhebung des Höhenzugs, die 612 Meter hohe Łysica. Zwischen ihr und der 595 Meter hohen Łysa Góra (Kahler Berg) mit ihren Geröllfeldern breitet sich ein Gürtel aus Tannen-, Lärchen-

und Buchenwäldern aus. Er bietet Hirschen Lebensraum und seltene Insekten und Pflanzen gedeihen hier. Das Museum des Świętokrzyski Nationalpark befindet sich im Ort Święty Krzyż an der Łysica. Die Benediktinerabtei im Ort gab erst dem Gebirge, dann der gesamten Region ihren Namen. Sie wurde im frühen 12. Jahrhundert von Bolesław III. Krzywousty an der Stelle eines heidnischen Kultplatzes begründet. Hier entstanden die Heiligkreuzpredigten (Kazania świętokrzyskie), eines der ältesten Zeugnisse der polnischen Literatur. Unter der russischen Teilungsmacht fungierte die Abtei als Gefängnis. Zur Anlage gehört auch ein von Kazimierz IV. Jagiellończyk angelegtes Kloster, dessen Kreuzgang die Zeit überdauert hat. Ein naturgeschichtliches Museum informiert über die geologischen Formationen sowie über Flora und Fauna des Parks.

Markttag in der Stadt Nowy Targ (Neumarkt am Dohnst), die am Dunajec gelegen ist.

Sandomierz

Fakten zur Stadt

Die etwa 25 000 Einwohner zählende Kleinstadt Sandomierz liegt an der Weichsel, im Norden des Sandomierzker Beckens am Fuße der kleinpolnischen Hochebene. Die Stadt befindet sich im Südosten der Wojewodschaft Heiligkreuz an der Grenze zur Wojewodschaft Karpatenvorland.

Wichtigste Bildungseinrichtungen sind das Geistliche Seminar, das Technische Institut und das Collegium Gostonianum. Der Bau- und Flachglashersteller Pilkington betreibt ein Werk in Sandomierz. Die örtliche Diözese verfügt in der Stadt über ein Verlagshaus mit einer Druckerei.

Geschichte

Gegründet wurde die Stadt wohl im 11. Jahrhundert. Sandomierz war die Haupt- und Residenzstadt regierender Fürsten und das östliche Zentrum Kleinpolens. 1240 und 1259 wurde es von den Tataren geplündert, anschließend wurde der Standort der Stadt weiter ins Gebirge verlegt. 1244 verlieh der Piastenfürst Leszek Czarny Sandomierz das Magdeburger Stadtrecht, der Weichselhandel mit Holz und Getreide brachte die Stadt zum Erblühen.

Im 15. und 16. Jahrhundert entstanden eine Vielzahl weltlicher und sakraler Bauten, Sandomierz musste sich nur noch mit Krakau messen. Der schon im 14. Jahrhundert erbaute Befestigungsring konnte allerdings die Invasion des Schwedenkönigs Karl X. Gustav im 17. Jahrhundert nicht aufhalten. Von dem anschließend einsetzenden Niedergang erholte sich Sandomierz nie wieder und versank in der Bedeutungslosigkeit. Das Erscheinungsbild wurde kaum durch die Industrialisierung verändert und auch die beiden Weltkriege überstand Sandomierz ohne Schaden. Probleme verursachte allerdings der Lössuntergrund der Stadt, der sich in den 1960er Jahren gen Weichsel absenkte. Durch Stahl- und Betonkonstruktionen konnte die Bausubstanz schließlich abgestützt werden.

Rundgang durch die Stadt

Die gut erhaltene Altstadt von Sandomierz erlaubt dem Besucher einen unverstellten Blick auf ihre glanzvolle Vergangenheit. Im Süden des Stadtzentrums erhebt sich das im 14. Jahrhundert entstandene Schloss mit dem Regionalmuseum. Hier können die alte Schlossküche und Funde zur Archäologie und Ethnografie der Region besichtigt werden.

Zu Füßen des Schlosses liegt die Marienkathedrale (kościół katedralny Narodzenia Najświętszej Marii Panny), deren romanische Spuren bis ins Jahr 1190 zurückreichen. 1360–1382 ließ Kazimierz III. Wielki den Bau im gotischen Stil erneuern, die Fassade wurde 1670 barockisiert. Stilistische Vielfalt zeichnet auch das Innere der Kirche aus. Gotisch sind noch die Kreuzrippengewölbe, die Wände des Chors werden von altrussischen Malereien verschönt, die

Die Altstadt von Sandomierz ist größtenteils erhalten geblieben und beeindruckt den Besucher durch historische Bauten.

Die barocke Orgel der Marienkathedrale von Sandomierz.

um 1430 entstanden. Barock sind Orgel und Orgelempore sowie das Chorgestühl. Die Gemälde in den Seitenschiffen thematisieren die Eroberung der Stadt durch die Tataren und die Zerstörung der Burg durch die Schweden. Nordöstlich der Kathedrale befindet sich das nach dem mittelalterlichen Historiker benannte spätgotische Długosz-Haus (1476–1478). Es beherbergt das Diözesan-Museum mit historischen Möbeln, Kunsthandwerk und sakralen Kunstwerken.

Nordwestlich davon liegt der Rynek (Marktplatz), der von ansehnlichen Bürgerhäusern wie dem spätbarocken Oleśnicki-Haus eingerahmt wird. Der Markt hält sogar unter der Erde eine Attraktion bereit: In der Zeit des blühenden Weichselhandels entstanden hier Untertunnelungen, in denen im 15. und 16. Jahrhundert Waren gelagert wurden.

Das Renaissancerathaus in der Mitte des Platzes beherbergt eine weitere Kollektion des Regionalmuseums. Der Backsteinbau aus dem 16.

Jahrhundert hebt sich von seinem weißgekalkten Seitenturm ab, der noch aus dem 14. Jahrhundert stammt. Das Opatów-Tor erreicht man über die Ulica Opatowska Richtung Norden. Der gotische, fünfgeschossige Backsteinbau ist ein authentischer Bestandteil der Fortifikation, die im 14. angelegt wurde. Nur die Renaissanceattika stammt aus dem 16. Jahrhundert.

Sehenswertes um Sandomierz

Baranów Sandomierski

Folgt man dem Lauf der Weichsel Richtung Südwesten, stößt man in dem kleinen Ort Baranów Sandomierski südlich des Flusses auf die berühmte Magnatenresidenz der Familie Leszczyński. Mit der Errichtung des Schlosses wurde 1569 nach den Plänen des Architekten Santi Gucci begonnen. Im 17. Jahrhundert ließen die Lubomirskis, die neuen Besitzer, das Schloss von Barockarchitekt Tylman von Gameren vergrößern. Seitdem zieren die Innenräume, von denen einige zu besichtigen sind, barocke Stuckverzierungen und Gemälde. Nach Zerstörungen im Zweiten Weltkrieg kümmerte sich Siarkopol, ein Schwefelproduzent, um Wiederherstellung und Pflege des Anwesens, das in einem gepflegten Park liegt. Von außen betrachtet stechen die runden Ecktürme und die Attika ins Auge. Besonders sehenswert ist der Innenhof mit seinen Arkaden. Neben wechselnden Ausstellungen gibt es ein Museum der Schwefelindustrie, das auch einige archäologische Funde aus der Frühzeit des Schlosses bereithält.

Lublin

Fakten zur Stadt

Lublin ist die Hauptstadt der gleichnamigen Wojewodschaft und liegt rund 150 Kilometer südöstlich von Warschau. Die 352 786 Einwohner zählende Stadt am Fuße der Lubliner Hochfläche ist wirtschaftlicher und kultureller Mittelpunkt des südöstlichen Polen. An den mehr als zehn Hochschulen der Stadt sind 84 311 Studenten eingeschrieben, etwa an der Maria-Curie-Skłodowska-Universität, der Katholischen, der Medizinischen oder der Naturkundlichen Universität Lublin.

Die wirtschaftliche Lage Lublins ist nicht so günstig wie die anderer Städte, jedoch bei Weitem besser als im strukturschwachen Umland. Die industrielle Produktion der sozialistischen Ära überlebte den Strukturwandel nur in Einzelfällen, der Dienstleistungssektor hingegen befindet sich im Ausbau. Um der relativ hohen Arbeitslosigkeit von 9,3 Prozent entgegenzuwirken, wurden Gebiete im Umland der Sonderwirtschaftszone „Euro-Park Mielec"

Rechts: Kleine Gässchen führen durch die Altstadt von Lublin.
Unten: Apfelernte im Obstanbaugebiet Kamien bei Kazimierz Dolny/Sandomierz.

Marktfrauen auf einem Bauernmarkt mit regionalen Agrarprodukten am Fuße des Schlosses von Lublin.

zugewiesen. Bei Lublin ansässig sind der Hubschrauberproduzent PZL-Świdnik und Krosno, ein Hersteller von Haushaltsglas. Daneben bestehen die Branchen Metallurgie und Lebensmittelverarbeitung mit Firmen wie dem Honigproduzenten APIS oder der Brauerei Perła. Auch der Energieerzeuger Polska Grupa Energetyczna hat hier seinen Sitz.

Stimulierend auf die Baubranche wirkt die Fußball-Europameisterschaft 2012, da die bestehende Tourismus- und Verkehrs-Infrastruktur ausgebaut wird. Entstehen sollen neue Schnellstraßen nach Warschau und Krakau, auch die Eisenbahngleise sollen ausgebaut werden. Beschlossene Sache ist der Bau des Flughafens Lublin/Świdnik, 12 Kilometer von Lublin entfernt.

Wichtig für den Autoverkehr ist die Nationalstraße 17, die nach Warschau und in östlicher Richtung über Chełm nach Lwów/ Lemberg in der Ukraine führt, ferner die Nationalstraße 19, auf der man im Norden über Białystok ins weißrussische Grodno und im Süden nach Rzeszów gelangt.

Geschichte

Als militärischer Vorposten gegen die Einfälle von Tataren und Litauern kam Lublin schon früh große Bedeutung für Polen zu. Unter Kazimierz III. Wielki wurde die Befestigung im 14. Jahrhundert zur Burg ausgebaut und durch Festungsmauern ergänzt. Schon 1317 hatte Władisław I. Łokietek Lublin das Magdeburger Stadtrecht verliehen.

In der Folge wurde die Stadt wichtiger Handelsplatz zwischen Kleinpolen und Litauen. Ihre Blütezeit erlebte sie in der Renaissance, wie das Entstehen zahlreicher prächtiger Bauten zeigt. Auch der Renaissanceliterat Jan Kochanowski wirkte in Lublin, wo er 1584 verstarb. Seit dem 14. Jahrhundert entwickelte sich die Stadt zu einem wichtigen Zentrum jüdischen Lebens. Durch die in Lublin geschlossene Realunion mit Litauen im Jahre 1569 wuchs die politische Bedeutung der Stadt, die 1578 zum Sitz des Krontribunals für Süd- und Ostpolen wurde. Im 17. Jahrhundert setzte mit den Schwedenkriegen der Niedergang Lublins und der ganzen Region ein. Nach den Teilungen bildete sich 1918 in der Stadt die erste Regierung im neu konstituierten Polen. Im Zweiten Weltkrieg war Lublin ein Zentrum der im Untergrund gegen die Nationalsozialisten agierenden Presse, auch die 1918 gegründete Katholische Universität arbeitete verdeckt weiter.

Am 25. Juli 1944 nahm hier das „Lubliner Komitee" seine Arbeit auf. Es bestand aus Vertretern von Linksparteien und -organisationen und beanspruchte die Regierungsgewalt in Polen. All dies geschah unter der Führung und Kontrolle Moskaus. Die früher eigenständige Kommunistische Partei Polens wurde hingegen aufgelöst und über 3000 ihrer Mitglieder wurden seit 1936 im sowjetischen Exil Opfer des NKWD. Am 27. Juli 1944 erkannte die Sowjetunion das Komitee an, das sich am 1. Januar 1945 zur „Provisorischen Regierung Polens" erklärte. In der Zeit der Volksrepublik wurden große Vorstädte und Industrieanlagen um das Stadtzentrum errichtet.

Rundgang durch die Stadt

Das im 14. Jahrhundert entstandene Schloss liegt auf einem Hügel nordöstlich der Altstadt. Nur die gotische Bastei ist von der ursprünglichen Bausubstanz erhalten. Das heutige neogotische Schlossgebäude wurde nach einem von Ignacy Stompf ausgeführten Umbau 1820 als Gefängnis

Im Schloss von Lublin ist unter anderem ein Museum untergebracht.

Blick über die Altstadt von Lublin.

genutzt, eine Tradition, die im Zweiten Weltkrieg von den Nationalsozialisten fortgesetzt wurde. Unter deren Regie durchliefen 100 000 Menschen das Gefängnis als Zwischenstation, bevor sie in das Vernichtungslager Belzec oder das vier Kilometer von Lublin entfernte Majdanek deportiert wurden. Im Innern befindet sich das Lubliner Museum, das polnische Malerei vom 18. Jahrhundert bis zur Gegenwart zeigt, darunter Werke von Jacek Malczewski, Tadeusz Kantor und Witkacy, sowie Waffen, Porzellan und Silberarbeiten. Am Ostende des Schlosses liegt die auf Betreiben Władysław II. Jagiełło 1395 errichtete gotische Dreifaltigkeits-Burgkapelle. Eine Besonderheit sind die 1418 durch den Maler Andrej geschaffenen orthodoxen Wandmalereien. Sie entsprechen dem Bildprogramm der Ostkirche, das weltliche Porträts und Themen, Motive der Heiligen, das alte Testament und den Christus-Zyklus hierarchisch gliederte. Ein Bild zeigt Władysław Jagiełło auf einem Pferd – die ostkirchlich ge

prägte Maltradition betonte Jagiełłos Führungsanspruch in den orthodox besiedelten Gebieten der Reiche Polen und Litauen, die zehn Jahre vor Baubeginn der Burgkapelle vereinigt wurden. Die Ulica Grodzka führt auf den Marktplatz mit dem Alten Rathaus, das 1781 einen gotischen Bau ersetzte. Reizvolle Bürgerhäuser wie die Kamienica Lubomelskich und die Kamienica Klonowica säumen den Platz.

Die Ulica Grodzka führt weiter zum Krakauer Tor (Brama Krakowska), das im Zuge der 1341 errichteten Fortifikation entstand. Das Vortor und das oktogonale Geschoss stammen aus dem 16. Jahrhundert, der barocke Turmaufsatz von 1782. Im Turm befindet sich das Historische Museum Lublin. Fotografien und alte Dokumente lassen die Vergangenheit der östlichen Metropole wieder aufleben. In der parallel verlaufenden Ulica Podwale steht die Kathedrale. Der jesuitische Architekt Gian Maria Bernardoni ließ sie 1592–1604 noch als Bau der Spät

Turm der alten Burgruine in Kasimierz Dolny.

renaissance errichten, aber ihr Inneres ist von der Formensprache des Barock geprägt. Nach einem Brand schuf der aus Brno (Brünn) in Mähren stammende Maler Józef Meyer bis 1757 illusionistische Malereien in leuchtenden, fast schon knalligen Farben.

Sehenswertes um Lublin

Kazimierz Dolny

Kazimierz Dolny liegt in der Lubliner Hochebene am rechten Ufer des Unterlaufes der Weichsel, rund 40 Kilometer westlich von Lublin. Die Gesamteinwohnerzahl liegt bei etwa 7300, rund 2300 davon leben im Stadtgebiet. Reizvoll am Landschaftspark Kazimierski gelegen ist das Städtchen mit der historischen Altstadt eine Sehenswürdigkeit ersten Ranges für Besucher aus dem In- und Ausland. Auch Künstler, die den Zauber der vergangenen Zeit auf der Staffelei festhalten, zieht es hierher. Piastenfürst Kazimierz II. Sprawiedliwy (der Gerechte) gab dem Ort, der bis ins 12. Jahrhundert urkundlich belegt ist, seinen Namen. König Kazimierz III. Wielki verlieh dem Ort im 14. Jahrhundert das Magdeburger Stadtrecht und ließ eine Burg errichten. Die Stadt prosperierte vor allem im 16. und 17. Jahrhundert. Am Weichselufer „Przedmieście Gdańskie" entstanden zahlreiche kunstvoll verzierte Speicher. Nach den Schwedenkriegen und dem Nordischen Krieg Anfang des 18. Jahrhunderts setzte der Niedergang Kazimierz' ein. Schon im 19. Jahrhundert wurde der Charme des Ortes wiederentdeckt, die beiden Weltkriege sorgten allerdings für schwere Zerstörungen. Die jüdische Bevölkerung, die stets einen erheblichen Beitrag zum Prosperieren von Kazimierz geleistet hatte, wurde in Konzentrationslagern ausgelöscht.

Der trapezförmige Markt wird von prächtigen Bürgerhäusern eingefasst. Das Przybyłów-Haus

Blick auf den Marktplatz von Kazimierz Dolny.

mit seiner Fassade aus der Spätrenaissance und der hohen Attika wurde 1615 errichtet. Im reichhaltigen Figurenschmuck sind die Schutzheiligen der Besitzer Sankt Nikolaus und Sankt Christophorus dargestellt. Das barocke Gdańsk-Haus entstand 1795. In der Mitte des Marktes steht ein malerischer Holzbrunnen von 1905.

In der Ulica Senatorska befindet sich das 1635 errichtete Celejowska-Haus. Herausragend ist die Attika, in die die Figuren Marias, Christi und Johannes des Täufers integriert sind. Hinter den Türen des Hauses befindet sich das Stadtmuseum, welches Gemälde von Kazimierz und Umgebung zeigt und über die Stadtgeschichte informiert.

An der Schmalseite des Marktes in der Ulica Zamkowa befindet sich das Museum für Goldschmiedekunst. Gold- und Silberschmuck werden ebenso präsentiert wie jüdische liturgische Gegenstände und Juwelen. Zwei Schritte weiter erhebt sich die 1586–1589 durch den Lubliner Architekten Jakub Balin umgebaute Pfarrkirche. Ihr Stil wird als Lubliner Spätrenaissance bezeichnet. Typisch sind die Arkaden, Pilaster und das reiche Gewölbe mit Rosetten und verzierten Rahmungen, die das Innere schmücken. Eine optische und akustische Attraktion ist die 1607–1620 entstandene Orgel, die älteste in Polen, die voll erhalten ist. Ihr hölzerner Prospekt ist im Renaissance-Stil geschnitzt. Häufig werden hier Orgel-Konzerte veranstaltet.

Treppengeländer an der Stadthalle von Zamość.

Zamość

Rund 80 Kilometer südöstlich von Lublin und 50 Kilometer von der ukrainischen Grenze entfernt liegt das 66 000 Einwohner zählende Städtchen Zamość. Der Beiname „Padua des Nordens" deutet schon an, dass Renaissance-Liebhaber hier auf ihre Kosten kommen.

Aus dieser italienischen Stadt stammte der Architekt Bernardo Morando, der Zamość als Gesamtkunstwerk plante. Auftraggeber war Jan Zamoyski (1542–1605), Großkanzler und als Hetman nach dem König Oberbefehlshaber der Truppen. Zu Beginn des 17. Jahrhunderts waren die wichtigsten Bauten fertiggestellt und schon bald zog die erblühende Stadt auch Armenier, Juden, Griechen, Italiener und Deutsche an. Innerhalb der prächtigen und robusten Festungsanlagen bilden die Straßen Nord-Süd- sowie Ost-West-Achsen und durchziehen auch den Rynek Wielki, den Großen Markt.

Die Patrizierhäuser, die den Markt umstehen, sind mitunter in recht knalligen Farben herausgeputzt worden. In Haus Nr. 37 kam Rosa Luxemburg zur Welt, Haus Nr. 10 verfügt noch über sein stuckverziertes Tonnengewölbe. Das 1639–1651 nach Plänen von Jan Jaroszewicz und Jan Wolff errichtete Rathaus prangt in zartem Rosa. Sein Markenzeichen ist der schon von Weitem zu sehende schlanke Turm, den ein

Arkaden schmücken die Häuser in der Altstadt von Zamość.

barocker Helm von 1770 krönt. Die riesige, vorgelagerte Barocktreppe wurde 1767 gebaut.

An der Nordseite des Platzes stehen zwei Häuser, die armenischen Kaufleuten gehörten

und besonders schönen orientalisierenden Figurenschmuck aufweisen. Hier ist das Museum Zamość untergebracht. Neben archäologischen Funden sind Originalentwürfe aus der Entstehungszeit der Stadt zu sehen. Ein paar Schritte

weiter über die Ulica Bazyliańska erreichbar ist die ehemalige Synagoge, ein in den Jahren von 1610–1620 entstandener Spätrenaissancebau, deren Inneres üppig mit Gewölbestuck verziert ist. Südwestlich des Großen Marktes erhebt sich die Kathedrale, die in den Jahren zwischen 1587 und 1628 entstand. Die Kassettierung und die Stuckarbeiten im Tonnengewölbe, die von Bernardo Morando entworfen wurden, machen sie zu einem weiteren Beispiel für die Lubliner

Renaissance. An den Stadtgründer erinnert eine 1618 geschaffene schwarze Marmorplatte in der Zamoyski-Kapelle.

Rzeszów

Fakten zur Stadt

Rzeszów ist die Hauptstadt der Wojewodschaft Karpatenvorland und liegt am Fuße des Gebirges am Fluss Wisłok. Von den 166 684 Einwohnern sind annähernd 50 000 Studenten. Sie studieren an der Technischen Hochschule Rzeszów, die Piloten für die Zivilluftfahrt ausbildet, der Pädagogischen Hochschule, einer Zweigstelle der Lubliner Maria-Curie-Skłodowska-Universität, einer Zweigstelle der Landwirtschaftlichen Akademie Kraków und anderen Bildungseinrichtungen.

Wichtigster Arbeitgeber ist das metallurgische Werk WSK Rzeszów, das unter anderem Flugzeugteile herstellt. Die Firma Zelmer produziert Haushaltsgeräte, daneben sind Pharmazeutik, Lebensmittel- und Textilindustrie sowie die Baubranche vertreten.

Von Rzeszóws Bewohnern sind 7,3 Prozent arbeitslos. Die Stadt ist ein wichtiger Verkehrsknotenpunkt. Die Slowakei ist 100 und die Ukraine 90 Kilometer entfernt. Hier kreuzt sich die Nationalstraße E371, die von Gdańsk über Warschau und Rzeszów in die Slowakei bis nach Rumänien reicht, mit der internationalen Straße E40, die von Zgorzelec (Görlitz) bis in die Ukraine führt.

Als Teil dieser Strecke befindet sich die nordwärts von Rzeszów geplante Autobahn 4 im Ausbau, die Westeuropa mit der Ukraine, Russland und dem Balkan verbinden soll. Die neue Schnellverkehrsstraße 9 Radom–Rzeszów–Barwinek–Bukarest soll die kürzeste Verbindung zwischen den skandinavischen Ländern und Südosteuropa herstellen. Der Flughafen hatte 2006 über 200 000 Fluggäste. Ein neuer Flughafenterminal ist geplant.

Geschichte

Der Ort wurde Mitte des 14. Jahrhundert von Kazimierz III. Wielki erobert, der ihr 1354 Stadtrechte verlieh. Seine Blüte erlebte Rzeszów im 16. Jahrhundert unter dem Kastellan Mikołaj Spytek Ligęza, der eine Burg mit einer Befestigungsanlage errichten ließ. Die Industrieanlagen und Wohnblocks, die nach dem Zweiten Weltkrieg entstanden, haben das Antlitz der Stadt völlig gewandelt.

Rundgang durch die Stadt

Der Markt wird vom neugotischen Rathaus dominiert, von dessen Ursprüngen im 16. Jahrhundert nichts mehr zu sehen ist. Im Ethnografischen Museum an der Südseite kann man die Volkstrachten der Region kennenlernen und auch Schnitzereien werden gezeigt. Nordöstlich des Marktes in der Ulica Bożnicza steht die Altstadt- und weiter nördlich die Neustadt-Synagoge. Letztere stammt aus dem 18. Jahrhundert und wird heute als Kunstgalerie genutzt.

Das ältere jüdische Gotteshaus stammt aus dem 17. Jahrhundert. Hier wird die Lokalgeschichte der Juden erforscht. Auf der Westseite des Marktes erhebt sich die gotische Pfarrkirche, in deren Chor Renaissancegrabmäler erhalten sind. Die Bernhardinerkirche in der nordwestlich gelegenen Ulica Sobieskiego entstand 1624–1629. In den Nischen des Hochaltars porträtieren lebensgroße Alabasterfiguren die Familie des früheren Eigentümers der Stadt.

Der Marienskulptur aus dem 16. Jahrhundert, die in der vergoldeten Kapelle steht, spricht man wundersame Heilkräfte zu. Die Wandmalereien rechts und links davon zeigen geheilte Gläubige.

Polnische Malerei vom 18. bis zum 20. Jahrhundert sowie Glasarbeiten, Fayence und Möbel stellt das Regionalmuseum aus, das sich 300 Meter weiter südlich in der Ulica 3 Maja befindet. Das Museum ist in einem ehemaligen baro-

cken Piaristenstift aus dem frühen 18. Jahrhundert untergebracht.

Im Südwesten der Stadt liegt der prächtige, von Tylman van Gameren geschaffene Barockpalast der Lubomirskis, einer bedeutenden Magnatenfamilie. Weiter südlich schließt sich das Schloss an. Dessen Ursprünge liegen im 16. Jahrhundert, was man nur noch dem Turm am Eingang und den Bastionen ansieht.

Sehenswertes um Rzeszów

Schloss Łańcut

Łańcut ist eines der bekanntesten und größten Adelsschlösser Polens. Es war im Besitz der Familien Lubomirski und Potocki und liegt keine 20 Kilometer östlich von Rzeszów. Für den Prachtbau engagierte Stanisław Lubomirski den Architekten Maciej Trapola, nach dessen Entwürfen die Residenz 1629–1641 gebaut und sogar mit einer Festungsanlage versehen wurde. 150 Jahre später erfolgten Rokoko- und neoklassizistische Umbauten, die Fassaden sind heute durch eine neobarocke Gestaltung geprägt. Das Schloss wurde mitsamt der Original-Innenausstattung der Räume aufwendig restauriert. Der Ballsaal erstreckt sich über zwei Geschosse, zu entdecken sind auch ein Spiegelkabinett und ein chinesisches Appartment und ein Theater. Außerdem wartet eine exklusive Kunstsammlung auf die Besucher, die erheblich zum Ruhm von Łańcut beitrug. Auch eine Sammlung von Ikonen gehört dazu. Südlich des Schlosses ist noch ein Kutschenmuseum zu besichtigen.

Zum Spazierengehen lädt der schöne Park des Anwesens ein. Hier gibt es einen italienischen und einen Rosengarten, eine Blutbuchenallee und seltene Pflanzen wie den japanischen Schnurbaum zu entdecken.

Rzeszów 269

SCHLESIEN

Fakten zur Region

Die drei Wojewodschaften Dolnośląskie (Niederschlesien), Opolskie (Oppeln) und Śląskie (Schlesien) im Südwesten des heutigen Polen entsprechen nicht der historischen Landschaft Schlesien. Diese breitete sich im Einzugsgebiet der oberen und niederen Oder aus, Teile davon liegen auf deutschem und tschechischem Territorium. Der Gebirgszug der Sudeten gilt als natürliche Grenze des Gebietes nach Süden hin. Die Wojewodschaft Schlesien ist mit rund 4,65

Millionen Einwohnern auf 12 294 qkm die am dichtesten besiedelte Wojewodschaft Polens. Sie grenzt im Uhrzeigersinn betrachtet an die Wojewodschaften Oppeln, Łódzkie, Heiligkreuz (Świętokrzyskie) und Kleinpolen, im Süden an die Slowakei und Tschechien.

Im Südosten des Gebietes verlaufen die Żywiecer und die Schlesischen Beskiden. Hier entspringen auch die Weichsel und ihr Zufluss Biała, der von der Soła gespeist wird, den Südwesten durchfließt der Oberlauf der Oder. Im Nordosten um die

Links: Runder Glockenturm aus Backstein im schlesischen Brynek.
Unten: Der Blücherplatz in Breslau wird von ansehnlichen Bürgerhäusern gesäumt, hinter den Marktständen erblickt man einen Teil des alten Rathauses.

Oben: In der Nähe von Bolesławiec (Bunzlau) wird auf dem Fluss gepaddelt.
Vorhergehende Seite: Der Palast in Brynek wurde zu Beginn des 19. Jahrhunderts erbaut.

Stadt Częstochowa bestimmt die Krakau-Tschenstochauer Hochfläche und der Fluss Warta (Warthe) den Raum. Neben der 313 461 Einwohner zählenden Wojewodschaftshauptstadt Kattowitz sind Częstochowa und Sosnowiec mit 246 130 und 225 200 Einwohnern die größten Städte. Die Wojewodschaft Schlesien ist durch das im 19. Jahrhundert entwickelte Steinkohlerevier um Kattowitz und Gleiwitz (Gliwice) stärker industriell geprägt als jede andere Wojewodschaft in Polen und gehört heute zu den wirtschaftlichen Boom-Regionen des Landes.

Neben Steinkohle gibt es auch Eisen-, Zink- und Bleierze. Mit 7,1 Prozent ist die Arbeitslosenrate relativ gering. Durch den ansteigenden Energiebedarf wächst die Bedeutung von Steinkohlebergbau und Energieerzeugung. Der mit 65 000 Beschäftigten größte Steinkohleförderer Europas, Kompania Węglowa, hat seinen Sitz in Kattowitz. Wichtige Industriezweige sind auch Eisen- und Schwermetallverhüttung, Elektroindustrie, Maschinen- und Anlagenbau sowie Automobilindustrie, wie die Vertretungen von Fiat Auto Poland in Tychy und von General Motors (Opel) in Gliwice zeigen.

Die Wojewodschaft Oppeln umfasst 9 412 qkm und hat 1 036 000 Einwohner. An sie grenzen im Uhrzeigersinn die Wojewodschaften Niederschlesien, Łódź, Heiligkreuz und Kleinpolen sowie im Süden die Tschechische Republik. Die größten Städte nach der 127 246 Einwohner zählenden Wojewodschaftshauptstadt Oppeln sind Kędzierzyn-Koźle und Nysa, die 65 572 bzw. 47 283 Einwohner zählen. Wichtigster Fluss ist die Oder und deren Zufluss Nysa Kłodzka, die Glatzer Neiße. Die Landschaft wird von der Schlesischen Tiefebene bestimmt, nur im Südwesten erhebt sich das Sudetenvorland. Auf

Das Schloss Kliczków in Niederschlesien war einst im Besitz der Grafen von Solms-Baruth. 1920 erbte Friedrich Hermann zu Solms-Baruth das Schloss. Während der Nazi-Zeit engagierte er sich im Kreisauer Kreis im Widerstand gegen den Nationalsozialismus.

den fruchtbaren Lössböden gedeihen Zuckerrüben, Getreide, Raps und Kartoffeln. Strzelece und Góraźdźe sind Lagerstätten für Kalk und Mergel. Mit 9,6 Prozent Arbeitslosen ist die wirtschaftliche Entwicklung nicht so günstig wie in der Wojewodschaft Schlesien, Emigration sorgt für einen Abfluss der Arbeitskräfte. Wichtige Branchen sind die Bauwirtschaft und Baustoffindustrie, Elektromaschinenbau, die im Kreis Kędzierzyńsko-Kozielski stark vertretene chemische Industrie, der petro-energetische Sektor, Kunstdüngerherstellung, Möbel- und Lebensmittelindustrie.

Eine Sonderwirtschaftszone (SWZ) mit sieben Unterzonen wurde in Walbrzych und Umgebung eingerichtet. In der Wojewodschaft gibt es eine deutsche Minderheit, deren Organ DMi (Deutsche Minderheit oder Mniejszość Niemiecka – MN) politisch auf kommunaler und landesweiter

Ebene aktiv ist. In 26 der insgesamt 71 Gemeinden im Oppelner Land stellt die deutsche Minderheit mehr als 20 Prozent der Bevölkerung, eine Konstellation, die seit dem Minderheitengesetz von 2005 zur Einführung von Deutsch als Hilfssprache berechtigte. Bis Ende 2007 ist dies schon in 16 Gemeinden der Wojewodschaft Oppeln geschehen. Rund 300 000 Einwohner der Wojewodschaft haben sowohl die polnische als auch die deutsche Staatsbürgerschaft.

Die 19 948 qkm große Wojewodschaft Niederschlesien hat 2 877 200 Einwohner. Von Norden nach Südosten umrahmen es die Wojewodschaften Lubuskie (Lebus), Wielkopolskie (Großpolen) und Oppeln, im Süden grenzt es an die Tschechische Republik, im Westen an die Bundesrepublik Deutschland. Die wichtigsten Flüsse sind die Oder und ihr Zufluss Neiße, die gleichzeitig die Grenze zu Deutschland bildet.

Die kleinere Kwisa und der Bóbr fließen in Süd-Nord-Richtung und münden in den Odernebenfluss Szprotawa. Der Oderzufluss Glatzer Neiße entspringt im Süden der Wojewodschaft im Glatzer Schneegebirge, einem Teil der Sudeten. Diese fallen gen Norden ab, an der Oder und im Zentrum des Gebietes herrscht die Schlesische Tiefebene vor.

Die größten Städte nach der 633 950 Einwohner zählenden Wojewodschaftshauptstadt Breslau sind Walbrzych (Waldenburg) und Legnica (Liegnitz) mit 125 770 bzw. 105 485 Einwohnern. An Rohstoffen stehen Braun- und Steinkohle, Kupfererze, Kali, Magnesium und Ton zur Verfügung, neben Kohle- wird auch Kupfer-

bergbau betrieben. Trotz dem mit 10,1 Prozent hohen Satz an Arbeitslosen gilt die Wojewodschaft als wirschaftlich aufstrebend. Wrocław entwickelt sich immer mehr zu einem Standort für Hightech und qualifizierte Dienstleistungen wie Business Process Outsourcing.

Wichtige Branchen sind daneben Elektrotechnik, Energieerzeugung, Bau und Maschinenbau – bedeutend ist der Standort Walbrzych mit Toyota Motor Manufacturing Poland. Ebenso vorherrschend sind die Chemie- und Textilbranche, Porzellan- und Haushaltsglasherstellung, keramische Baustoffindustrie und Lebensmittelverarbeitung. Eine wichtige Einnahmequelle ist auch der Tourismus. Die Straßen- und

In der Stadt Nysa (Neisse) steht die spätgotische St. Jakobskathedrale.

Schienenverkehrsverbindungen, vor allem nach Deutschland, werden ausgebaut, was Logistikzentren verschiedener Firmen anzieht.

Geschichte

Der Name Schlesien stammt vom slawischen Stamm der Slensanen, deren Eigenbezeichnung wiederum von den Silingern abgeleitet ist, einem Zweigstamm der germanischen Wandalen. 990 konnte der polnische Herzog Mieszko I. das Gebiet im Krieg mit Böhmen erobern. Im Jahr 1000 wird in Wrocław ein Bistum eingerichtet, das der eigenständigen polnischen Kirchenprovinz angehörte. In der Folge gerät Schlesien allerdings in immer stärkere Abhängigkeit zu Böhmen, 1339 verzichtet König Kazimierz III. Wielki endgültig auf das Gebiet. Schon im Mittelalter wurden die schlesischen Städte mit deutschen Handwerkern, Kaufleuten und Bergarbeitern besiedelt. Da die Region an der für den Fernhandel wichtigen „Hohen Straße" lag und hier bereits Erze gefördert wurden, erlebte sie schon früh eine wirtschaftliche Blüte. Schlesien wurde 1526 mit dem Herzogensitz Teschen und Böhmen ins Reich der Habsburger eingegliedert, 1675 kamen noch die Teilherzogtümer Liegnitz, Brieg und Wohlau hinzu. Nachdem Preußen 1763 in den Schlesischen Kriegen gegen Österreich siegreich war, behielt es das Gebiet bis zum Ende des Ersten Weltkrieges.

Große Fronleichnamsprozession in Breslau.

Rechts: In der Stadt Pietrowice findet jährlich das Osterreiten statt, eine katholische Prozession.
Folgende Doppelseite links: Die 1913 von Max Berg errichtete Jahrhunderthalle (Hala Ludowa) in Breslau.

Als sich Polen 1918–1922 politisch und territorial neu konstituierte, wurde Oberschlesien zu einem der Kampfplätze, auf denen die Rivalität zwischen Deutschland und Polen ausgetragen wurde. 1919 wurden Polen auf der Friedenskonferenz in Versailles Teile Mittelschlesiens zugestanden, für Oberschlesien sollte eine Volksabstimmung über die Zugehörigkeit entscheiden. Daraufhin begann am 16. August 1919 der erste der drei schlesischen Aufstände, der durch Waffengewalt noch vor dem Plebiszit Fakten schaffen sollte. Der Einmarsch alliierter Truppen sorgte wieder für Ruhe. Ein Jahr nach dem ersten kam es östlich von Kattowitz zum zweiten schlesischen Aufstand, der auf Druck des polnischen Politikers Wojciech Korfanty und der Alliierten abgebrochen wurde. Am 20. März 1921 stimmten schließlich 59,6 Prozent der Bevölkerung Oberschlesiens für den Verbleib im Deutschen Reich, 40,4 Prozent entschieden sich für Polen. Am 3. Mai 1921 brach unter der Leitung von Wojciech Korfanty der dritte schlesische Aufstand los. Er scheiterte in Annaberg am deutschen Grenzschutz und an deutschen Freikorps. Am 21. Oktober 1921 fällte der Völkerbundsrat den Entschluss, Oberschlesien aufzuteilen. Polen erhielt 42,5 Prozent der Bevölkerung und 85 Prozent der Kohlevorräte, was die deutsche Öffentlichkeit bis hin zu Revisionsforderungen erbitterte. Polen erhielt auch den Ostteil von Teschen, dessen Rest der Tschechoslowakei zugesprochen wurde. Aus den neuen Gebieten bildete Polen die Wojewodschaft Schlesien, die ein Autonomiestatut und einen Landessejm erhielt. Niederschlesien mit seiner Hauptstadt Breslau blieb bei Deutschland und wurde in die Regierungsbezirke Breslau und Liegnitz eingeteilt, zusätzlich wurde ein deutscher Bezirk Oberschlesien mit der Hauptstadt Oppeln geschaffen. Die wirtschaftliche Entwicklung im polnischen Oberschlesien stockte. Grund dafür war ein Zollkrieg, mit dem Deutschland ab 1925 von Polen Zugeständnisse gegenüber der deutschen Minderheit und eine Teilrevision der Grenzen durchsetzen wollte.

Nach dem deutschen Überfall auf Polen 1939 gehörte Oberschlesien zu den „eingegliederten Ostgebieten", die direkt an Deutschland angeschlossen wurden. Die Polen auf diesen Gebieten galten als den Deutschen gegenüber minderwertige „Schutzangehörige", die versklavt und deportiert wurden und deren Elite ausgelöscht werden sollte. Als Mischbevölkerung rechtlich über den Polen eingestuft wurden Schlonsaken und Oberschlesier, deren Sprache zwischen dem Polnischen und dem Slowakischen eingeordnet wird und im sogenannten „Wasserpolnisch" viele deutsche Lehnworte aufgenommen hat. Diese als „schwebendes Volkstum" bezeichneten

Gruppen sollten nun germanisiert werden. Die Juden Schlesiens wurden in Konzentrationslager deportiert. Nach dem Zweiten Weltkrieg wurde der westlich der Oder-Neiße-Linie liegende Teil Schlesiens Bestandteil des Landes Sachsen und kam später zur DDR, der Großteil Schlesiens wurde in die Volksrepublik Polen eingegliedert. Die Wojewodschaft Wrocław wurde geschaffen und der Wojewodschaft Katowice wurde ein Teil der vormals deutschen Gebiete angegliedert. Diese sogenannten Kleinwojewodschaften wurden im Zuge der polnischen Verwaltungsreform am 1. Januar 1999 wieder aufgelöst. Angesiedelt wurden viele Polen aus den Gebieten um Lwów, die nun zur Sowjetunion gehörten. Nahezu die gesamte deutsche Bevölkerung wurde vertrieben, wer blieb, bekam die Repressionen und systematischen Assimilierungsbestrebungen der kom-

munistischen Machthaber zu spüren. Die deutsche Sprache sollte aus dem öffentlichen und privaten Leben verschwinden, auch das Schlonsakische wurde behindert. In den Nachkriegsjahren stand der Wiederaufbau der schlesischen Schwerindustrie im Vordergrund. Mitte August 1980 kam es in oberschlesischen Bergwerken zu Massenprotesten gegen das Regime, 1981 demonstrierten die Kumpel gegen die Verhängung des Kriegsrechts. Nach der politischen Wende hatte die Schwerindustrie zunächst einen Tiefpunkt erreicht. Bewegung kam hingegen in die Frage der deutschen Minderheit, die sich als DMi und in anderen Organisationen nun auch politisch betätigen durfte. In einer Volkszählung von 2002 bezeichneten sich 153 000 Menschen als Deutsche, rund 173 000 sahen sich selbst ihrem regional geprägten

Selbstverständnis gemäß als Schlesier. Die Wojewodschaft mit ihrer vielfältigen kulturellen Prägung ist ihren Bürgern offenbar viel wert: Als sie 1998 per Verwaltungsreform aufgelöst werden sollte, kämpften die Bürger mit der deutschen Minderheit, der polnischen Rechten und der Linksallianz vereint für ihren Erhalt und hatten Erfolg damit. Die Minderheitengesetzgebung von 2005 erlaubt Deutsch als Hilfssprache und eine zweisprachige Ortsbeschilderung in Orten, deren deutscher Bevölkerungsanteil über 20 Prozent liegt.

Breslau

Fakten zur Stadt

Breslau (Wrocław) ist nicht nur Hauptstadt der Wojewodschaft Niederschlesien, sondern historische Hauptstadt der gesamten Region. Heute leben rund 634 000 Menschen in der vitalen Metropole an der Oder. Das Stadtgebiet bietet viele Grünflächen und verteilt sich auf 12 Inseln, die von Odernebenflüssen und Kanälen umschlossen und durch 112 Brücken verbunden sind. 138 009 Studenten sind an den Hochschulen der Stadt eingeschrieben. Bedeutend sind die 1702 gegründete Universität Wrocław, deren Fakultäten für Mathematik und Informatik sowie für Philologie mit Germanistik einen besonders guten Ruf genießen, die Technische Hochschule und die Wirtschaftshochschule Oskar Lange. Breslau ist über die nach Dresden und Krakau führende A4 an das westeuropäische Autobahnnetz angeschlossen. Die E67 führt ostwärts nach Piotrków Trybunalski, von wo man über die E75 nach Warschau gelangt. In südlicher Richtung stellt die E67 die Verkehrsverbindung bis nach Prag her. Der Flughafen im

Vorhergehende Seite rechts: Innenansicht der Adalbertkirche in Breslau.
Unten: Blick vom Dom Johannes der Täufer auf die Dominsel (Ostrów Tumski) an der Oder.

zehn Kilometer westlich des Zentrums gelegenen Vorort Strachowice hatte 2006 rund 850 000 Fluggäste. Seine Kapazität soll bis 2010 auf 3,2 Millionen, bis 2012 auf 5,7 Millionen Fluggäste erweitert werden. Von 2008 bis 2012 will die Stadt mehrere Milliarden Złoty in die Verkehrsinfrastruktur investieren, geplant ist ein Netz von Schnellstraßenbahnen. Wrocław entwickelt sich immer mehr zum Standort für Hochtechnologie und qualifizierte Dienstleistungen wie Business Process Outsourcing. Der IT-Konzern Hewlett-Packard plant, die Belegschaft in seinem Breslauer Dienstleistungszentrum von 1000 auf rund 1800 Mitarbeiter zu erhöhen. Die Automobilindustrie ist mit Wabco vertreten, einem führender Hersteller von Bremssystemen, und durch Volvo mit einer Produktionsstätte für Busse. Anlagenbauer Alstom stellt in Wrocław Generatoren und Ausrüstungen für Kraftwerke her. Der

Süßwarenproduzent Cadbury baut sein Werk in Stadtnähe bei Bielany Wrocławskie aus. Unternehmen wie LG, Whirlpool und Fagor Electrodomesticos haben ihr Logistikzentrum am Standort Breslau errichtet. Durch die gute wirtschaftliche Entwicklung waren 2008 nur 3,8 Prozent der Stadtbewohner arbeitslos.

Geschichte

Durch seine günstige Lage an der Handelsstraße, die von Westeuropa bis Russland führte, war Wrocław schon um 1000 ein wichtiger und befestigter Handelsplatz. Herzog Mieszko I. integrierte es zusammen mit Schlesien in das Herzogtum Polen. Die Stadt wurde als Bischofssitz einer der Standorte der polnischen Kirchenorganisation. Als Polen in Teilfürstentümer zerfiel, wurde Breslau der Hauptsitz der

Ganze Hausfassaden sind mit Werbeplakaten bestückt worden.

Der Blücherplatz mit seinen belebten Marktständen.

schlesischen Piasten. Nach dem Angriff der Tataren 1241 wurde die Stadt auf die linke Seite der Oder verlegt und mit einem Marktplatz, der von einem Straßencarrée umschlossen wurde, wieder aufgebaut. 1335 kam die Stadt unter böhmische Herrschaft. Zu Beginn des 15. Jahrhunderts griffen die böhmischen Hussitenunruhen auf die Stadt über. Um diese Zeit ließen sich auch immer mehr deutsche Handwerker und Kaufleute in Breslau nieder. Die Ideen Luthers fanden im 16. Jahrhundert viel Zulauf in Wrocław. 1526 wurde die Stadt dem Reich der Habsburger zugeschlagen. Die Zeit der Gegenreformation bescherte ihr eine Fülle von Barockbauten wie die Universität und das Jesuitenkolleg. Die deutsche Barockdichtung bekam von hier aus starke Impulse durch Lyriker wie Andreas Gryphius, Martin Opitz, Hofmann von Hofmannswaldau und Johannes

Scheffler, der den Künstlername Angelus Silesius benutzte. Die 1741 einsetzende Herrschaft der Preußen forcierte den Ausbau der Manufakturen, im 19. Jahrhundert entwickelte sich die Industrie. Die Universität wurde zum Zentrum politischer und kultureller Ideen, hier artikulierte sich 1848 die unter der preußischen Teilungsmacht agierende polnische Nationalbewegung. Nach dem Ersten Weltkrieg wurde Breslau Hauptstadt der neu gegründeten Provinz Niederschlesien. Im Zweiten Weltkrieg wurde die Stadt 1944 zur Festung erklärt. Gegen Kriegsende weigerte sich die Festungsführung zu kapitulieren und begann eine wahnwitzige Verteidigungsschlacht gegen die Rote Armee, die die Stadt bereits umzingelt hatte. 170 000 Zivilisten, 6000 deutsche und 7000 sowjetische Soldaten kamen dadurch ums Leben, 65–90 Prozent der Bausubstanz wurden zerstört.

Von der Oder aus erblickt man den ältesten Stadtteil Breslaus, Ostrów Tumski, die Dominsel.

Tausende kamen bei der völlig planlosen Evakuierung in eisiger Kälte um, darunter viele Kinder. Nach dem Krieg wurde die deutsche Bevölkerung ausgesiedelt, an ihrer Stelle wurden Menschen aus den ehemaligen polnischen Ostgebieten, vor allem aus der Gegend von Lwów, eingewiesen. Der Wiederaufbau der Stadt zog sich bis in die 1980er Jahre hin. Das Oderhochwasser von 1997 gefährdete die Stadt, beschädigt wurden vor allem Häuser aus der Gründerzeit, nicht aber das historische Stadtzentrum.

Rundgang durch die Stadt

Historischer Kern Wrocławs ist die auf der Nordseite der Oder liegende Dominsel (Ostrów Tumski). Ausgrabungen förderten hier eine Burg

mit Erdwall- und Holzbefestigung aus dem 10. Jahrhundert zu Tage, die vom slawischen Stamm der Slensanen herrühren soll. Mit der Etablierung der polnischen Kirchenorganisation am Ort entstanden hier die ersten Kirchen. Nachdem infolge der Zerstörungen des Mongolensturms das Stadtzentrum auf die Südseite des Flusses verlegt worden war, blieb das sakrale Zentrum der Stadt auf der Insel. Als die alte Burgkapelle gilt św. Marcin, deren Anfänge im 13. Jahrhundert liegen. Südlich davon erhebt sich die Kirche ś.ś. Piotra i Pawła (St. Peter und Paul). Ihr gotisches Gewölbe wird von nur einer einzigen Säule gehalten. Der Eingang zur Kirche befindet sich im davor liegenden Waisenhaus von Johann Blasius Peitner, das aus dem frühen 18. Jahrhundert stammt. Gegenüber liegt die älteste gotische Hallenkirche Wrocławs, die 1288–1350 entstandene Kreuz-

Oben: Hinter den Häusern ragt die Kirche St. Elisabeth in die Nacht hinein.
Vorhergehende Seite: Der Marktplatz von Breslau (Rynek) ist das pulsierende Zentrum der Stadt.

kirche (Kościoł św. Krzyża i św. Bartłomieja). Im frühgotischen Tympanon der Nordwand wurden der Stifter der Kirche, Heinrich IV. von Wrocław, und seine Gemahlin Mechthild verewigt. Vor der Kirche befindet sich das wuchtige Denkmal des heiligen Nepomuk, das von Johann Urbański geschaffen und 1732 von Johann Albrecht Siegwitz vollendet wurde. Schon von Weitem erkennbar ist die Katedra św. Jana Chrzciciela, der Dom Johannes des Täufers. Die zwei Turmspitzen der backsteinernen, dreischiffigen Basilika ragen wie Nadeln in den Himmel. Sie wurde 1244–1419 anstelle einer romanischen Kirche errichtet. Die Außenwand des nördlichen Seitenschiffes ziert eine nach dem Krieg angefertigte Kopie der sandsteinernen Skulptur Johannes des Täufers, deren Original 1160–1170 entstand. Das Triptychon von 1522 mit dem Entschlafen Mariens stammt aus der Schule von Veit Stoß. Ein paar Schritte nördlich der Kathedrale befindet sich der Botanische Garten

der Universität Wrocław. Er wurde 1811 angelegt und wirkt mal akkurat, mal üppig wuchernd. Neben Sukkulenten- und Kakteenzuchten können hier die Exponate des naturkundlichen Muzeum Przyrodnicze bewundert werden, zu denen auch ein Walskelett gehört.

Der Weg zum Südufer führt über die Sandinsel, auf die man über die Dombrücke Most Tumski gelangt. Die vielen Brücken über die Oder, die oft schöne Aussichtspunkte sind, brachte Wrocław den Beinamen „Venedig Polens" ein. Vorbei an der Kirche der Heiligen Maria auf dem Sande (1334–1390), dem Kloster der Augustinerinnen aus dem 18. Jahrhundert und der Universitätsbibliothek, die eine herausragende Sammlung deutscher Bücher birgt, gelangt man in südlicher Richtung über den Fluss. Hier erhebt sich das Mausoleum für die Piastenfürsten Wrocławs. Nebenan befindet sich der ehemalige Mathias-Stift (1675–1715), in dem sich die

Blick in das reiche Angebot der Markthalle im Zentrum der polnischen Stadt Breslau.

Ossoliński-Nationalbibliothek befindet. Es handelt sich um Teile jener berühmten Sammlung polnischer Bücher, Schriften und Landkarten, die der polnische Wissenschaftler und Schriftsteller Graf Józef Maksymilian Ossoliński (1748–1826) 1817 gründete. Im Jahr 1827 nahm das Institut in Lwów (Lemberg) seine Arbeit auf. Sie sollte den Fortbestand der polnischen Kultur unter der Fremdherrschaft sichern. Nach dem Einmarsch deutscher Truppen in Lwów im Zweiten Weltkrieg waren die wertvollsten Bestände von deutschen Stellen nach Krakau und Schlesien geschafft worden. Unmittelbar nach Kriegsende wurde der gerettete Teil – nicht alles wurde von der Sowjetunion zurückgegeben – im Mathiasstift untergebracht.

Folgt man der Ulica Grodzka weiter, gelangt man zur Universitäts- oder Jesuitenkirche, die 1689–1698 entstand. Im Innern können Besucher das Dekorationssystem des Barock erleben, das die realen Dimensionen der Räume aufhob, indem es plastische Stuckelemente mit Malereien verschmelzen ließ. Das imposante Deckengemälde stammt aus der Hand des Salzburger Barockmalers Johann Michael Rottmayer. Neben der Kirche auf dem Plac Uniwersytecki befindet sich das Barockgebäude der Universität. Ihr Prunkstück ist die tunnelartige Aula Leopoldina (1731–1732) im Hauptgebäude, die zu den schönsten Barocksälen Polens zählt. Christoph Handtke schuf das Deckengemälde, das die Entstehung der Wissenschaften thematisiert, Franz Joseph Mangold die Skulpturen. In der Ulica Szewska steht links das 1552 entstandene Haus der Oppelner Piasten. Zur Rechten erhebt sich das 1336–1675 erbaute Haus der Liegnitz-Brieger Piasten mit seiner prächtigen Renaissancefassade. Weiter südlich erscheint der Rynek, auf Deutsch „Großer Marktplatz" oder auch „Ring" genannt, mit dem Breslauer Rathaus, einem der prächtigsten gotischen

Profanbauten Mitteleuropas. Wie durch ein Wunder überstand es den Zweiten Weltkrieg ohne größere Schäden. 1343–1357 erbaut, wurde noch bis ins 16. Jahrhundert hinein an den Dekorationen und am Turm gearbeitet. Am bekanntesten ist die südliche und vor allem die östliche Fassade des Gebäudes. Deren Mittelgiebel ist mit einem Gitter aus fein gearbeitetem Maßwerk überzogen, wie ein Diadem schmücken Spitztürmchen den Rand des Daches. Mit einer Hälfte in der Giebelzone, mit der anderen im Wandbereich ist die astronomische Uhr aus Lärchenholz (1580) ins Mauerwerk eingelassen. Die Südfassade schmücken Renaissance-Fenster und filigrane Friese mit Tieren und Blattwerk. Im Innern des Rathauses befindet sich das Museum für Bürgerliche Kunst mit authentischen Räumlichkeiten wie dem imposanten dreischiffigen Rittersaal. Neben dem Rathaus bietet

der Rynek noch weitere Attraktionen, etwa das Greifenhaus an der Westseite, dessen Giebel der Breslauer Stadtbaumeister Friedrich Gross schuf. Die Häuser „Zur Blauen Sonne" und „Zur Goldenen Sonne" dienten als Quartier für hohen Besuch aus Böhmen und dem Habsburgerreich. Ein Haus auf der Südseite war die Breslauer Niederlassung der Fugger. Die Ringnordseite wurde Gemüse- oder Naschmarkt genannt. Von prächtigen Bürgerhäusern umstanden ist auch der südwestlich liegende Salzmarkt, Plac Solny.

Wer die Altstadt gen Nordosten verlässt, kommt über die Most Grunwaldski, die als schönste Brücke Wrocławs gilt. Nach etwa zwei Kilometern kommt der Scheitniger Park (Park Szczytnicki) in Sicht, in dem über 370 Baum- und Blumenarten gedeihen. Der Japanische Garten wurde hier 1913 anlässlich der Weltaus-

Links: Die Türme der gotischen Kathedrale St. Johannes der Täufer erreichen eine Höhe von fast 98 Metern.
Unten: Neues und altes Rathaus stehen nicht weit voneinander entfernt.

Detailansicht des Nationalmuseums in Breslau, das im Gebäude der ehemaligen Provinzialregierung Schlesiens untergebracht ist.

stellung von dem bekannten Japanologen Fritz von Hochberg und dem japanischen Gärtner Mankichi Arai angelegt. Außerdem ziert eine Kirche aus Lärchenholz das Areal, die im 16. Jahrhundert in der Oppelner Region entstand und 1914 hier wieder aufgebaut wurde. In der Nähe des Parks steht die 1913 zur 100-Jahr-Feier der Befreiung von Napoleon errichtete Hala Ludowa, auch Jahrhunderthalle (Hala Stulecia) genannt. Der je nach Perspektive an eine mehrstöckige Torte oder ein orientalisches Mausoleum erinnernde Stahlbetonbau wurde vom Stadtarchitekten Max Berg entworfen. Der Durchmesser der freitragenden Kuppel beträgt 130 Meter. Der nur einen Steinwurf entfernt liegende Ogród Zoologiczny ist nicht nur der älteste Zoo Polens (1865), er gilt auch als der beste. 500 Tierarten sind in den architektonisch ansprechenden Anlagen zu Hause.

Kattowitz

Fakten zur Stadt

Kattowitz (Katowice) ist Hauptstadt der Wojewodschaft Schlesien. Die Einwohnerzahl von 313 461 täuscht, denn die Stadt ist Zentrum des Oberschlesischen Industriereviers, das mit 14 anderen Städten einen riesigen Ballungsraum mit rund drei Millionen Menschen bildet und eines der größten Industriezentren Europas darstellt. Daneben ist sie kulturelles und Bildungszentrum der Wojewodschaft. Die Schlesische Bibliothek im Süden der Stadt ist die modernste Polens. Insgesamt 71 728 Studenten studieren an der 1968 gegründeten Schlesischen Universität, an einer Zweigstelle der Technischen Universität Schlesiens mit Sitz in Gleiwitz (Gliwice), an der Wirtschaftsakademie, Musikhochschule, Kunstaka-

Oben: Urbane Szenerie in Kattowitz.
Folgende Seite: Schlesisches Großkraftwerk

demie oder einer anderen der 23 Hochschulen der Stadt. Katowice verfügt über ausgezeichnete Verkehrsverbindungen. Die Stadt hat Anschluss an die A4, die von Dresden nach Krakau führt, und an die Schnellstraße E75 nach Warschau. Südlich gelangt man auf der E75 nach Bielsko-Biała bis über die tschechische und slowakische Grenze nach Žilina. 2006 hatte der Flughafen Katowice Pyrzowice rund 1 450 000 Fluggäste. In der Wirtschaft der Stadt erstarkt der Dienstleistungssektor, wie auch die steigende Zahl von Einkaufszentren wie dem Silesia City Center zeigt. Dennoch sind Schwerindustrie und Produktionstätigkeiten nach wie vor ebenfalls von großer Bedeutung. Hier hat der größte Steinkohleförderer Europas seinen Sitz, Kompania Węglowa, dessen Marktanteil im Inland 54 und europaweit 25 Prozent beträgt. Ebenfalls vertreten ist der Energiekonzern PKE. Die Stadt verfügt über eine

Sonderwirtschaftszone. Als Standort für überregionale Logistikzentren steht Kattowitz hoch im Kurs, viele davon entstehen in Stadtnähe. 2008 waren nur 2 Prozent der Bewohner arbeitslos.

Geschichte

Schon im Mittelalter gab es Eisenschmieden in der Gegend des heutigen Stadtgebietes. Gegen 1580 gründete ein Schmiedemeister Katowice. Mit den Schlesischen Kriegen kam das Dorf im 18. Jahrhundert zu Preußen. 1865 wurden dem Ort die Stadtrechte erteilt. Katowice wuchs rasant, ein Großteil der Bergwerke und Verhüttungsanlagen entstand in der zweiten Hälfte des 19. Jahrhunderts. Vorangetrieben wurde die industrielle Entwicklung durch den Unternehmer Franz Winckler, den örtlichen Gutsver-

walter Friedrich Wilhelm Grundmann und den Stadtratsvorsitzenden Dr. Richard Holtze, der sich auch als Armenarzt betätigte. 1889 entstand mit der Kattowitzer Aktiengesellschaft einer der größten Konzerne in Oberschlesien, es folgten die Oberschlesische Kohlekonvention (Górnośląska Konwencja Węglowa), der Bund der Bergbau- und Hüttenindustriellen (Związek Przemysłowców Górniczo-Hutniczych), die Bergbaugewerkschaften und Institutionen wie die Staatsdirektion der Postämter (Państwowa Dyrekcja Poczt), das Amtsgericht und die Direktion der Preußischen und Königlichen Staatsbahn (Dyrekcja Prusko-Królewskich Kolei Państwowych). Nach dem Ersten Weltkrieg kam die Stadt mit der Teilung Oberschlesiens zu Polen. Der entscheidenden Volksabstimmung vorangegangen waren die zwei schlesischen Aufstände, deren zweiter östlich von Kattowitz losbrach. In der Hauptstadt der neubegründeten Wojewodschaft Schlesien entstanden viele moderne Bauten, darunter das schlesische Parlamentsgebäude, die Christkönigskathedrale und der Wolkenkratzer „Drapacz Chmur" im Süden der Stadt. Zu Beginn des Zweiten Weltkriegs wurde die Stadt mit den östlichen

Links: Moderne Bauten prägen das neue Stadtbild von Kattowitz im Oberschlesischen Industriegebiet.
Unten: Der Marktplatz von Kattowitz mit Verkaufsständen und Bushaltestellen.

Oben: Einfahrt in das riesige Stahlwerk „Huta Katowice".
Rechts: Zwillingstürme in Kattowitz.
Folgende Doppelseite rechts: Im nördlichen Krakau-Tschenstochauer Jura befindet sich die Burgruine aus dem 16. Jahrhundert im kleinen Ort Ogrodzieniec.

Grenzregionen Polens sofort von Deutschland annektiert. Der Wehrmacht stellten sich allerdings zivile polnische Stadtverteidiger entgegen, die später hingerichtet wurden. Die deutsche Bevölkerung empfing die Wehrmacht hingegen als Befreier. Die Synagoge wurde von Deutschen zerstört, die Juden wurden von Kattowitz in Konzentrationslager deportiert. Nach dem Einmarsch der Roten Armee wurde ein Großteil der deutschen Bevölkerung vertrieben. Am 3. März 1953, dem Todestag Stalins, wurde Katowice in „Stalinogrod" umbenannt. Dieser Schritt wurde 1956 im Zuge der Entstalinisierung revidiert. Nach dem Krieg gewann Katowice nicht nur seine ehemalige Bedeutung als Industrie- und Verwaltungszentrum zurück, sondern konnte sich auch als Wissenschafts- und Kulturzentrum etablieren. Im Zuge der Solidarność-Bewegung wurden die Stadt und das

nahe Bergwerk „Wujek" Schauplatz von Streiks und schweren Unruhen. Am 16. Dezember 1981 starben bei Zusammenstößen zwischen streikenden Arbeitern und der Miliz sieben Menschen. Nach der politischen Wende entwickelte sich Katowice zu einer führenden Industrie- und Dienstleistungsmetropole in Polens Süden.

Rundgang durch die Stadt

Kattowitz ist eine typische Industriemetropole des 19. Jahrhunderts. Charakteristisch für das Oberschlesische Industrierevier – also für das gesamte Umfeld der Stadt – sind Förder- und Wassertürme, Schornsteine und Fabrikhallen. Das Erscheinungsbild der Stadt wird außerdem durch Plattenbauten der 1950er und 60er Jahre und einige Wolkenkratzer bestimmt, hinzuge-

kommen sind ultramoderne Bauten. Das klingt wenig anheimelnd, und doch gibt es hier viel zu entdecken. Auf der Aleja Wojciecha Korfantego, eine der Hauptverkehrsachsen, erhebt sich auf der linken Seite der „Spodek". Der Name bedeutet so viel wie Untertasse und ist ein passender Name für die Mehrzweckhalle, die für Kultur- und Sportveranstaltungen genutzt wird: Besonders bei nächtlicher Beleuchtung erinnert sie an ein Ufo.

Weiter südwärts hinter dem Rondo, einem gigantischen Kreisverkehr, befindet sich zur Zeit das Schlesische Museum in einem ehemaligen Grand Hotel von 1900. Das ursprüngliche, 1929 errichtete Museumsgebäude wurde 1939 von den Deutschen zerstört. Im Jahr 2009 soll mit dem Bau eines neuen Gebäudes begonnen werden. Zu sehen ist polnische Malerei von 1800 bis 1939, darunter Werke von Olga Boznańska, Józef Chełmoński, Jan Cybis, Jacek Malczewski, Józef Mehoffer, Józef Pankiewicz, Władysław Podkowiński, Witkacy und Stanisław Wyspiański. Mit dem Centrum Scenografii Polskiej verfügt das Museum seit 1990 über eine international renommierte Zweigstelle, die der polnischen Bühnengestaltung gewidmet ist. Südlich des Bahnhofs am Platz Sejmu Śląskiego gelegen, dokumentiert sie in 7 000 zugänglichen Bühnenbild- und Kostümprojekten, Modellen und Puppen das Schaffen der bedeutendsten polnischen Bühnenbildner. Ein paar Schritte hiervon östlich befindet sich das Museum der Geschichte von Katowice in der Ulica Szafranka. Seine Dauerausstellungen wie etwa „Im Bürgerlichen Mietshaus" führen dem Besucher ein authentisches Szenario aus dem 19. Jahrhundert vor Augen. Ebenfalls zu sehen sind Porträts von Stanisław Ignacy Witkiewicz und Holzschnitte von Pawel Stellers.

Weit im industriell geprägten Osten der Stadt liegt die „Galeria Szyb Wilson", die aus dem alten Wilson-Schacht in der Ulica Oswobodzenia entstanden ist. Allein die umwerfenden Räumlichkeiten mit ihren riesigen Fenstern lohnen den Besuch. Einen Steinwurf entfernt liegt die Arbeitersiedlung Nikiszowiec, im Volksmund auch „Nikisz" genannt. Der Name ist dem Schacht „Nickisch" (heute „Poniatowski") entlehnt, der zum Bergwerk „Giesche" gehört.

Projektiert wurde die Siedlung von den Brüdern Georg und Emil Zillimann aus der damals noch selbstständigen Stadt Charlottenburg bei Berlin, realisiert wurde sie 1908–1915 und 1920–1924. Das Areal ist mit neun geschlossenen Häusern aus roten, inzwischen nachgedunkelten Ziegelsteinen bebaut, zwischen denen sich ein Straßennetz zieht. Die Backsteinburgen sind durch charakteristische Tore verbunden, weiße Fensterrahmen mit dem einen oder anderen Spitzenvorhang heben sich vom Mauerwerk ab. Die Einheitlichkeit in Material und Stil lässt Nikisz wie eine eigene Welt wirken, die mal wuchtig und düster, mal gemütlich erscheint. Hauptplatz ist der Plac Wyzwolenia. Hier steht ein Postgebäude, dessen großflächiges Blumendekor an die Malereien auf Bauernschränken erinnert. Neben der Post in der Ulica Rymarska steht das Gebäude des ehemaligen Badehauses und der Wäscherei – das Viertel wurde mit einer vollständigen Infrastruktur konzipiert. Sogar „piekarnioki" gab es, gemeinschaftlich genutzte Öfen, die über einen Hof von der Ulica św. Anna in die Ulica Odrowazów erreichbar sind. Auch Stallungen für Schweine und Kleintiere gab es hier. Sie wurden in den 1970er Jahren abgerissen, um dort Grünanlagen anzulegen. Nikiszowiec war Schauplatz mehrerer Filme des 1929 in Kattowitz geborenen Regisseurs Kazimierz Kutz, der in seiner „Schlesischen Trilogie" die Geschichte der Region erzählte.

Sehenswertes um Kattowitz

Częstochowa

Die Stadt im Krakau-Tschenstochauer Jura, einem Teil der Kleinpolnischen Höhen, liegt nur etwa 60 Kilometer nördlich von Katowice und dem Oberschlesischen Industrierevier. Trotzdem ist ein größerer Kontrast kaum vorstellbar. 1655, als Katowice lediglich aus ein paar Schmieden bestand, wurde die Schwarze Madonna von Częstochowa (Tschenstochau)

zum Symbol für den Überlebenswillen der ganzen polnischen Nation.

Der Ursprung des Ortes geht auf das Jahr 1220 zurück, sein Aufschwung begann allerdings erst mit dem ungarischen Paulinenorden, der 1382 hierher kam. Der schlesische Piastenherzog Władysław von Opole stiftete das von den Paulinern begründete Kloster am Hellen Berg (Jasna Góra). Schon 1384 sagte man dem dort befindlichen Gemälde der Schwarzen Madonna wundertätige Kräfte nach. Der polnische Historiker Jan Długosz berichtete, dass bereits im 14. Jahrhundert Pilger aus Schlesien, Ungarn, Preußen und Polen hierher strömten. 1655 wurde

Jasna Góra von schwedischen Truppen unter Karl X. Gustav belagert, nachdem sie bereits Krakau und andere Teile Polens eingenommen hatten. In der Klosterfestung trotzten Soldaten, Mönche und Adlige jedoch erfolgreich den Angriffen der weit überlegenen Feinde. Dies markierte die Wende des Kriegsgeschehens zugunsten Polens und begründete den Ruhm der Schwarzen Madonna als Retterin der gesamten Nation.

1717 wurde die Ikone zur Königin Polens proklamiert, 200 000 Menschen wohnten dieser Zeremonie bei. An den 300-Jahr-Feiern zum Sieg über die Schweden im August 1956 nahmen über eine Million Menschen teil – auch das kommunis-

Vorhergehende Seite: Winterlich verschneite Landschaft in den schlesischen Beskiden bei Skrzyczne.
Unten: Im Wallfahrtsort Częstochowa werden allerlei religiöse Souvenirs angeboten.

tische Regime hatte der Religiosität keinen Abbruch getan. Heute ist die Schwarze Madonna das Ziel von vier bis fünf Millionen Wallfahrern im Jahr, etliche unter ihnen pilgern zu Fuß hierher. Der längste der 50 Pilgerwege, die durch ganz Polen führen, beträgt 600 Kilometer, was zu Fuß in rund 20 Tagen bewältigt werden kann.

Die älteste Warschauer Fußwallfahrt, die 1711 zum ersten Mal nach Tschenstochau kam, findet zu Mariae Himmelfahrt am 15. August statt. Weitere Höhepunkte des Kirchenjahrs sind das große Patroziniumsfest „Unserer lieben Frau von Tschenstochau" am 26. August und das Erntedankfest. Auf dem Klosterberg westlich der Innenstadt umgibt die rechteckige Festung die Paulinerkirche, das Kloster und die Kapelle mit der Schwarzen Madonna (Kaplica Cudownego Obrazu). Die auf einem Hochaltar platzierte, auf Lindenholz gemalte Muttergottes ist ostkirchlichen Ursprungs. Władysław von Opole soll sie 1384 aus Ruthenien mitgebracht haben. Sie gehört zum Typus der Maria Hodegetria, die den Gläubigen den Weg weist. Auf der rechten Wange Mariens zeigen sich die Spuren zweier paralleler Einschnitte, ein dritter verläuft quer. Die Schäden entstanden beim Einfall der böhmischen Hussiten im Jahr 1430, das Bildnis wurde anschließend in Krakau restauriert. Auffallend ist die zarte Zeichnung der Gesichter Mariens

Eine Pilgergruppe, die zum Wallfahrtsort Jasna Góra zieht, um unter anderem das Bild der Schwarzen Madonna zu bewundern.

und des Jesuskinds sowie die massiven goldenen Heiligenscheine, die sich von der dunklen Gesichtsfarbe der beiden abheben.

Die südlich an die Kapelle angrenzende Paulinerkirche hat gotische Ursprünge und wurde in den Jahren 1629–1695 und 1706–1728 barockisiert, nachdem sie Opfer eines Brandes geworden war. Das Gewölbe des Hauptschiffes und des Presbyteriums bedecken Fresken von Karl Dankwart. In der Schatzkammer über der Sakristei finden sich persönliche Votivgaben von Pilgern, von denen manche bis aufs 14. Jahrhundert zurückgehen, andere stammen von Überlebenden aus den Vernichtungslagern. Sakrale Kunstschätze werden ebenfalls ausgestellt, wie etwa eine Monstranz aus dem Jahre 1510, die König Sigismund I. Stary dem Kloster schenkte, sowie eine Monstranz von Prior Augustyn

Kordecki 1672, die der Warschauer Goldschmied Wacław Grottko geschaffen hatte. Weitere Gaben wurden im Muzeum Sześćsetlecia zum Andenken an das 600-jährige Bestehen von Jasna Góra zusammengetragen. Darunter ist die Medaille, die Lech Wałęsa als Friedensnobelpreisträger verliehen bekam.

Oppeln

Fakten zur Stadt

Die Hauptstadt der Wojewodschaft, Oppeln (Opole), breitet sich rechts und links der Oder aus und zählt rund 127 000 Einwohner. An der Universität Opole, der Technischen Universität Opole, der Bogdan-Jański-Hochschule, der Hochschule für Verwaltung und Administration, der Staatlichen Fachhochschule

Rechts: Jesusskulptur in einer Kirche in Opole.
Unten: Das Rathaus von Opole aus dem Jahre 1936 ist dem Florentiner Palazzo Vecchio nachempfunden.

Die Autobahn A4 ist eine wichtige Lebensader für Kattowitz und Oppeln.

für Medizin sowie an der Hochschule für Bankwesen sind insgesamt 31 676 Studenten eingeschrieben. Die Stadt hat Anschluss an die A4, die von Dresden nach Krakau führt, und die Fernverkehrsstraße 45 nach Raciborcz bis ins tschechische Ostrawa.

Die Fernverkehrsstraße 94 verbindet Opole mit Gliwice und in nördlicher Richtung mit Breslau und Legnica. In der näheren Umgebung der Stadt soll der internationale Flughafen Opole-Kamień Śląski entstehen. Opole wird eine dynamische Wirtschaftsentwicklung prognostiziert.

Diese wird durch den grenzüberschreitenden Wirtschaftsaustausch zwischen den entlang der Oder gelegenen Regionen gefördert, wofür das EU-Netz Oderpartnership EUNOP eingerichtet wurde. Tradition hat die Baustoffindustrie,

Oppeln war bis zum Zweiten Weltkrieg Zentrum der deutschen Zementproduktion. Heute wird diese von der Firma Górażdże Cement, die der Heidelberger Cement angehört, sowie von der Cementownia Odra, die auch Klinker herstellt, betrieben. Ein eigenes Zementwerk plant die Bauchemieprodukte herstellende Atlas-Gruppe, die dafür im Jahre 2002 Kalkvorkommen bei Opole erworben hat.

Ein Werk für Gipsplatten betreibt die Firma Norgips, auf Bauglas spezialisiert ist Mochnik und Schornsteine sowie Kamine produziert hier die deutsche Firma Schiedel. Auch die Lebensmittelindustrie ist vertreten. Im nahen Skarbimierz betreibt Cadbury eine Süßwarenfabrik, deren Erweiterung in Planung ist. 2008 waren 4,5 Prozent der Stadtbewohner arbeitslos.

Die Ruinen eines neogotischen Schlosses bei Oppeln.

Geschichte

Schon im 9. Jahrhundert erwähnte der „Bayerische Geograph" eine Liste von Namen slawischer Gebiete, Opole als Zentrum des slawischen Stammes der Opolanen. Ausgrabungen auf der Sandinsel (Piaseka) brachten Häuserwände, Kleidung und Schmuck einer Siedlungsgemeinschaft ans Licht, die aufs 8. Jahrhundert zurückgeht. Eine Linie der schlesischen Piasten machte Opole im 13. Jahrhundert zu ihrem Sitz. Sie hielten sich bis 1532, obgleich Opole im 14. Jahrhundert unter böhmische Oberherrschaft fiel. Ab 1532 kam die Stadt unter habsburgerische Herrschaft, nach dem ersten Schlesischen Krieg 1742 zu Preußen.

Die preußischen Germanisierungsbemühungen provozierten 1906–1907 Schulstreiks im ganzen Regierungsbezirk Oppeln, da polnisch aus dem Volksschulunterricht verdrängt wurde. Von 1919–1939 war Oppeln Hauptstadt der deutschen Provinz Oberschlesien.

Bei der Volksabstimmung im März 1921 votierte eine große Mehrheit für den Verbleib bei Deutschland, darunter auch Bürger, die oberschlesisch oder polnisch sprachen. Im Zweiten Weltkrieg wurde die Stadt schwer beschädigt, anschließend kam sie zu Polen. Etliche deutsche Bewohner nutzten nach dem Krieg die Möglichkeit, sich als „autochton" einstufen zu lassen. So konnten sie die polnische Staatsangehörigkeit annehmen und in ihrer Heimat bleiben, auch ohne ethnische Polen zu sein. Dies ist der Grund dafür, dass sich im Raum Opole bis heute eine deutsche Minderheit gehalten hat.

Rundgang durch die Stadt

Das Zentrum der Stadt liegt am rechten Oderufer. Im Norden erhebt sich die gotische Kathedrale aus Backstein, die 1024 entstand. Im Innern befinden sich Barockaltäre und das Grabmal des letzten Piastenfürsten, Jan II., mit dessen Tod die Linie 1532 ausstarb. Sehenswert ist auch das Gemälde „Unserer lieben Frau von Oppeln". Am Rynek, dem Marktplatz, können zahlreiche Barockhäuser bewundert werden. Das Rathaus wurde im Jahre 1864 auf den Resten älterer Bauten errichtet. In historisierender Manier ahmt der Bau den Florentinischen Palazzo Vecchio nach. Der Turm wurde 1936 erneuert, nachdem er aufgrund statischer Probleme eingestürzt war.

Die Franziskanerkirche südöstlich des Marktes entstand um 1330, Umbauten erfolgten im 17. und 18. Jahrhundert. Aus dieser Ära stammt auch der Hochaltar und die Orgel. Die über das rechte Seitenschiff zugängliche gotische Kapelle St. Anna (1309) wurde von den lokalen Piastenherzögen als Begräbnisstätte gewählt. Die Ulica Zamkowa (Schlossstraße) führt über den Mühlgraben, einen Nebenarm der Oder, auf die Sandinsel „Piaseka".

Wie Breslau verfügt auch Opole über schöne Oderbrücken, die oft von prächtig verzierten Eisenkonstruktionen gehalten werden, wie die von einem Pflanzendickicht umwachsene Pfennigbrücke (Zielony Mostek). Über dem Wasser und vom anderen Ufer aus kann man den

Marktplatz mit Barockhäusern in Oppeln.

Blick auf die idyllische Häuserzeile am Ufer des Mühlgrabens genießen. Der Piastenturm auf der Sandinsel gehört nicht mehr wie ursprünglich zum Schloss der piastischen Herzöge. Er ragt aus einem unförmigen Block moderner Bürobauten hervor, denen das Schloss in den 1920er Jahren geopfert worden war.

Der fünf Kilometer westlich des Zentrums gelegene Skansen „Muzeum Wsi Opolskiej" vermittelt einen guten Eindruck davon, wie hier das Leben auf dem Dorf vor etwa 100 Jahren aussah. Die Holzhäuser sind begehbar und liebevoll mit altem Geschirr und Heiligenbildern eingerichtet. Auch ein Kaufladen mit Reklameschildern von anno dazumal ist vorhanden.

Sehenswertes in Oppeln

Sankt Annaberg

Góra Świętej Anny (Sankt Annaberg) ist ein oberschlesischer Wallfahrtsort, und zwar in religiöser und politischer Hinsicht. Seit dem 15. Jahrhundert wird in dem 30 Kilometer südlich von Opole gelegenen Ort eine hölzerne Figur der heiligen Anna verehrt. Seit 1953 wird hier auch der polnisch-deutschen Auseinandersetzungen während des dritten schlesischen Aufstands im Jahr 1921 gedacht. Die geschnitzte Holzfigur der Heiligen Anna befindet sich in der im 17. Jahrhundert errichteten Wallfahrtskirche auf dem rund 400 Meter hohen Berg Chełm. Als

Folgende Seite: Förderturm in einem Bergwerksbetrieb in Oberschlesien.
Unten: In Annaberg erinnert ein Mahnmal an die Schlesischen Aufstände.

Die „Kleine Karlsbrücke" von Kłodzko wird von barocken Heiligenfiguren geziert.

Mutter Mariens war die Heilige Anna Schutzpatronin der Mütter, der Kaufleute und der Bergleute, was wohl zur großen Bedeutung der Stätte für die Bergbauregion Oberschlesien beitrug.

1656 kam ein Franziskanerkloster hinzu, um der wachsenden Schar von Pilgern gerecht zu werden. Nicht weit davon erhebt sich in der Mitte eines gepflasterten Platzes das Denkmal des dritten schlesischen Aufstandes. Die monumentalen, aus Steinquadern gefertigten Rechtecksäulen sind oben miteinander verbunden und mit reliefartigen Darstellungen geschmückt.

Es erinnert an die blutigen Kämpfe, die sich die polnische Militärorganisation Polska Organi-

zacja Wojskowa (POW; im Ersten Weltkrieg von Józef Piłsudski gegründet) mit dem deutschen Grenzschutz und deutschen Freikorps hier lieferte. Als höchste Erhebung der Gegend war der Annaberg strategisch wichtig und Mittelpunkt der Kämpfe. Vorangegangen war ein Plebiszit, in dem rund 60 Prozent der Bevölkerung Oberschlesiens für einen Verbleib der Region bei Deutschland votierten.

Initiatoren des Aufstands vom Mai und Juni 1921 waren Wojciech Korfanty und der spätere Wojewode von Schlesien, Michał Grażyński. Korfanty hatte sich anders als bei den ersten schlesischen Aufständen für den militärischen Kampf entschieden, um die für Polen geforderten Gebiete unter Kontrolle zu bekommen. Die

Die Altstadt von Kłodzko, mit Rathaus und Rathausturm, liegt an der Glatzer Neiße.

deutsche Seite behielt nach einem Sturm auf den Annaberg die Oberhand und das Gebiet wurde anhand der Abstimmungsergebnisse geteilt. Annaberg blieb deutsches Territorium und wurde unter den Nationalsozialisten Standort eines völkisch inspirierten Amphitheaters, dem 1945 ein monumentales Ehrenmal für deutsche Soldaten hinzugefügt wurde. 1945 wurde dieses von Polen gesprengt, um 1953 das Denkmal für den dritten schlesischen Aufstand zu errichten.

Die Sudeten-Region

Durch die Sudeten verlaufen rund 200 Kilometer Grenze zu Tschechien. Höchste Erhebung ist die 1602 Meter hohe Śnieżka, die hierzulande vor allem unter dem Namen Schneekoppe bekannt ist. Sie erhebt sich im Riesengebirge, das auf polnisch „Karkonosze" heißt.

Ein Großteil der Sudeten ist bewaldet. Es finden sich auch bizarre Felsformationen wie in den Góry Stołowe (Tafelbergen) in den Mittel-Sudeten, die landschaftlich reizvoll im Glatzer Bergland rund 60 Kilometer südwestlich von Wrocław gelegen sind. Die Gegend um die alte Grafschaft Glatz (Kłodzko) ist reich an Kurorten und Wanderwegen. Die Kulturdenkmäler der Region zeigen bereits einen starken böhmischen Einschlag. Häufig hatten böhmische Architekten und Künstler beim Bau ihre Hand im Spiel, wie die Barockkirchen von Krzeszów zeigen.

Kudowa-Zdrój

Der 10 000-Seelen-Ort ist für seine schöne Lage südlich des Heuscheuergebirges (Góry Stołowe) in der Kessellandschaft von Glatz und für seine Mineralquellen berühmt. Die Architektur des Kurbetriebs dokumentiert eine Tradition, die über 300 Jahre zurückreicht. Im 17 Hektar großen Park Zdrojowy sprudeln verschiedene Mineralquellen, therapeutische Jodsalzhöhlen versprechen Erholung, und der Aqua Park bedient die Bedürfnisse der spaßorientierten Besucher.

Zu so viel Wasser passt das Muzeum Żaby, das dem Fortbestand der Frösche und Lurche gewidmet ist. Allerdings geht es hier weniger um die Lebensweise der Amphibien, sondern um Alltagskuriositäten wie Seifenhalter mit Froschgesichtern. Kudowa-Zdrój ist jährlich Schauplatz des Stanisław-Moniuszko-Musikfestes. Der polnische Komponist (1819–1872) schuf patriotische Werke, die stark an Volkslieder angelehnt sind.

Im rund einen Kilometer vom Zentrum entfernten Czermna befindet sich innerhalb der Bartholomäuskirche die Kaplica Czaszek, die sogenannte Schädelkapelle. Die Wände sind von aufgestapelten Totenköpfen bedeckt, an den Decken sind Schädelknochen und andere Knochen wie ein Netz angeordnet. Die Kapelle entstand 1776, Initiator der makabren Ausstattung war der tschechische Pfarrer Václav Tomášek, der die Knochen gemeinsam mit einem Totengräber ausgrub und reinigte. Sie stammen aus Massengräbern, die nach den Schlesischen Kriegen im 18. Jahrhundert entstanden waren.

Nationalpark Góry Stołowe

Der 1993 um die Tafelberge eingerichtete Nationalpark liegt in den Mittel-Sudeten am nordwestlichen Rand des Glatzer Kessels. Der auf der anderen Seite der Berge liegende tschechische Teil, Broumovská Vrchovina, ist ebenfalls geschützt (CHKO-Broumovsko). Die

Wetterstation auf der Śnieżka (Schneekoppe), dem höchsten Berg des Riesengebirges (1602 m).

17 Kilometer lange Bergformation besteht aus erodiertem Sandstein. Tiefe Spalten und Labyrinthe wechseln sich mit Felsen ab, die wie von Künstlerhand gestaltet aussehen. Höchste Erhebung ist der Szczeliniec Wielki mit 919 Metern. Vom Dorf Karłów führt ein 682 Stufen langer Weg hinauf, der 1790 angelegt wurde. Im gleichen Jahr erklomm auch Johann Wolfgang von Goethe den Gipfel.

89 Prozent der Fläche des Parks sind Wald, Buchen und Fichten sind vorherrschend. Auf den zahlreichen Felsen gedeihen mehr als 270 Moos- und 60 geschützte Flechtenarten. Im Mai findet sich die Trollblume auf den Bergwiesen, sie wird hier auch „die Rose von Kłodzko" genannt. Neben Rotwild und Wildschwein sind im Park Dachs, Marder, Iltis, Mauswiesel, Hermelin, Haselmaus, Baumschläfer und der sehr seltene Siebenschläfer zu Hause.

In den Klüften und Spalten der Sandsteinfelsen leben Fledermäuse. In der Gegend angesiedelt wurden Mufflons, die aus Korsika importiert wurden. Viele selten gewordene Vögel bevölkern den Park, darunter Haselhuhn, Waldschnepfe, Schwarzstorch, Wespenbussard und Baumfalke. In den Nadelwäldern des Nordens leben Sperlings- und Raufußkauz. In den Felsen nisten Uhu, Turmfalke, Kolkrabe, Garten- und Hausrotschwanz und Kleiber. Der Park bietet Interessierten zahlreiche Lehrpfade. Ein Lurch-Schutzprogramm soll das Überleben von Kröten und Fröschen sichern. Auch Schüler helfen dabei mit, die Tiere in der Laichphase sicher über Schnellstraßen zu bringen.

Krzeszów

Der 1000-Seelen-Ort Krzeszów liegt rund 30 Kilometer nordwestlich der Tafelberge und ist ein Mekka für Barockliebhaber. 1242 gründeten die Benediktiner hier ein Kloster, das ab 1292 auf Beschluss des Herzogs Bolko I. von Świdnica-Jawor von den Zisterziensern weitergeführt wurde. In der Klosterkirche wurden die Herzöge von Świdnica-Jawor bestattet.

Im 17. und 18. Jahrhundert wurden größere und prächtigere Kirchen errichtet. 1810 wurde das Kloster im Zuge der preußischen Säkularisierung aufgelöst, nach dem Zweiten Weltkrieg wurde das Klosterleben von Benediktinerinnen aus Lwów wieder aufgenommen. Die Kirche Sankt Joseph entstand zwischen 1690 und 1696. Ihre cremefarbene Barockfassade wird von weißen Pilastern gegliedert, Hauptattraktion sind allerdings die Malereien, die das Deckengewölbe und die zehn Seitenkapellen schmücken und die mit den weißen Säulen und Stuckarbeiten kontrastieren. Thema des Zyklus in 50 Szenen ist die Josephslegende.

Die Fresken wurden von Michael Willmann geschaffen, der sich als „schlesischer Rembrandt" einen Namen gemacht hat. Die imposante Klosterkirche Mariae Himmelfahrt entstand 1728–1735 und ist durch die Fassade mit den zwei Türmen schon weit außerhalb von Krzeszów zu erkennen. Bau und Innendekoration bilden ein bis ins Detail durchkomponiertes Gesamtkunstwerk, denn anders als in vielen anderen Kirchen wurde hier nach der kurzen Bauphase kaum etwas verändert.

Die Fassade gestalteten Ferdinand Brockoff und Matthias Braun, zwei Prager Bildhauer. Hinter dem Hochaltar ist ein Gemälde des Prager Malers Peter Brandl von der Himmelfahrt Mariens angebracht. Die Altäre, die Kanzel und der Orgelprospekt stammen aus der Bildhauerwerkstatt des Klosters. Auf der gegenüberliegenden Seite des Marienbildes erhebt sich die Orgel, die aus der Werkstatt Michael Englers in Breslau stammt und eine der prächtigsten Schlesiens ist.

Die Deckenmalereien von Georg Wilhelm Neunhertz in heiteren Gelb- und Rottönen sind genau auf die Schattierungen der Rundbögen und Säulen abgestimmt. An der Ostseite der Kirche hinter dem Hochaltar befindet sich das Grabmal der Piasten von Świdnica. Die Kuppeln der zwei miteinander verbundenen Rundkammern schmücken Fresken von Georg Wilhelm Neunhertz. Die Grabsteine von Bolko I. und Bolko II. stammen aus dem 14. Jahrhundert.

Verwendete Literatur

Geschichte, Literaturgeschichte und Wirtschaft:
Alexander, Manfred: Kleine Geschichte Polens, Stuttgart 2003
Hellmann, Manfred: Daten der polnischen Geschichte, München 1985
Hoensch, Jörg K.: Geschichte Polens, Stuttgart 1990
Kappeler, Andreas: Rußland als Vielvölkerreich. Entstehung Geschichte Zerfall, München 1992
Loew, Peter Oliver: Helden oder Opfer? Erinnerungskulturen in Polen nach 1989, in: Osteuropa, Berlin 6/2008
Pelzer, Friedhelm: Polen. Eine geographische Landeskunde, Darmstadt 1991
Roos, Hans: Geschichte der Polnischen Nation 1919 – 1985, Stuttgart 1986
Tschervonnaja, Swetlana u. a.: Die litauische Minderheit in Polen, in: Polen-Analyse 37/2008, (www.laender-analysen.de/polen/pdf/PolenAnalysen37.pdf)
Walecki, Wacław (Herausgeber): Polnische Literatur. Annäherungen, Krakau – Oldenburg 1999
Waschinski, Markus: Die deutsche Minderheit in Polen, in: Polen-Analyse 26/2008, (www.laender-analysen.de/polen/pdf/PolenAnalysen26.pdf)
www.deathcamps.org
www.shoa.de
www.bfai.de
www.stat.gov.pl/cps/rde/xchg/gus
www.stat.gov.pl/gus/praca_ludnosc_ENG_WAI.htm
www.stat.gov.pl/cps/rde/xbcr/gus/PUBL_miasta_wojewodzkie_nr_14(1).pdf
www.culture.pl/en/culture/

Reiseführer und touristische Informationen:
Bentchev, Ivan u. a.: Polen. Geschichte, Kunst und Landschaft einer alten europäischen Kulturnation, Köln 1996
Wilson, Neil u. a.: Poland, Oakland 2005
de.polandforall.com

Pommern:
Torbus, Tomasz: Polnische Ostseeküste. Danzig, München 2005
www.gdansk.pl
www.stutthof.pl/ge/main.htm
www.muzeum.wejherowo.pl
www.muzeum-kaszubskie.gda.pl
www.bgpn.pl/bgpn.php
www.woj-pomorskie.pl
www.kujawsko-pomorskie.pl
www.loewe-duo.de/Loewe-Duo/loewe-duo.html
www.turystyka.szczecin.pl/turystyka/chapter_11659.asp
www.torun.pl

Masuren und Ermland:
www.frombork.pl

Masowien, Podlachien und Łódź:
www.scrapbookpages.com/Poland/Tykocin/index.html
www.biebrza.org.pl
www.zbs.bialowieza.pl/zubr
www.orthodox.pl/OrthodoxEng/Monastery/Grabarka.htm
www.pkin.pl/historia
um.warszawa.pl
de.cityoflodz.pl
www.lodzkie.pl/lodzkie
www.umsieradz.pl

Kleinpolen:
www.krakow.pl
www.jewishvirtuallibrary.org/jsource/vjw/Cracow.html
www.jewishkrakow.net/de/synagogues.php?id=izaak
www.erzeszow.pl
en.kielce.uw.gov.pl
www.tatry-fellows.de
www.um.lublin.eu/um/index.php?t=200&id=18284

Schlesien:
www.um.katowice.pl/pl
www.b2i.de/fabian?Ossolinski-Nationalinstitut(Breslau)
www.wroclaw.pl
www.urlaub-polen.de/breslau.shtml
www.powiat.klodzko.pl
www.deutsche-und-polen.de/_/orte/ort_jsp/key=annaberg.html
regiony.poland.gov.pl/opolskie/Informationen,zur,Region,139.html

Großpolen:
www.gorzow.pl
www.poznan.pl/mim/public/turystyka/index.html?lang=de
www.miedzyrzecz.pl
www.schlesien-lm.de/html/Interessantes/Posen.html

Bildnachweis

Coverabbildungen **mauritius-images.com/Walter Bibikow:** Vorderseite
transit/Leipzig/Peter HIrth: Rückseite oben
stock.xchng.com: Rückseite unten

bigstockphoto.com: S. 11-12, 20, 21, 22-23, 24, 28, 29, 34, 38-39, 42, 43, 52, 55, 56, 86, 89, 90, 92-93, 110, 112, 114-115, 116, 118, 119, 129, 138-139, 145, 150, 151, 153, 154-155, 158, 161, 168-169, 170, 176-177, 178, 179, 184, 185, 186-187, 190, 192, 196, 197, 199, 207, 208, 209, 210, 211, 215, 219, 220-221, 222, 223, 224, 230, 231, 233, 238, 239, 240, 241, 244, 245, 250-251, 257, 259, 263, 268-269, 270, 273, 284, 286-287, 290, 292, 294-295, 296, 299, 302-303, 307, 308, 310-313

picture-alliance.com: S. 48: Interpress, S. 62: apa, S. 63: CAF, S. 160: akg-images, S. 162: pap, S. 163: pap, S. 249: akg-images, S. 267: Bartosz Bator

mauritius-images.com: S. 148-149: Janusz Pokorski, S. 156-157: imagebroker, S. 254: T.W.P, S. 264-265: Manfred Mehling

morguefile.com: S. 146, S. 242-243: Sebastian Rzepka, S. 246-247: Sebastian Rzepka

pitopia.com: S. 47: Adelheid Möller, S. 316: Bodo Thöns

pixelio.de: S. 60: arkadius neumann, S. 144: Jerzy

stock.xchng: S. 136, 213, 214, 252: Magda „Limoncello", 255, 260, 261, 262, 275, 309

transit/Leipzig:
Christoph Busse: S. 182
Christiane Eisler: S. 237, 271
Hans Joachim Kürtz: S. 75, 83, 87, 102, 113
Peter Hirth : S. 7, 8, 9, 12, 13, 14, 16, 17, 18, 19, 25, 26, 27, 30, 31, 32, 33, 35, 36, 37, 40, 44, 45, 49, 50, 51, 53, 54, 57, 58, 59, 64-65, 70, 71, 72-73, 74, 76, 77, 78, 79, 80, 81, 82, 85, 88, 91, 94, 95, 96, 97, 98, 99, 100, 101, 103, 104-105, 106, 107, 108, 109, 111, 117, 121, 122, 123, 124, 125, 126-127, 128, 130, 131, 132, 133, 135, 137, 140, 143, 147, 159, 164-165, 166, 167, 171, 172, 173, 174, 175, 181, 183, 188-189, 191, 193, 194-195, 198, 200, 201, 202, 203, 204, 205, 212, 216, 218, 225, 226, 227, 228, 229, 235, 236, 248, 253, 256, 258, 274, 276, 277, 278-279, 283, 288, 291, 293, 297, 298, 301, 304, 305, 306, 310, 311, 314, 315
Thomas Härtrich: S. 15, 281, 282, 285
Thomas Roetting: S. 41, 67, 68-69, 280, 289
Silvia Pollex: S. 84
Uwe Schlossing: S. 141, 142